Leo Brugger

SENIORENWANDERN in Südtirol

Die 50 schönsten Routen vom Vinschgau bis in die Dolomiten

TAPPEINER.

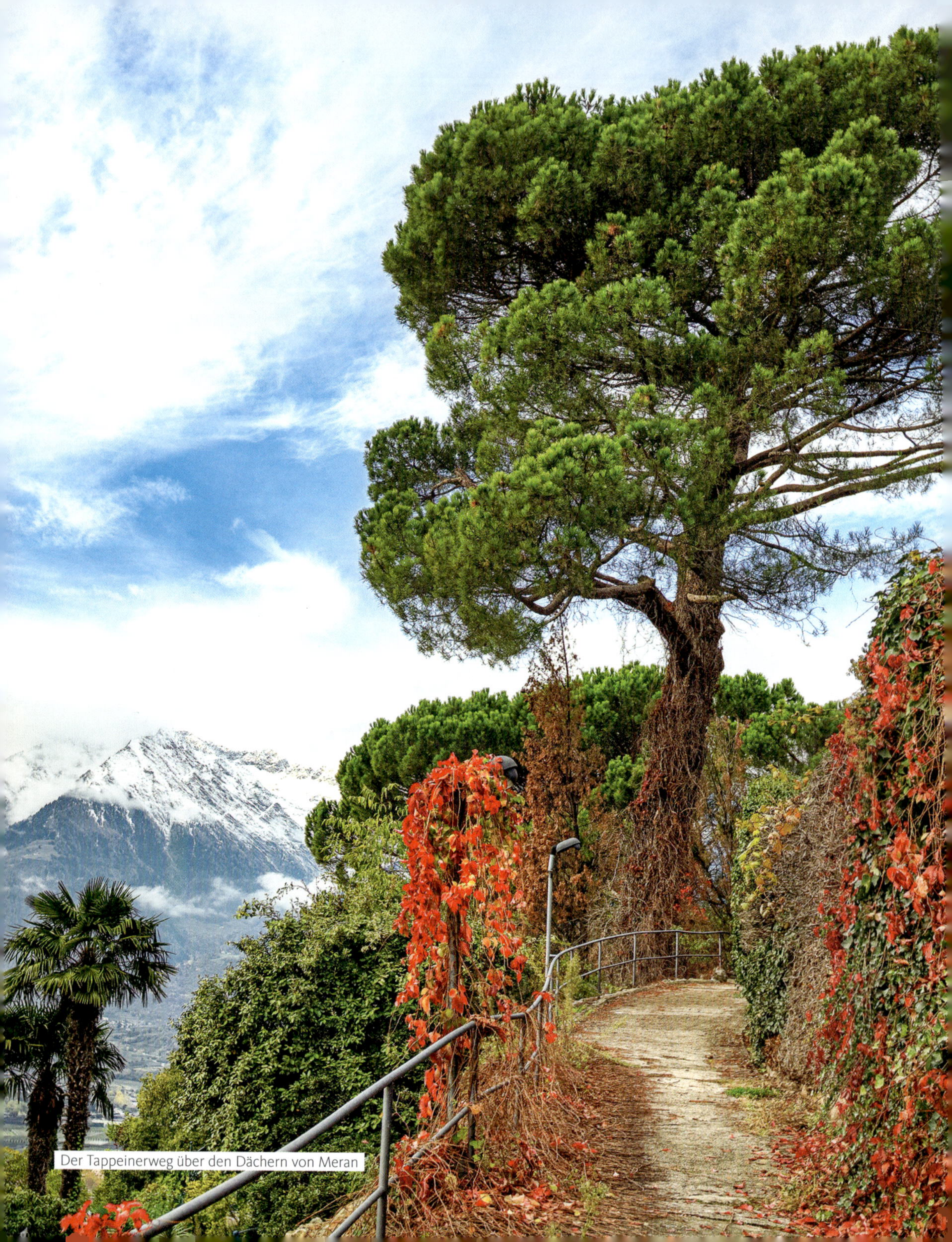

Der Tappeinerweg über den Dächern von Meran

INHALT

BOZEN & UMGEBUNG

EISACKTAL & DOLOMITEN

PUSTERTAL & DOLOMITEN

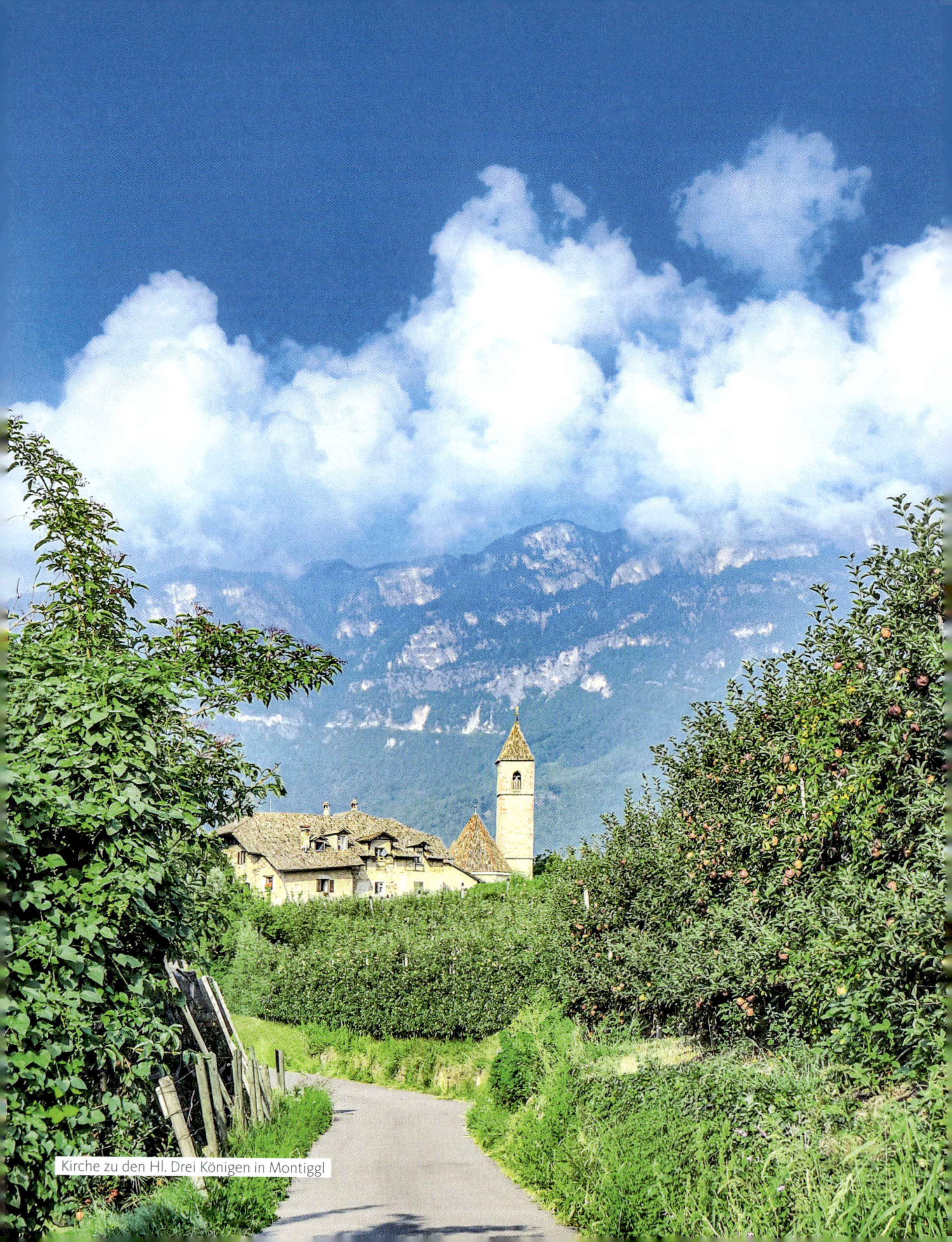

Kirche zu den Hl. Drei Königen in Montiggl

VORWORT

In diesem Büchlein werden durchwegs leichte Wanderungen beschrieben, da wird kein Gipfel „erobert". (Warum eigentlich erobern? Das gilt doch für feindliches Gelände, oder für etwas, was man sich aneignen will, obwohl es einem gar nicht gehört.) Wir hingegen wollen erleben, schauen, uns freuen an der Bewegung und am Schönen. In der engen Verquickung von Natur- und Kulturlandschaft, von Kunst und Kultur, von Land und Mensch entdecken Sie hoffentlich ein bisschen von der „Seele" Südtirols.
Zwischen den Spazierwegen in der Talsohle und einigen einfachen Wanderungen bis in die Almregionen begegnet den Interessierten eigentlich alles, was den Reiz Südtirols ausmacht – auch wenn die Auswahl schwierig ist und naturgemäß nicht erschöpfend sein kann. Üppige Obst- und Weinanlagen im Tal, reizvolle Mischwälder auf den Mittelgebirgsterrassen, schattige Hochwälder, „dazu" behäbige Dörfer, „trotzige" Einzelgehöfte, einsame Hügelkirchlein und „stolze" Burgen ...

Zu den Wanderungen habe ich etwas zu erzählen, befasse mich mit einem Thema, das bei der betreffenden Wanderung eben aktuell ist. Auch dies kann aus Platzgründen keineswegs erschöpfend geschehen, aber vielleicht ist es eine Anregung, sich mit dem Thema intensiver zu befassen, vielleicht öffnen sich sogar neue Gesichtspunkte.

In diesem Sinne wünsche ich Ihnen intensives Erleben und viel Freude beim Wandern, beim Schauen und vielleicht auch beim Schmökern.

Leo Brugger

EINLEITUNG

Was heißt „Seniorenwanderungen“? Mein Freund Didi ist, jetzt im Jahr der Drucklegung, 72 Jahre jung und er kann über 1000 m Höhenunterschied eigentlich nur lächeln. Mir hingegen reichen 300 Höhenmeter und 2 bis 3 Stunden Gehzeit durchaus. Ich habe mich in der Auswahl der Vorschläge eher an meine „Vorlieben“ gehalten.

Die vorgeschlagenen Wanderungen und Spaziergänge sind technisch durchwegs einfach und auch für weniger „erprobte“ Wanderer oder mit (Enkel-)Kindern leicht zu bewältigen. Ein Tipp fürs Wandern mit Kindern: „Alleine“ ist oft langweilig, da hilft dann eine (wahre oder erfundene) Geschichte, oder man nimmt einfach den Freund/die Freundin mit, dann löst sich das Problem von selbst.

Alle Wege sind bestens gekennzeichnet bzw. beschildert, so dass es bestimmt keine Orientierungsschwierigkeiten gibt. Die meisten Ausgangs- und Endpunkte sind auch mit öffentlichen Verkehrsmitteln **(www.suedtirolmobil.info/de)** zu erreichen, was durchaus der Grundidee dieses Buches zum sanften Tourismus entspricht. Und alle Spaziergänge und Wanderungen lassen Zeit fürs Genießen: fürs Auge, für die Seele, aber auch für den Gaumen.

SCAN MICH!

Einige Hinweise zu **Gehzeiten, Ausrüstung** und andere Informationen: Die Gehzeiten sind Richtwerte und entsprechen einer mittleren Gehleistung ohne Rastpausen; die Höhenunterschiede sind, sofern nicht anders angegeben, im Aufstieg zu bewältigen; bequeme Kleidung und leichte Wanderschuhe sind auch bei kurzen Wanderungen angebracht; in einem kleinen Rucksack finden sich, besonders außerhalb der Ortschaften, eine kleine Trinkflasche, etwas Proviant, ein leichter Regenschutz und eine Tüte, in der eventuell anfallender Müll wieder zum Ausgangspunkt mitgenommen wird. Besonders, wenn man mit Kindern unterwegs ist, können Heftpflaster und ein Mittel gegen Insektenstiche Gold wert sein.

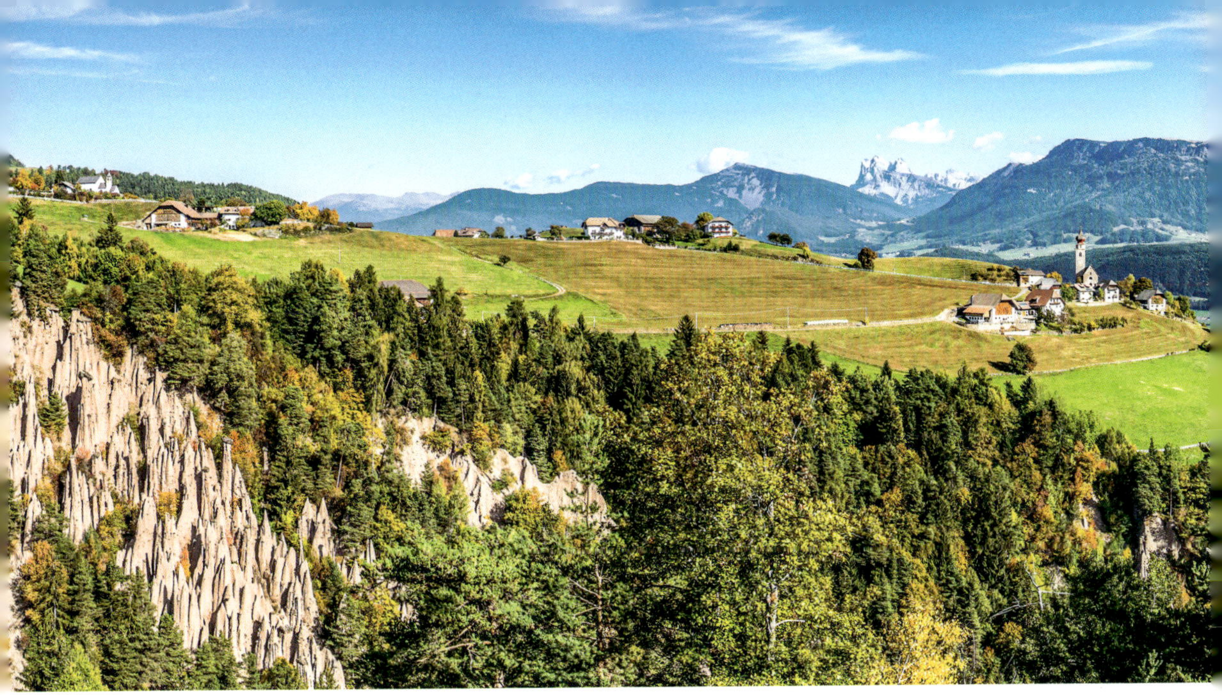

Die berühmten Erdpyramiden am Ritten

Wichtig erscheint an dieser Stelle der Hinweis, dass manche in diesem Büchlein angegebene **Wegnummer** nicht mit der in einer (vielleicht älteren) Karte übereinstimmt, da in ganz Südtirol das Wegenetz laufend optimiert und erweitert wird.

Auch bei kurzen Wanderungen sind (einigermaßen) zuverlässige Informationen über die **Wetterentwicklung** sehr hilfreich. Informationen im Internet unter **www.provinz.bz.it/wetter**; unter dem Stichwort „aktuelles Radarloop", und derselben Internetadresse kann man die Niederschlagsaktivität in Echtzeit auch auf dem Smartphone verfolgen; Informationen gibt's auch telefonisch unter der Rufnummer +39 0471 271 177.

Bei den vorgeschlagenen **Hütten** und **Almen** erkundigt man sich selbstverständlich vorher über die Öffnungszeiten, dann bleiben unangenehme Überraschungen erspart.

Und zum Schluss noch eine Information für den hoffentlich nicht eintretenden Notfall: die **Notrufnummer in Südtirol** (und Italien) ist die **112**.

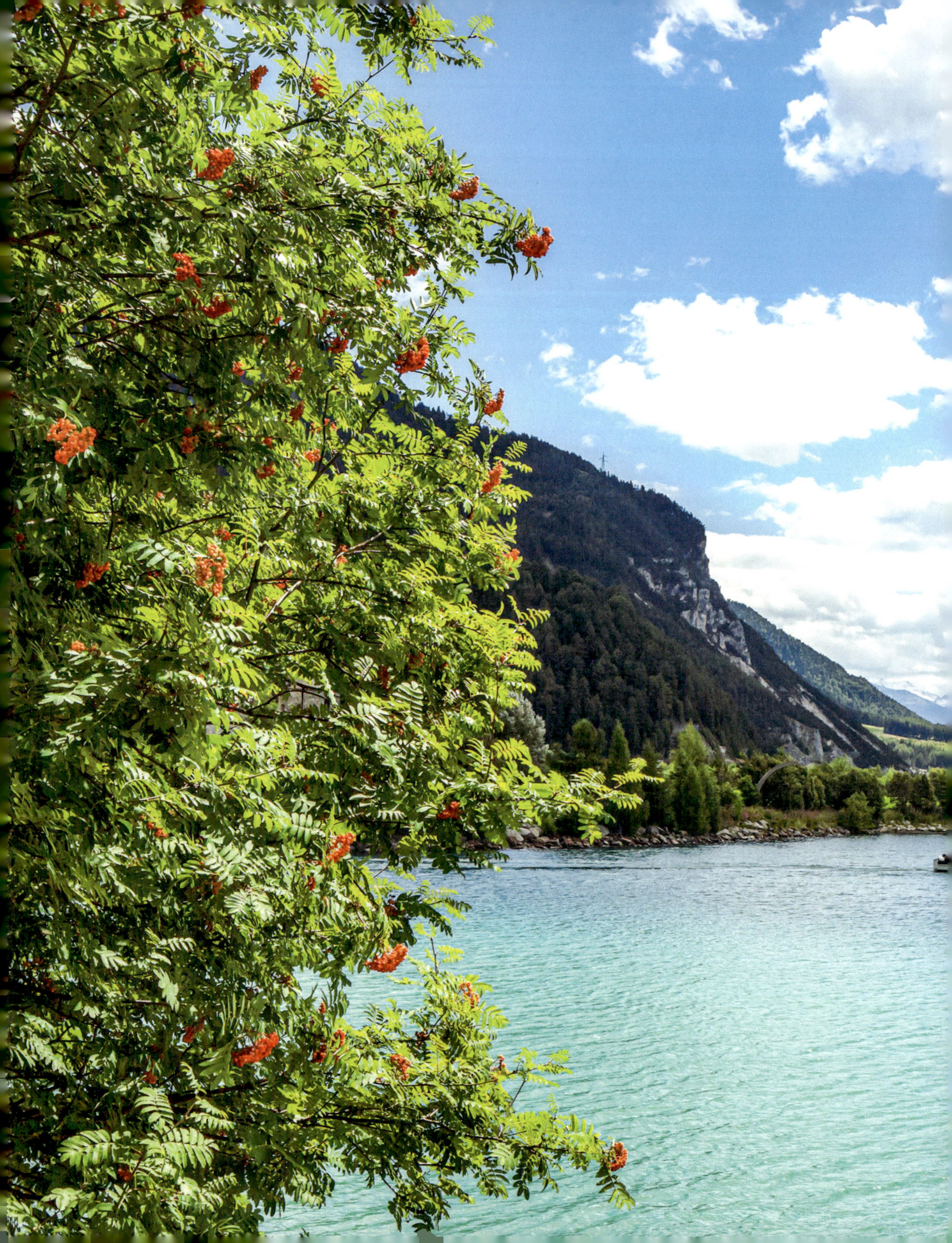

VINSCHGAU

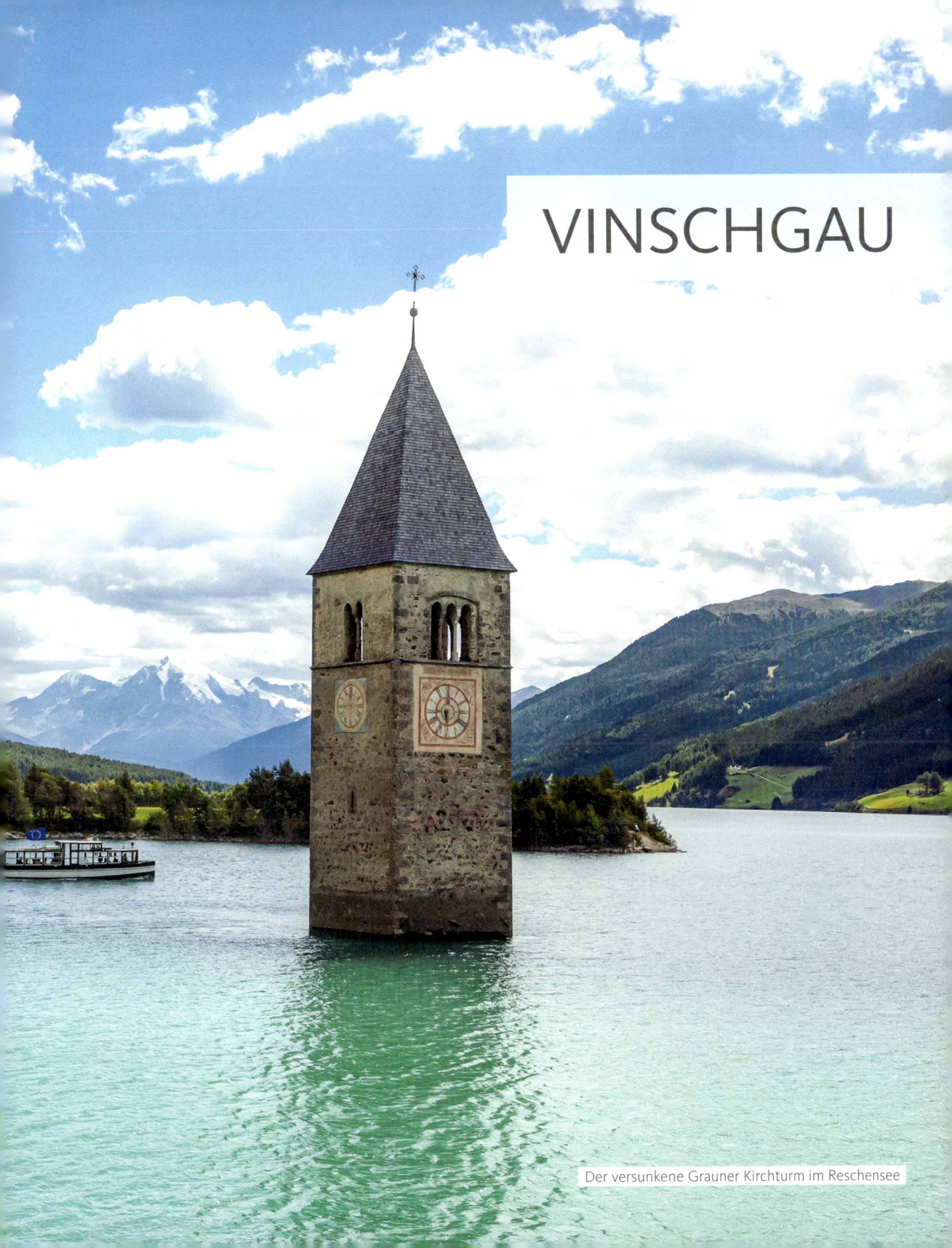

Der versunkene Grauner Kirchturm im Reschensee

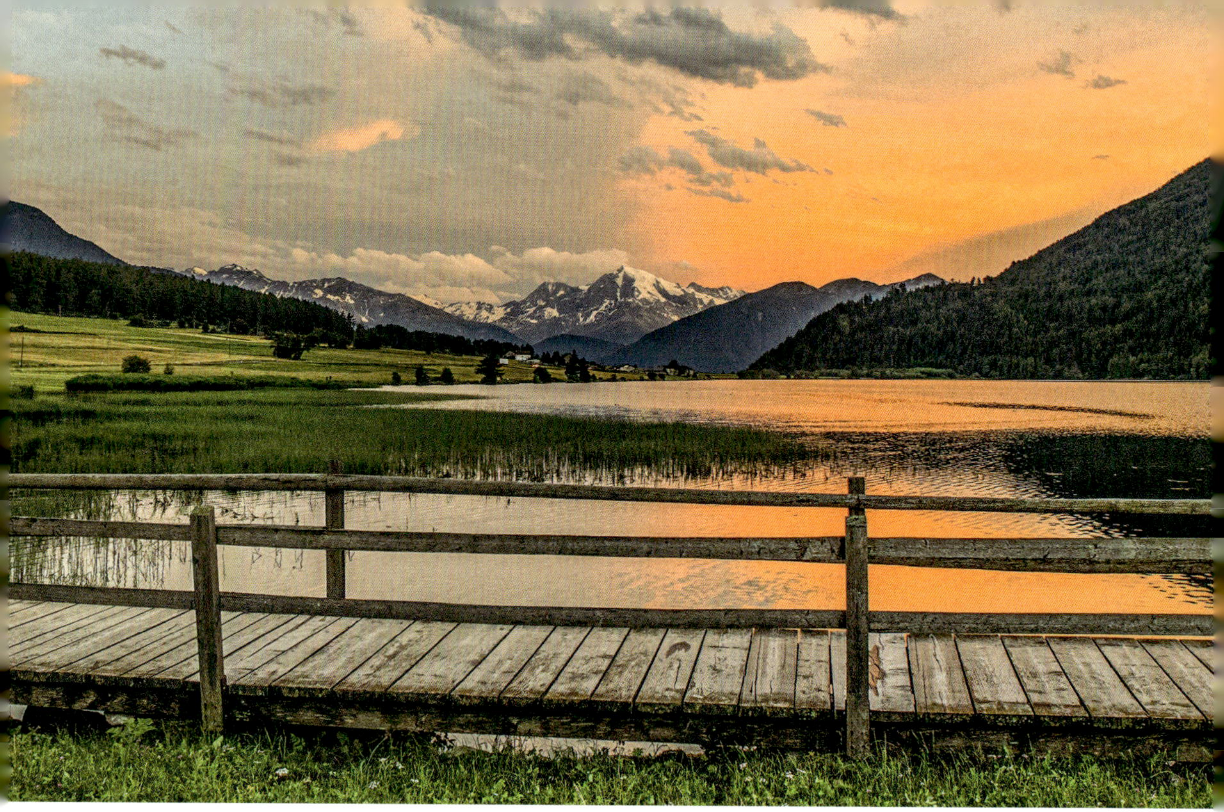

Der idyllische Haider See im Abendlicht

1

PANORAMAWANDERUNG RUND UM DEN HAIDER SEE

Gesamtgehzeit
ca. 1 Std. 40 Min.

Höhenunterschied
ca. 100 m

Beste Jahreszeit
Frühsommer bis Herbst

Kartenmaterial
Tabacco 043, Vinschgauer Oberland, 1:25.000

Anfahrt
Durch den Vinschgau nach St. Valentin auf der Haide

Ausgangspunkt
Parkplatz Talstation Haider Alm; Bushaltestelle im Dorf

Wanderung mit vielen Rastplätzen und Infos zu Flora und Fauna

WEGVERLAUF: Vom Parkplatz oder von der Bushaltestelle zur Brücke über die Etsch und links vom kleinen Bächlein in Richtung Süden (Mark. Nr. 1). Ein kurzes Stück geht es durch den Auwald, dann spaziert man am östlichen Seeufer mit prächtigem Fernblick auf die Ortlergruppe bis zu den Fischerhäusern und weiter zum Holzsteg durch das südliche Seebiotop. Eine schwimmende Brücke führt auf das gegenüberliegende Ufer und nun wieder zurück in Richtung Norden. Hier muss man sich den Weg allerdings mit Radfahrern teilen, dafür laden lauschige Plätzchen mit Tischen und Bänken immer wieder zum Verweilen ein. Die

gesamte Umrundung ist kinderwagentauglich. Enten, Blesshühner und Haubentaucher sind immer wieder zu beobachten, füttern sollte man sie aber tunlichst nicht (sonst wird man sie nicht mehr los). Und die Kite-Surfer auf dem See sind meist ebenfalls ein Anziehungspunkt.
Selbstverständlich kann man die Runde um den See auch gegen den Uhrzeigersinn machen!

(TIPP!) Im Obervinschgau gab es einst drei Seen: den Reschensee, den Mittersee, auch Grauner See genannt, und den Haider See. Der Mittersee ist im Reschenstausee verschwunden, dessen Stauung mit all den dazugehörigen menschlichen Katastrophen 1950 begann. Aufgestaut wurden diese Seen durch den gewaltigen Murkegel der Malser Haide.

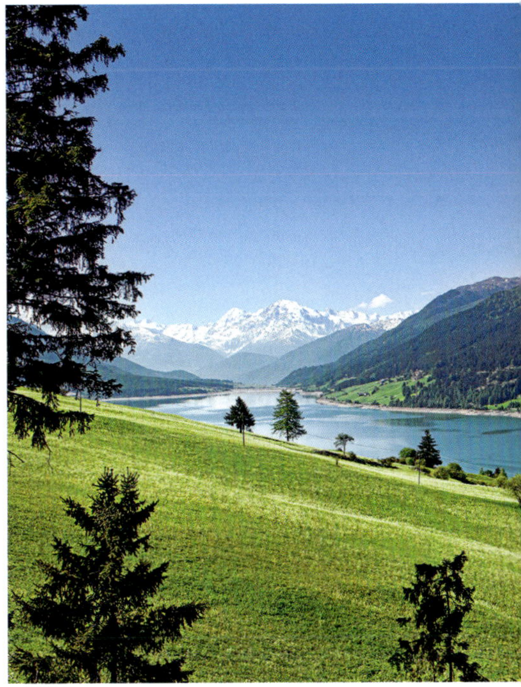

Der Reschensee mit der Ortlergruppe im Hintergrund

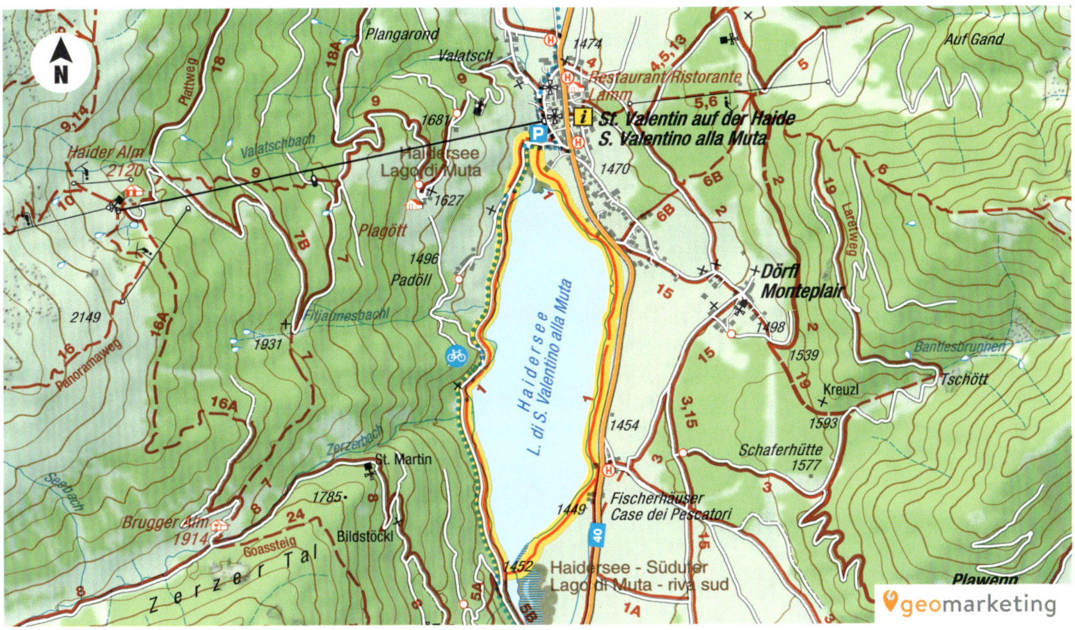

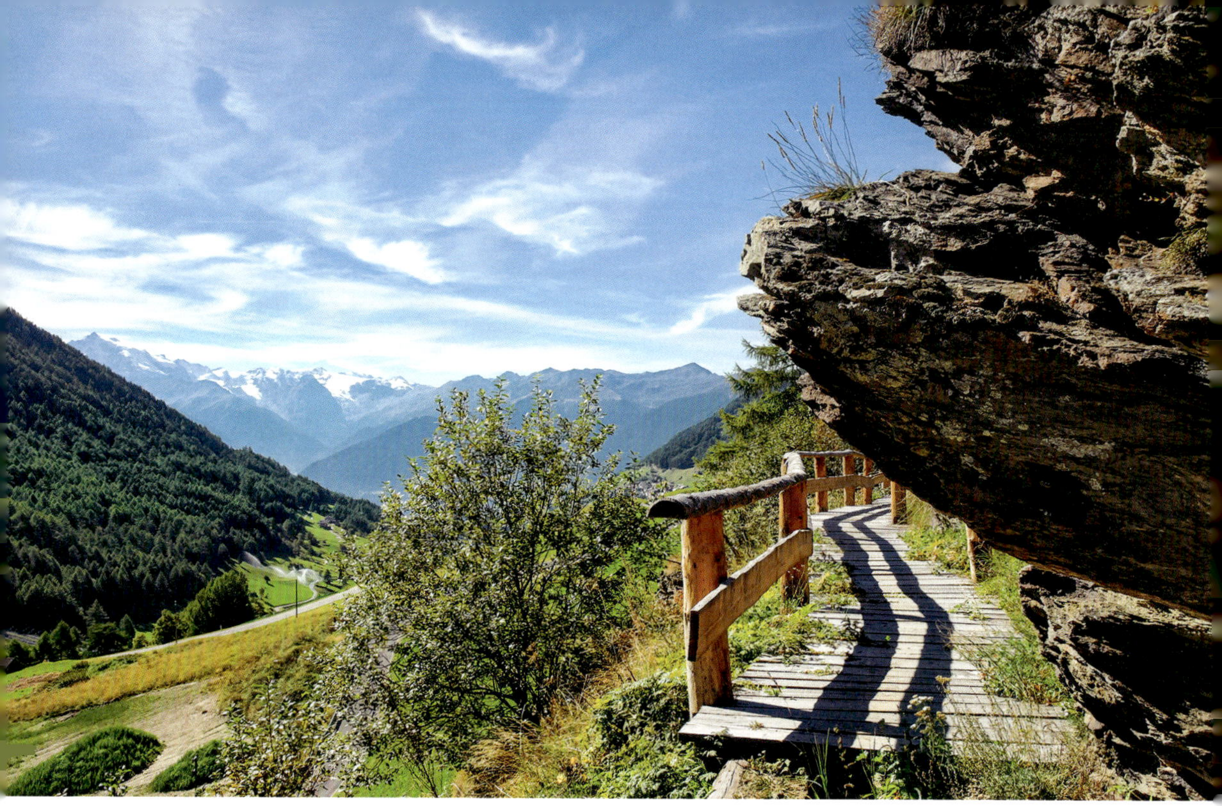

Hier heißt es „Kopf einziehen"!

2

DER ACKERWAAL IN MATSCH

Schöne Panoramawanderung über Wiesen und Weiden entlang des Waales

Gesamtgehzeit
ca. 4 Std. 30 Min.

Höhenunterschied
ca. 350 m

Beste Jahreszeit
Sommer bis Herbst

Kartenmaterial
Tabacco 044, Vinschgau – Mals – Sesvenna, 1:25.000

Anfahrt

Durch den Vinschgau nach Tartsch und weiter ins Matscher Tal bis Matsch. Alternativ mit der Vinschger Bahn bis Mals und dem Wanderbus nach Matsch

Ausgangspunkt

Parkplatz/Bushaltestelle in Matsch

WEGVERLAUF: Vom Dorfzentrum Matsch führt die Dorfgasse links hinauf Richtung Gonda und zum Ackerwaal. Wie für die meisten Waalwege typisch, geht es in sanfter Steigung zum größten Teil durch Wiesen und Weiden taleinwärts. Beeindruckend ist die Blumenvielfalt. Steile Wiesen und Felder umgeben die Bergbauernhöfe. Fleiß und Durchhaltevermögen sind für die Bearbeitung erforderlich. Kurz hinter dem Restifhof – nach knapp 2 Stunden Gehzeit – endet der Waalweg. Der alte Höfeweg führt über die Brücke, an den „Äußeren Glieshöfen" vorbei, und in einer knappen halben Stunde erreicht man den Glieshof, der Einkehr und Rast bietet. Rückweg wie Hinweg. Oder man lässt sich bequem vom Wanderbus zurückkutschieren. Dabei würde man aber den unvergleichlich schönen Blick auf „König Ortler“ und seine Trabanten versäumen, die talauswärts das Bild bestimmen.

(TIPP!) Das Vintschger Museum in Schluderns bietet Einblicke in die Geschichte des Vinschgaus. Die Ausstellung Archaischer Vinschgau beinhaltet die archäologische Grabungsstätte am Ganglegg, die ein einzigartiges Zeugnis der frühen Siedlungsgeschichte im Vinschgau von der Jungsteinzeit bis zur Römerzeit ist; die „WasserWosser“-Ausstellung vermittelt Infos zu den Waalen als Lebensadern des Tales und die Ausstellung der Schwabenkinder berichtet über die Armut im Vinschgau, die Eltern seit dem 17. Jahrhundert dazu trieb, ihre Kinder auf einen beschwerlichen Fußmarsch nach Oberschwaben zu schicken, um dort Bleibe und Arbeit zu finden.

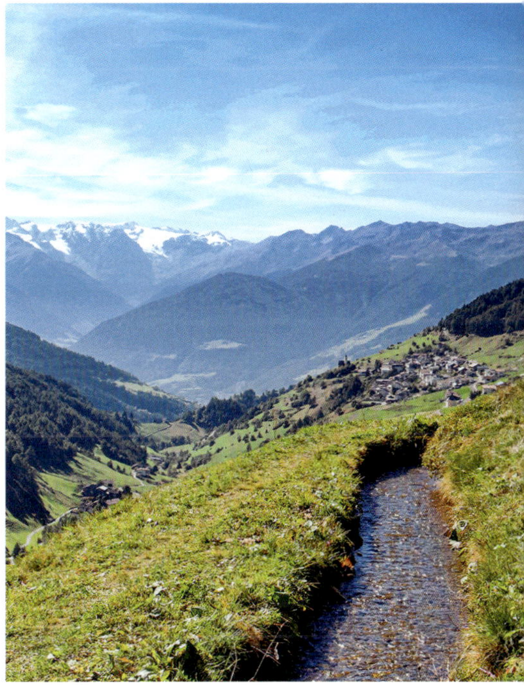

Der Ackerwaal, im Hintergrund die Ortlergruppe

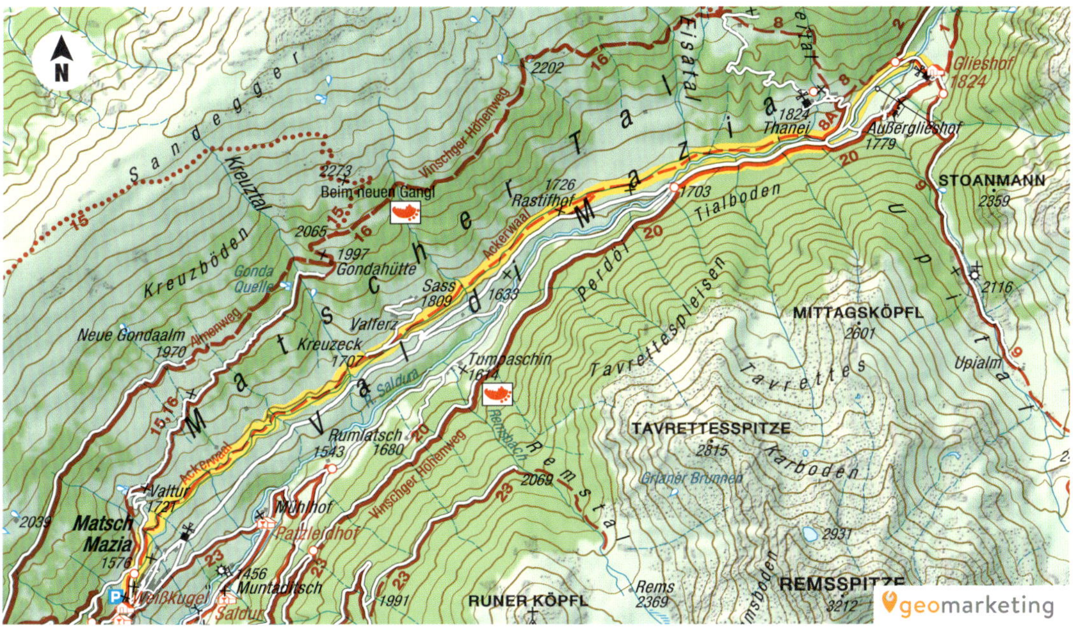

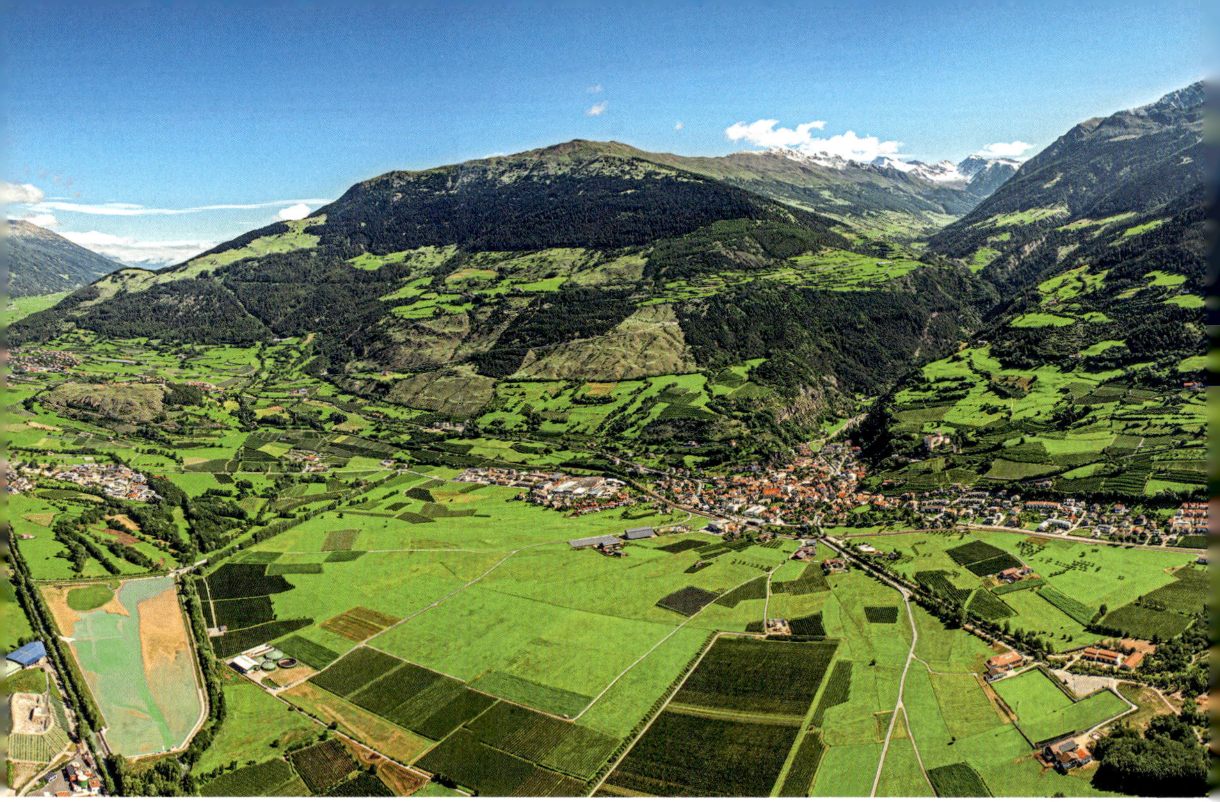

Herrlicher Blick auf Schluderns mit der Churburg im Hintergrund

3

WAALWEG-RUNDWANDERUNG BEI SCHLUDERNS

Gesamtgehzeit
ca. 1 Std. 50 Min.

Höhenunterschied
ca. 220 m

Beste Jahreszeit
Juni bis Oktober

Kartenmaterial
Tabacco 044, Vinschgau – Mals – Sesvenna, 1:25.000

Anfahrt
Durch den Vinschgau nach Schluderns. Zufahrt auch mit Linienbus und Vinschger Bahn

Ausgangspunkt
Parkplatz hinter dem Vintschger Museum

Einer der schönsten historischen Waalwege in Südtirol

Die etwas längere Rundwanderung führt zum urgeschichtlich besiedelten Hügel Ganglegg mit seinen archäologischen Grabungen. Mehrere ausgezeichnet erhaltenen Befestigungsanlagen und Gebäude sind restauriert und überdacht, einiges wurde nachgebaut, das Gelände kann auf einem Rundweg mit informativen Schautafeln besichtigt werden.

WEGVERLAUF: Vom Parkplatz am Vintschger Museum kurz den alten Burgweg hinauf bis zur Churburg und auf Markierung Nr. 20 weiter bis zum Hof Vernol. Dort auf Markierung Nr. 17 links hinunter zum Saldurbach und diesen entlang zurück nach Schluderns.

Länger (plus gut 1 Stunde, 180 Höhenmeter mehr), aber sehr viel lohnender ist die Fortsetzung von Vernol über den Bergwaal (Mark. Nr. 20) hinein in die Saldurschlucht und über den Leitenwaal wieder aus dem Tobel hinaus: Wohl eine der schönsten Waalwanderungen im gesamten Vinschgau. Von Ganglegg steigt man auf Markierung Nr. 18 A ab zum Griggwaal und kehrt auf diesem Waalweg zurück ins Dorf.

(TIPP!) In der Churburg bei Schluderns befindet sich die weltweit größte und prächtigste Rüstkammer mit einer fast vollständigen Ausrüstung für eine komplette Burgbesatzung, mit mehr als 50 erhaltenen Rüstungen, Stichwaffen und Schwertern. Absolut sehenswert und faszinierend!

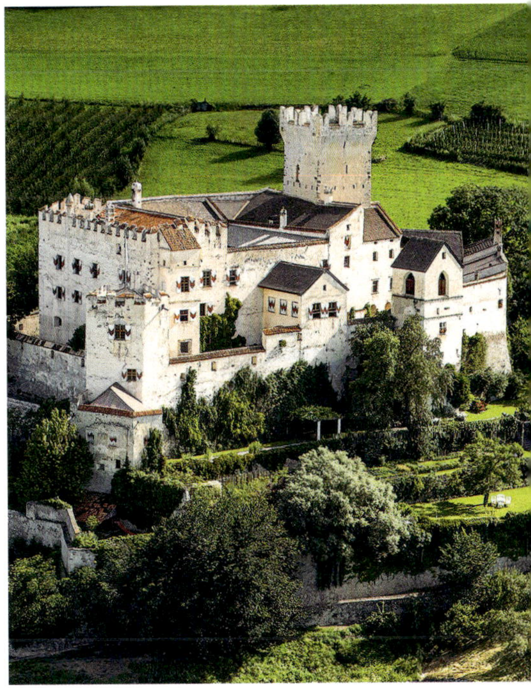

Die Churburg oberhalb von Schluderns

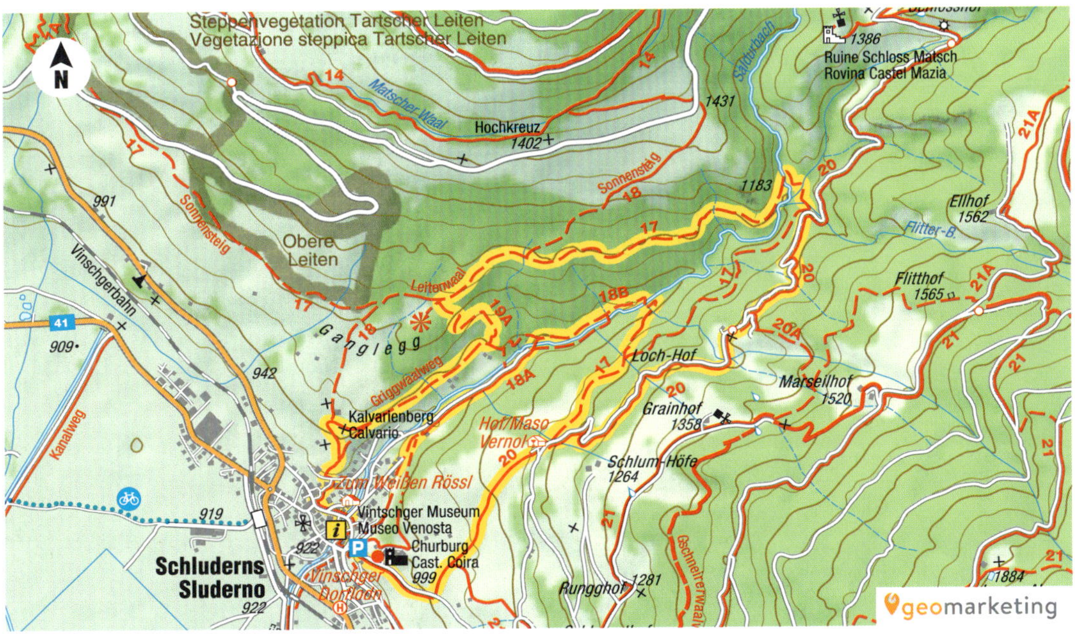

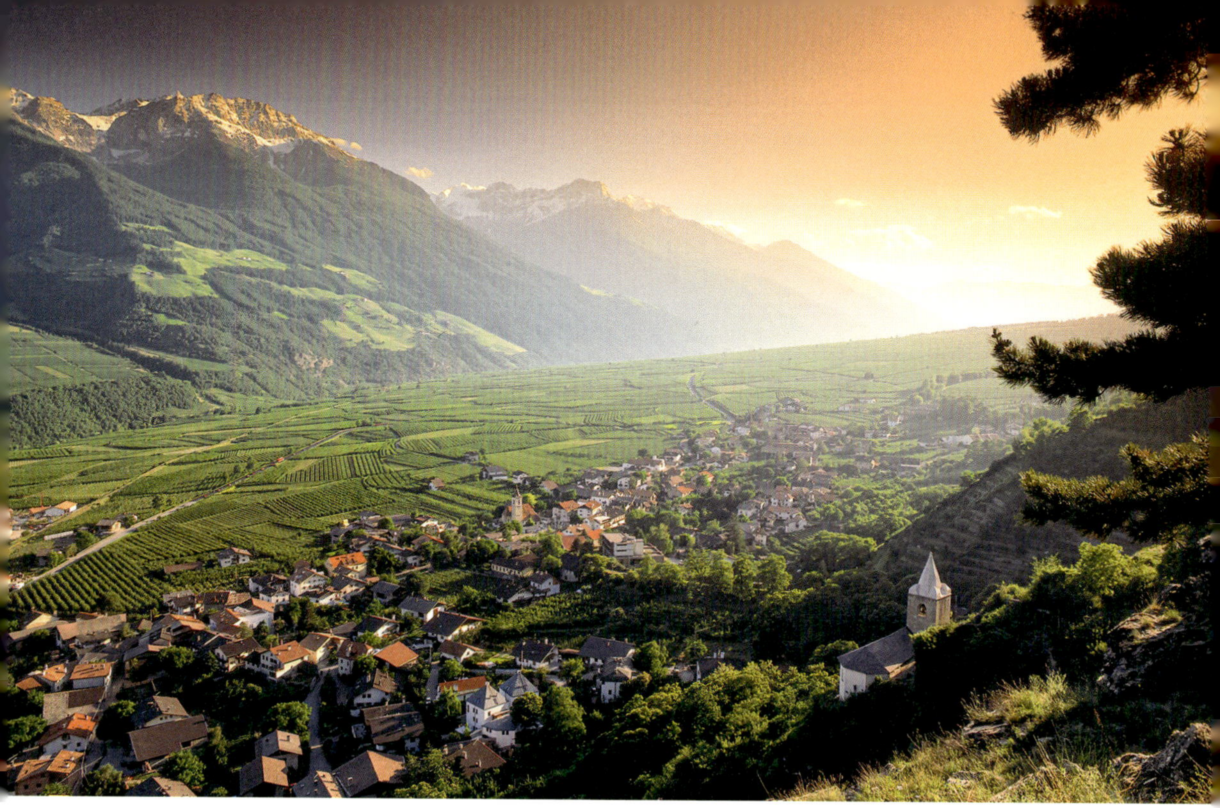

Blick auf Kortsch und die Laaser Berge

4

Gesamtgehzeit
ca. 2 Std.

Höhenunterschied
ca. 260 m

Beste Jahreszeit
Frühjahr bis Herbst

Kartenmaterial
Tabacco 045, Latsch – Martell – Schlanders, 1:25.000

Anfahrt
Durch den Vinschgau bis nach Kortsch oberhalb von Schlanders. Kortsch ist mit Bus und Bahn erreichbar.

Ausgangspunkt
Kostenloser Parkplatz beim Gasthof Sonne

ZUM ROMANISCHEN KIRCHLEIN ST. ÄGIDIUS BEI KORTSCH

Herrliche Kastanienhaine mit vielen kleinen Kapellen und Bildtafeln

Man sieht das romanische Kirchlein schon von weitem, steht es doch in beherrschender Lage auf dem sogenannten Schatzknott. Ein schöner überlebensgroßer Christophorus an der südlichen Außenmauer schaut auf das Tal und die Verkehrsteilnehmer – und hätte wohl auch keine Freude mit den Autoschlangen. Im Inneren des Kirchleins wurden Fresken aus dem 13. Jahrhundert freigelegt.

WEGVERLAUF: Vom kostenlosen Parkplatz am Gasthof Sonne steigt man auf dem „Rosenkranzweg“ mit der Markierung Nr. 5 (Abzweigung am Kindergarten nicht übersehen!) hinauf bis zur ersten Weggabelung und setzt dort nach rechts am weitgehend offen fließenden Ilzwaal entlang fort. Recht flach geht's weiter, bis Markierung Nr. 3 in Serpentinen knapp 100 Höhenmeter hinunter führt zum Wasserfall des Schlandraunbaches. Zurück wandert man zunächst auf dem Hinweg, biegt dann aber bei der nächsten Weggabelung an einer Wasserfassung auf Markierung Nr. 6 (St. Georg) ab, die zum Ägidius-Kirchlein führt.

Von dort ist der Abstieg nach Kortsch – wiederum auf dem Rosenkranzweg – vorgegeben. Bemerkenswert sind die Kastanienhaine im oberen Teil des Weges, vor allem aber die fünf Kapellen mit insgesamt 15 Bildtafeln des einheimischen Künstlers Karl Grasser.

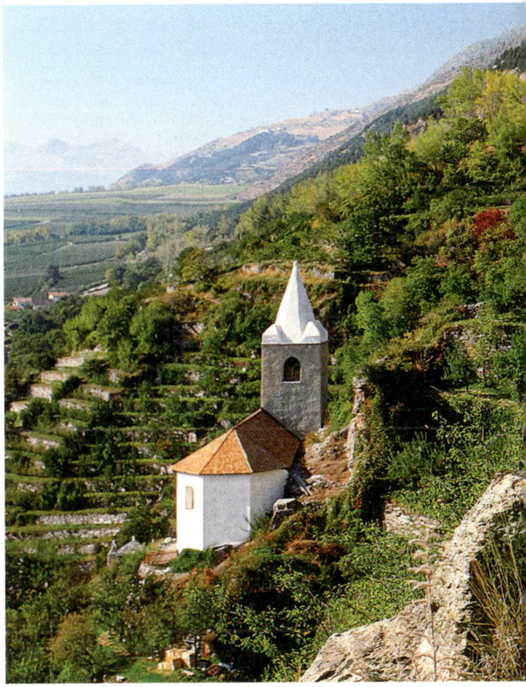

Das St.-Ägidius-Kirchlein

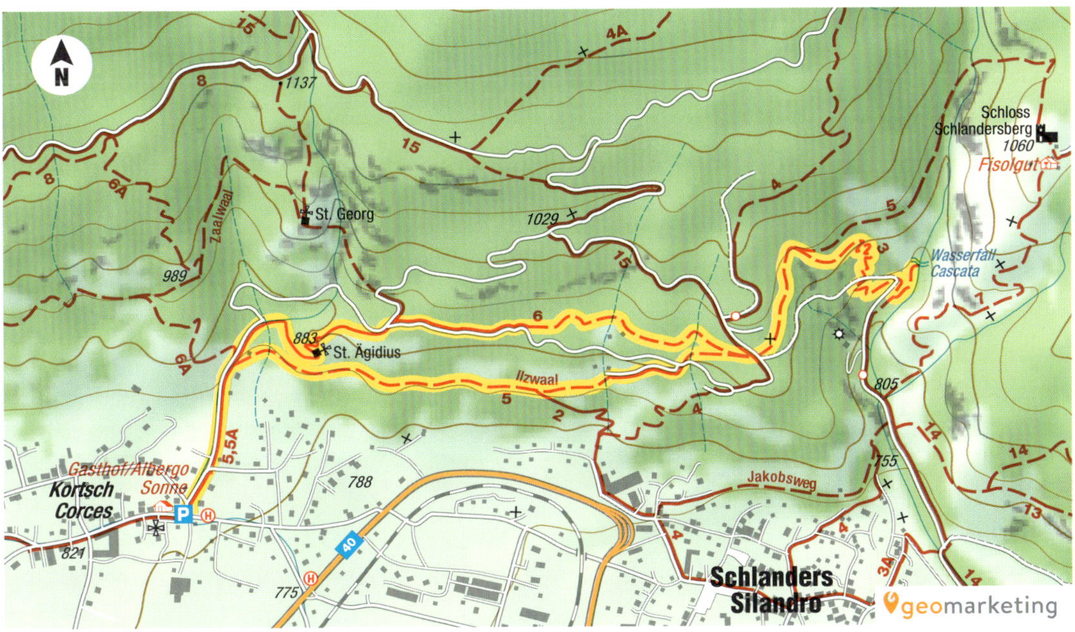

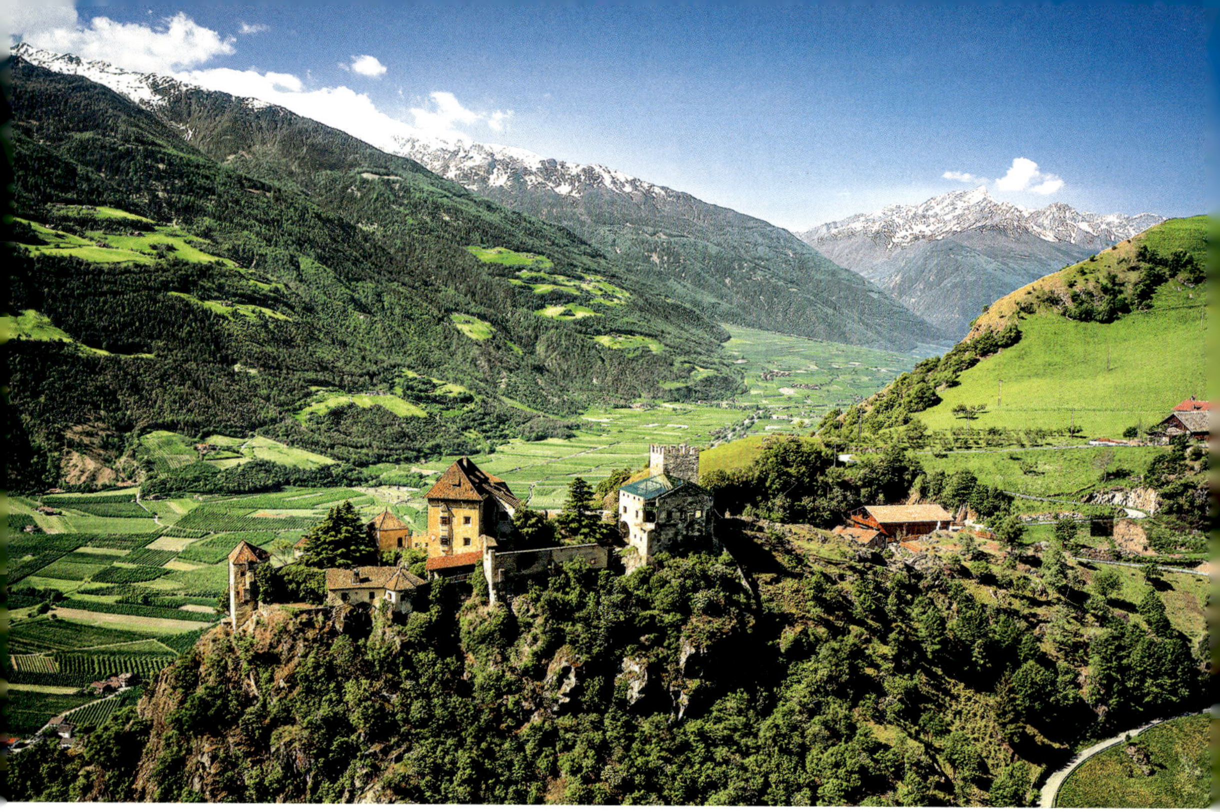

Am Eingang des Schnalstales thront Schloss Juval

5

SONNIGE WANDERUNG VON TSCHARS NACH JUVAL

Rundwanderung entlang des Vinschger Sonnenberges

Gesamtgehzeit
ca. 2 Std. 30 Min.

Höhenunterschied
ca. 300 m

Beste Jahreszeit
Frühjahr bis Herbst

Kartenmaterial
Tabacco 04, Schnalstal – Naturns, 1:25.000

Anfahrt
Durch den Vinschgau bis nach Tschars. Tschars ist mit Bus und Bahn erreichbar.

Ausgangspunkt
Parkplatz beim J.-Maschler-Haus in Tschars; Bushaltestelle

WEGVERLAUF: Vom Parkplatz folgt man der Markierung Nr. 1 A und 3 B hinauf zum Tscharser Waalweg (auch Vinschger Höhenweg). Nun geht es fast eben den Waal entlang bis unterhalb von Schloss Juval. Von dort steigt man in wenigen Minuten auf zum Schlosswirt zu wohlverdienter Rast und Einkehr. Weiter geht's über den neu angelegten „Sunnenweg" (Ortlsteig) am Rande der Schnalser Schlucht hinunter zum Hof Unterortl. Von dort folgt man der Straße aufwärts bis zur nächsten Rechtskehre, von der man nach links den Stabener Waalweg (auch Jakobsweg) erreicht. Dieser führt in sanftem Gefälle zurück zum Ausgangspunkt.

KURZE VARIANTE: Von Naturns kommend findet sich gleich nach der Abzweigung ins Schnalstal ein kostenloser Parkplatz, Bushaltestelle in der Nähe. Mit dem Shuttlebus (die Straße ist für den allgemeinen Verkehr gesperrt) fährt man hinauf zum Schlosswirt. Der Spaziergang über den „Sunnenweg" (Ortlsteig) nach Unterortl ist problemlos, beim Hof befindet sich eine Haltestelle für die Rückfahrt ins Tal.

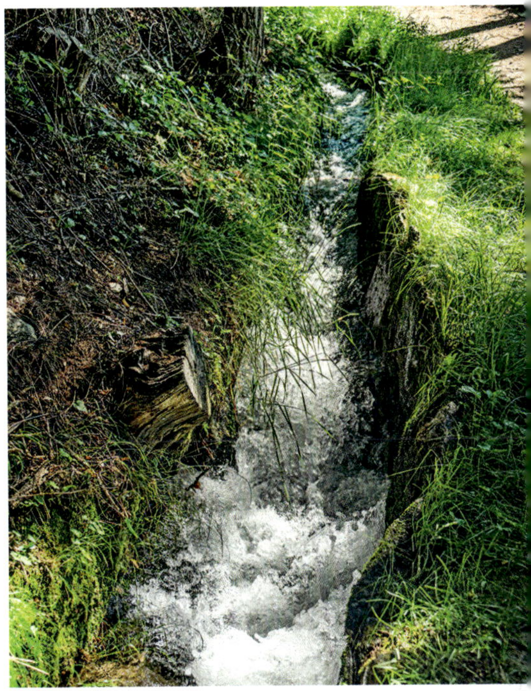

Am Schnalser Waalweg

(TIPP!) Schloss Juval, der Sommerwohnsitz von Reinhold Messner, beherbergt eines von sechs Messner Mountain Museen. Die Dauerausstellung des Museums widmet sich dem Mythos Berg und präsentiert eine umfangreiche Tibetika- und Maskensammlung, eine Abenteuerbibliothek und Bilder heiliger Berge. Auch ein Kleintierpark, ein Weingut, ein Bio-Bauernhof und ein Buschenschank gehören zu Schloss Juval.

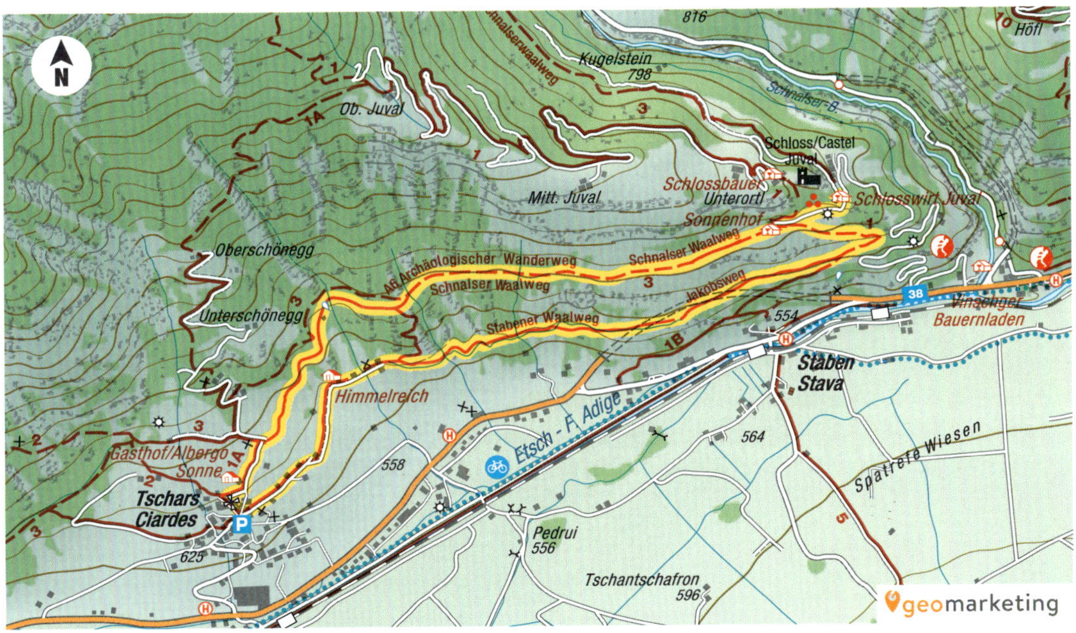

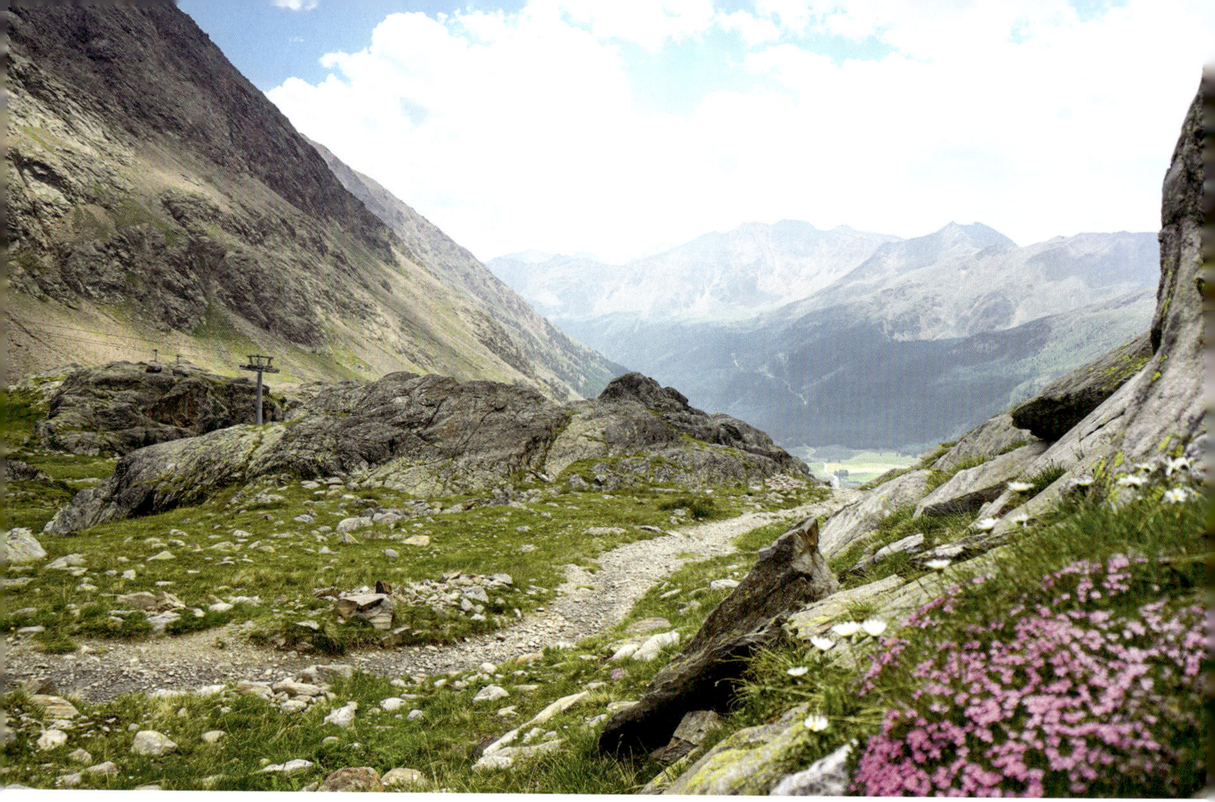

Herrlich verlaufender Steig entlang des Berges

6

VON KURZRAS ZUM TEUFELSEGG

Schöne Erlebnistour über den Alpin Trail im hinteren Schnalstal

Gesamtgehzeit
ca. 3 Std. 30 Min.

Höhenunterschied
ca. 430 m

Beste Jahreszeit
Hochsommer bis Herbst

Kartenmaterial
Tabacco 04, Schnalstal – Naturns, 1:25.000

Anfahrt
In den Vinschgau bis Naturns, dort rechts ins Schnalstal bis Kurzras. Das Dorf ist auch mit dem Bus erreichbar.

Ausgangspunkt
Kurzras, Dorfzentrum

Im Sommer 2022 wurden der neue Erlebnisweg „Alpin Trail" und der ebenfalls neue Larix Klettersteig eröffnet. Beide verlaufen teilweise parallel und kreuzen sich sogar an manchen Stellen. Achtung: die hier vorgestellte Wanderung führt NICHT über den Klettersteig! So verlockend er mit seinen Seilbrücken und Himmelsleitern auch erscheinen mag: Für diesen sind die entsprechende Ausrüstung und ein gewisses Maß an Klettersteigerfahrung erforderlich, wenn auch manche Gehpassagen das Gegenteil andeuten mögen.

WEGVERLAUF: Der Beginn des Alpin Trails ist hinter dem Sessellift „Roter Kofel" am Kurzrasbach. Der Verlauf ist mit roten Kreuzen markiert, mit ein bisschen Aufmerksamkeit ist er eigentlich nicht zu verfehlen. Gleichmäßig, aber nie übermäßig steil führt der Steig hinauf, teils in Serpentinen durch die Schrofen, links am Rotkofelsee vorbei. Im durchwegs freien Gelände gelangt man schließlich hinauf zur Teufelsegghütte. Von der Teufelsegghütte geht man auf Steigspuren kurz nach rechts und erreicht den markierten Steig. Für den Abstieg wählt man den Steig mit der Markierung Nr. 3, auch Archäologischer Wanderweg A3. Dieser führt nach bzw. vom Gipfel „Im Hinteren Eis", dem Schutzhaus Schöne Aussicht und der Bergstation der Gletscherbahn hinunter nach Kurzras.

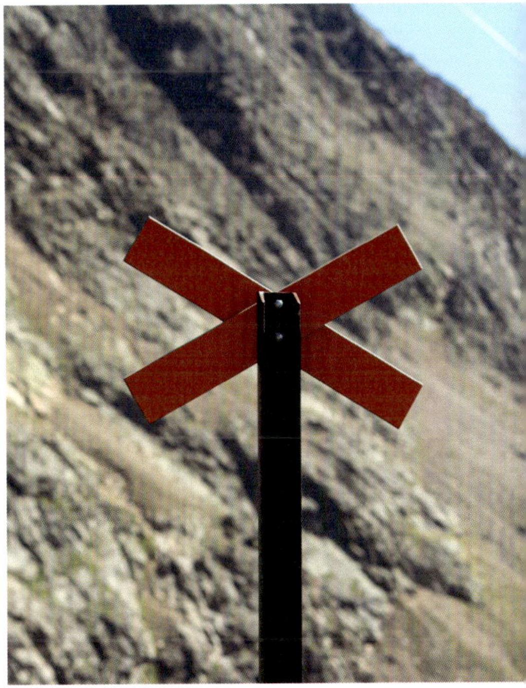

Die Markierung des Alpin Trails

Wissenswertes

Der **Ötzi, der Mann aus dem Eis**, ist in aller Munde. Im Südtiroler Archäologiemuseum in Bozen – und nicht nur dort – erfährt man alles über ihn bis hin zu seiner letzten Mahlzeit und seiner Augenfarbe. Etwas

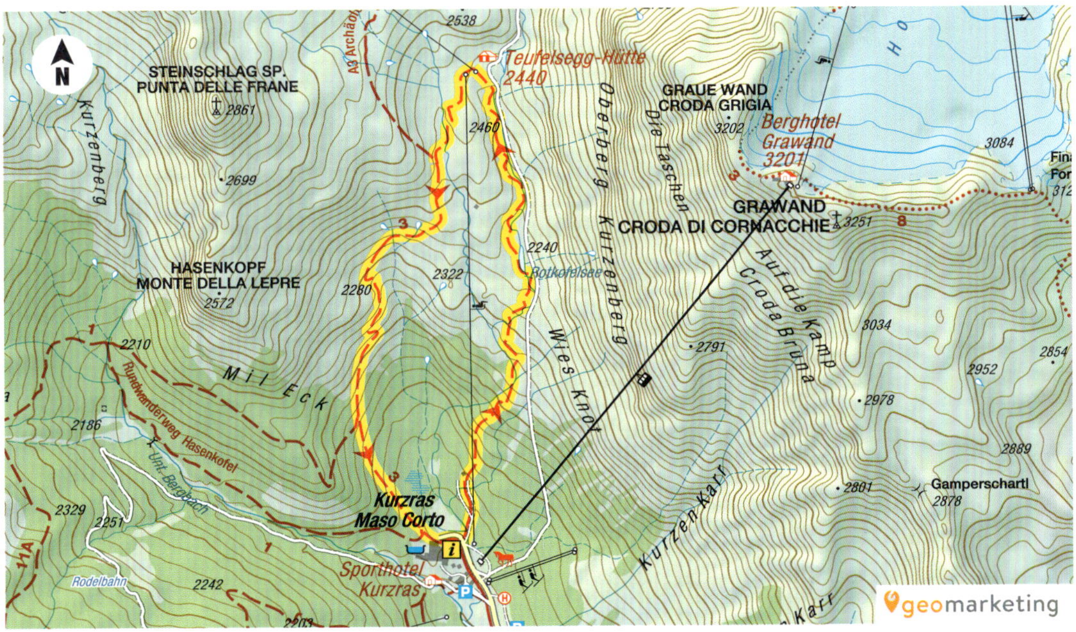

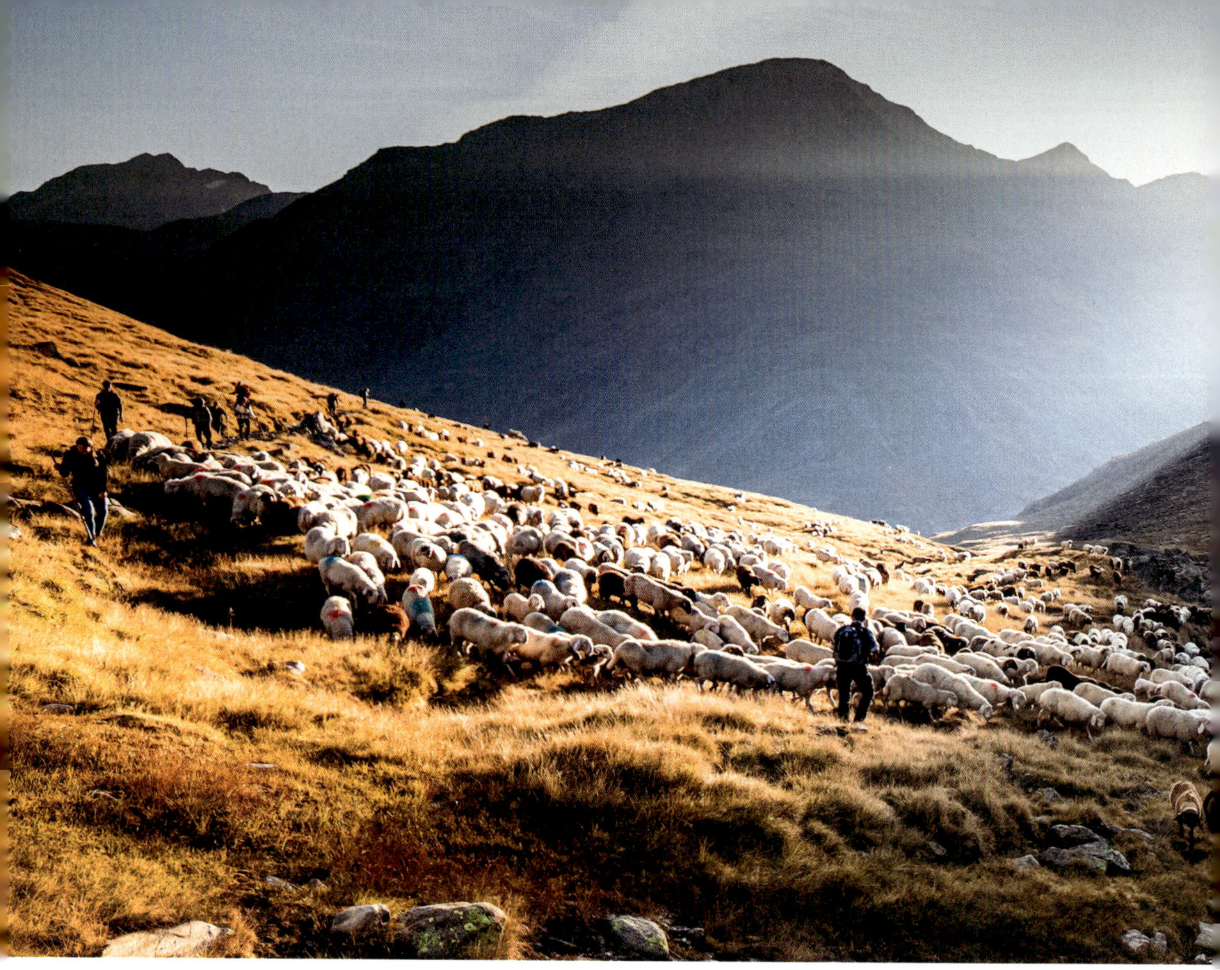

weniger breitgetreten, aber ebenfalls sehr interessant, ist der alljährliche **Schaftrieb aus dem Vinschgau** – Teil des immateriellen Kulturerbes der UNESCO – auf die Hochalmen im Rofental und im Niedertal oberhalb von Vent. Um Mitte Juni, abhängig auch von der Schneelage, geht es los, über das Hochjoch (A3, Aufstieg von Kurzras) und das Niederjoch (A2, Aufstieg von Unser Frau). Für die Zuschauer ein großes „Abenteuer", für die Hirten und andere Treiber dagegen ein Knochenjob, ein gefährlicher noch dazu. Man muss gar nicht ins ferne Jahr 1744 zurückschauen, als fünf Hirten und an die 100 Schafe am Gurgler Eisjoch ums Leben kamen. Erst 1979 kamen unterhalb der Similaunhütte im steilen Gelände an die 70 Schafe um. Gegen Mitte September führt der Schaftrieb dann in umgekehrter Richtung wieder zurück.

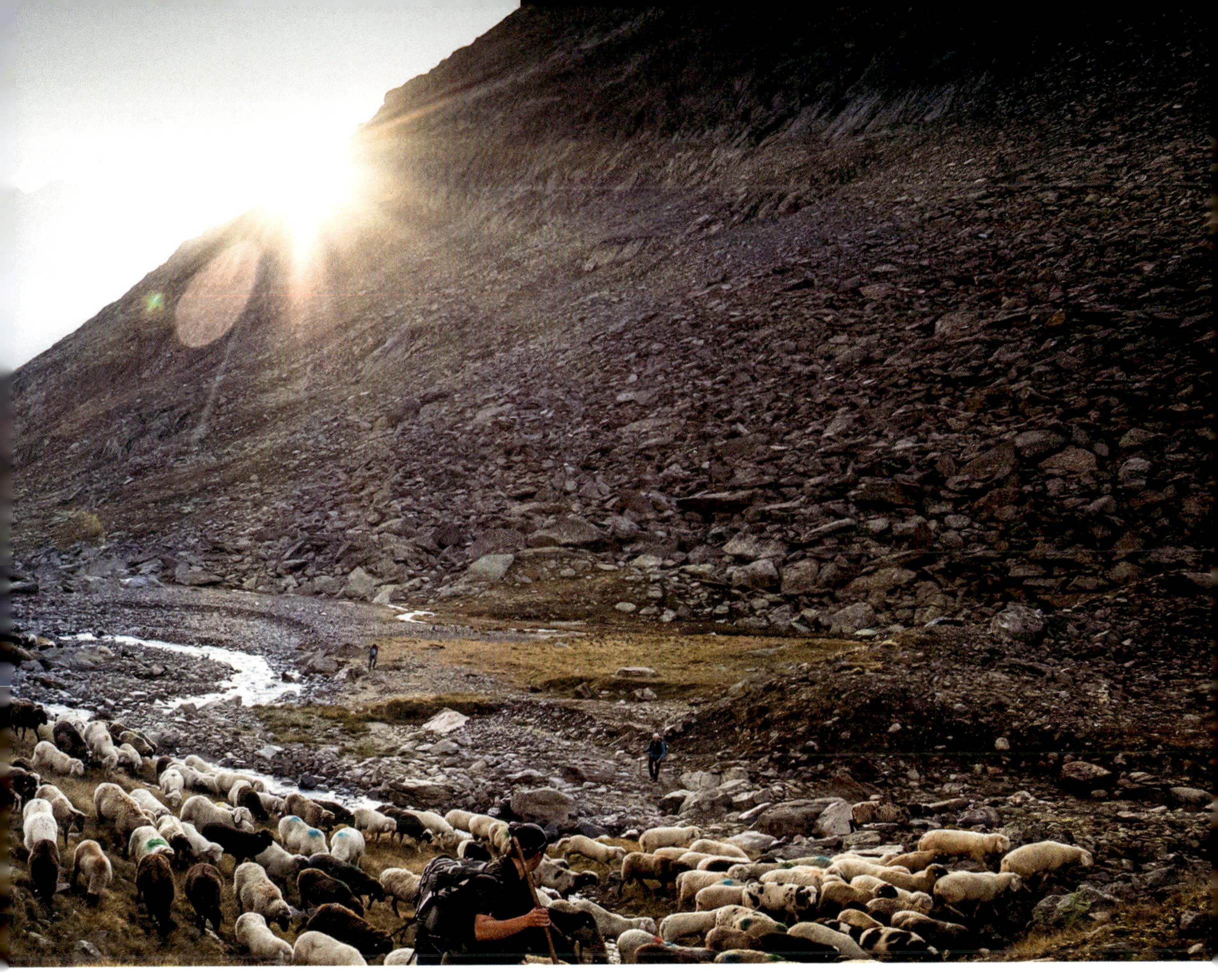

Transhumanz im Schnalstal

Wie weit der Schaftrieb in der Geschichte zurückreicht, lässt sich wohl kaum sagen, der Ötzi jedenfalls hatte nichts aus Schafwolle dabei. Wohl aber führen die **Archäologischen Wanderwege** an Fundstellen und Schalensteinen vorbei, die ihrerseits durch Stelen aus Kupfer gekennzeichnet sind. Diese Wege über die Jöcher haben die Menschen der Frühzeit verbunden. Die Talsohlen waren häufig versumpft und kaum passierbar, die Talausgänge waren häufig schluchtartig verengt und nicht begehbar. Die Jöcher aber waren verbindend. Es ist hier nicht der Raum, die einzelnen Wege vorzustellen, fest steht, dass etwa zwischen Kurzras und der Timmelsalm im Passeiertal ganze 17 Archäologische Wege bekannt und beschrieben sind. Im Museumsshop des Archeo Parc in Unser Frau sind umfangreiche Informationen erhältlich.

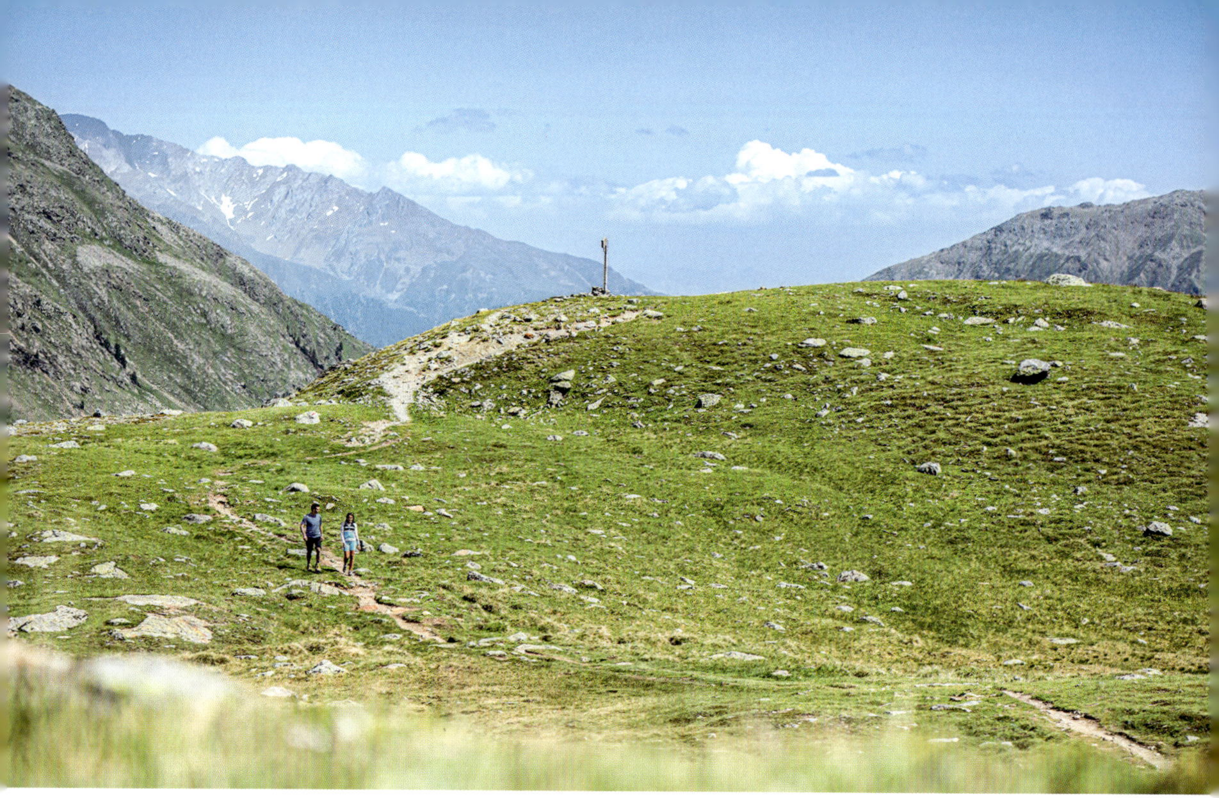

Jeder Schritt ein Abenteuer – Wandern in der Alpin Arena Schnals

7

Gesamtgehzeit
ca. 3 Std.

Höhenunterschied
ca. 430 m

Beste Jahreszeit
Sommer bis Herbst

Kartenmaterial
Tabacco 04, Schnalstal – Naturns, 1:25.000

Anfahrt
In den Vinschgau bis Naturns, dort rechts ins Schnalstal bis Kurzras. Das Dorf ist auch mit dem Bus erreichbar.

Ausgangspunkt
Kurzras, Dorfzentrum

DER WAALWEG LAZAUN IM HINTERSTEN SCHNALSTAL

Der sanierte Untere Bergwaal bei Kurzras

Dieser Waal dürfte so alt sein wie der Kurzhof in Kurzras, der erstmals um 1300 urkundlich erwähnt wird. Der Waal führte das Wasser zum Erdäpfel-(Kartoffel-)Acker auf die „Hintere Wies", wo es mit dem „Wasserblech" über ein verzweigtes System auf die trockenen Flächen abgeleitet wurde. Jedes Frühjahr machten Knechte den Waal mit der „Waalhau" – einem eigenen Gerät, vorne mit Schneide, hinten mit Schaufel – wassertauglich. Eine zeitaufwendige Arbeit!

Der Untere Bergwaal wurde fast 700 Jahre hindurch betrieben und erst um 1970 aufgelassen. Alois Tumler, Jungbauer am Wieshof, hat im Jahre 2019 als Schüler der Landwirtschaftlichen

Oberschule „Fürstenburg“ in Burgeis ein Projekt zur Sanierung des Waals und des Weges erstellt. In den Jahren 2020/21 wurde unter Aufsicht der Forststation Naturns, begleitet von Bürgermeister Karl Josef Rainer und der Tourismusgenossenschaft Schnalstal, das Projekt umgesetzt. Finanziert wurden die Arbeiten von der Schnalstaler Gletscherbahnen AG.

WEGVERLAUF: In Kurzras folgt man den Wegweisern ins Langgrubtal, Markierung Nr. 1. Vorbei kommt man dabei auch an einer Kupferstele mit Informationen zu einem Schalenstein (siehe Archäologische Wanderwege). Mäßig steil führt der Weg oberhalb des Schnalser Baches hinauf, bis die Markierung Nr. 11 nach links abzweigt. Immer noch mäßig steil geht's weiter über die sanft geneigte Hochfläche in Richtung Lazaunhütte. Der Wanderer nimmt dort, wo sich das Gelände kurz vor der Lazaunhütte zurücklehnt,

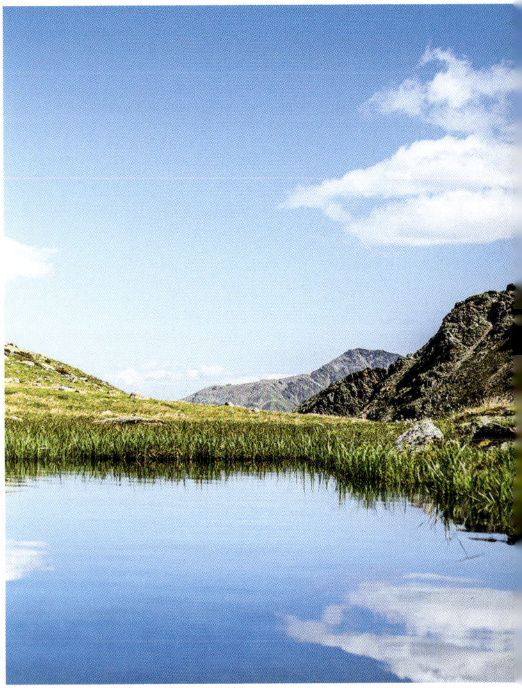

Ein Spaziergang entlang des Wasserlaufes

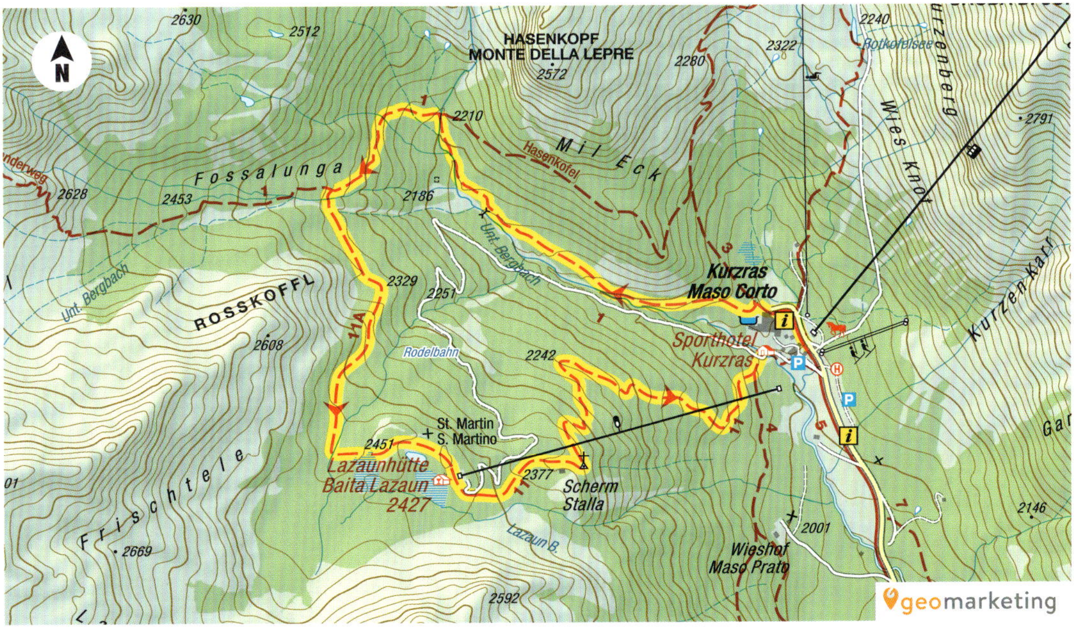

Rücksicht auf das Hochmoor und bleibt auf dem ausgeschilderten Wanderweg. Bald darauf ist die gastliche Lazaunhütte am höchsten Punkt der Wanderung erreicht. Dort hält man sich weiter auf Markierung Nr. 11 links und wandert in weiten Bögen, im unteren Teil durch Wald, zurück nach Kurzras, oder man fährt mit der Umlaufbahn zurück nach Kurzras.

Kleiner Exkurs zu den Waalen

Eigentlich denkt man beim Begriff Waalweg nicht unbedingt an das Schnalstal, sondern vielmehr an den Vinschgau. Andererseits: wer sucht denn im „grünen" Pustertal mit seinen reichlichen Niederschlägen nach einem Waalweg? Falsch gedacht! Auch wenn Waale heute nicht mehr in Betrieb sind: Vom 16. Jahrhundert bis zur Mitte des 20. Jahrhunderts hat dieser die landwirtschaftlichen Fluren zwischen Gais und Aufhofen mit Wasser versorgt.

Und so findet sich eben auch in Schnals ein Waal samt ihm begleitenden Weg. Obwohl der durchschnittliche Jahresniederschlag in Kurzras 1100 mm beträgt – im Gegensatz zum Vinschgau, wo der Jahresniederschlag teilweise kaum die Hälfte davon beträgt –, ist es schon erstaunlich, was menschlicher Ingenius (und menschliche Arbeitskraft!) diesbezüglich geleistet haben. Abenteuerlichste Linienführung quer durch senkrechte Felswände (noch zu erkennen etwa am linksseitigen Ausgang des Schnalstales), sogar über die Wasserscheide hinüber, wie etwa beim Waal im obersten Penaudtal, der nach der Wasserfassung über ein Joch und hinunter in den Vinschgau führt. Entlang der Waale führt(e) der Waalweg, auf dem der Waaler, also der Beauftragte für die Erhaltung und Wartung, unterwegs war. So wie der Waal selbst weisen auch die Waalwege nur sehr geringes Gefälle auf.
Die allermeisten dieser Waale sind heute verrohrt, Wasserverlust und Arbeitsaufwand waren einfach zu hoch. Aber gar einige sind heute noch in Gebrauch, man hat auch den großen touristischen Wert dieser Wege erkannt.

Der Waalweg ist die ideale Wanderung für die ganze Familie.

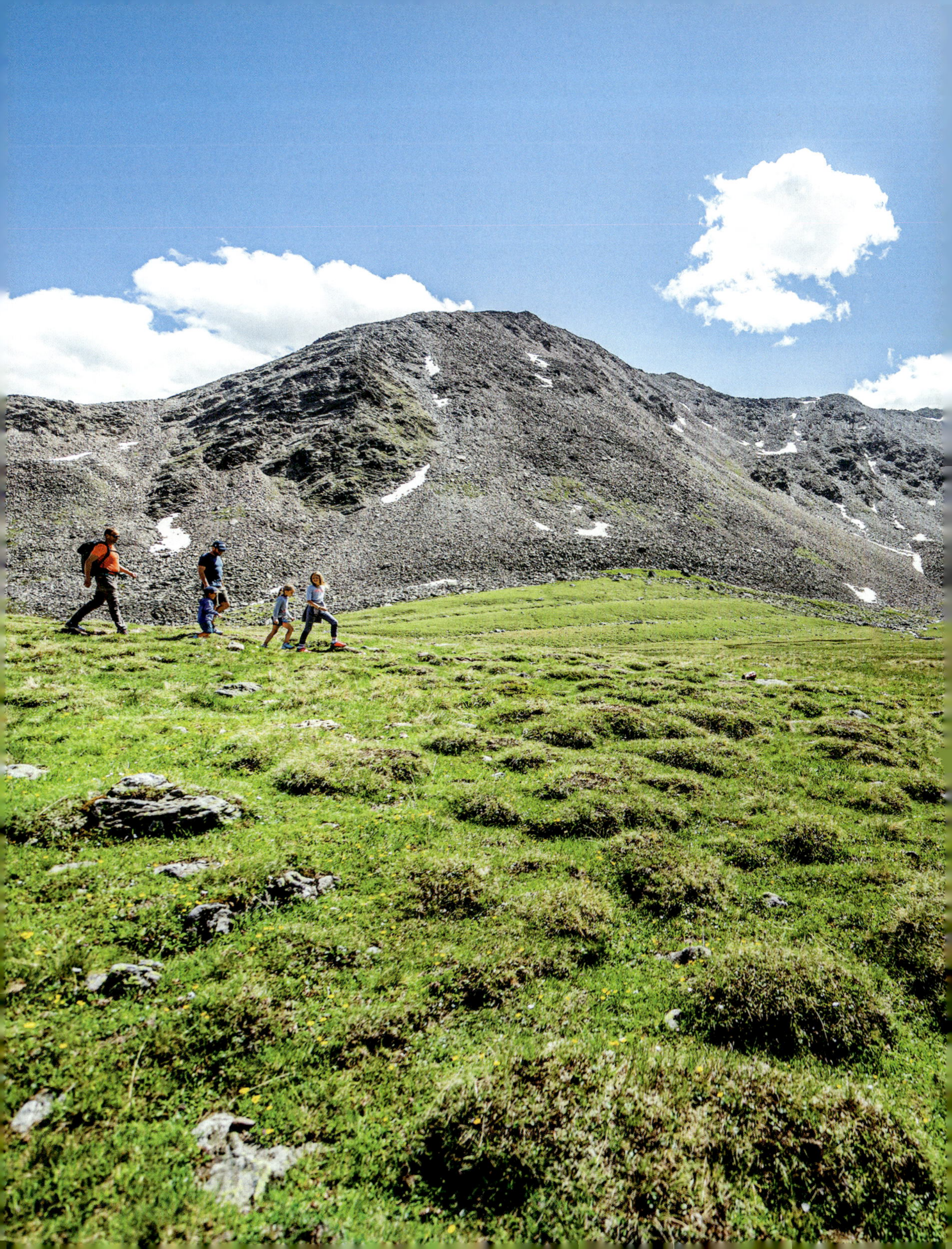

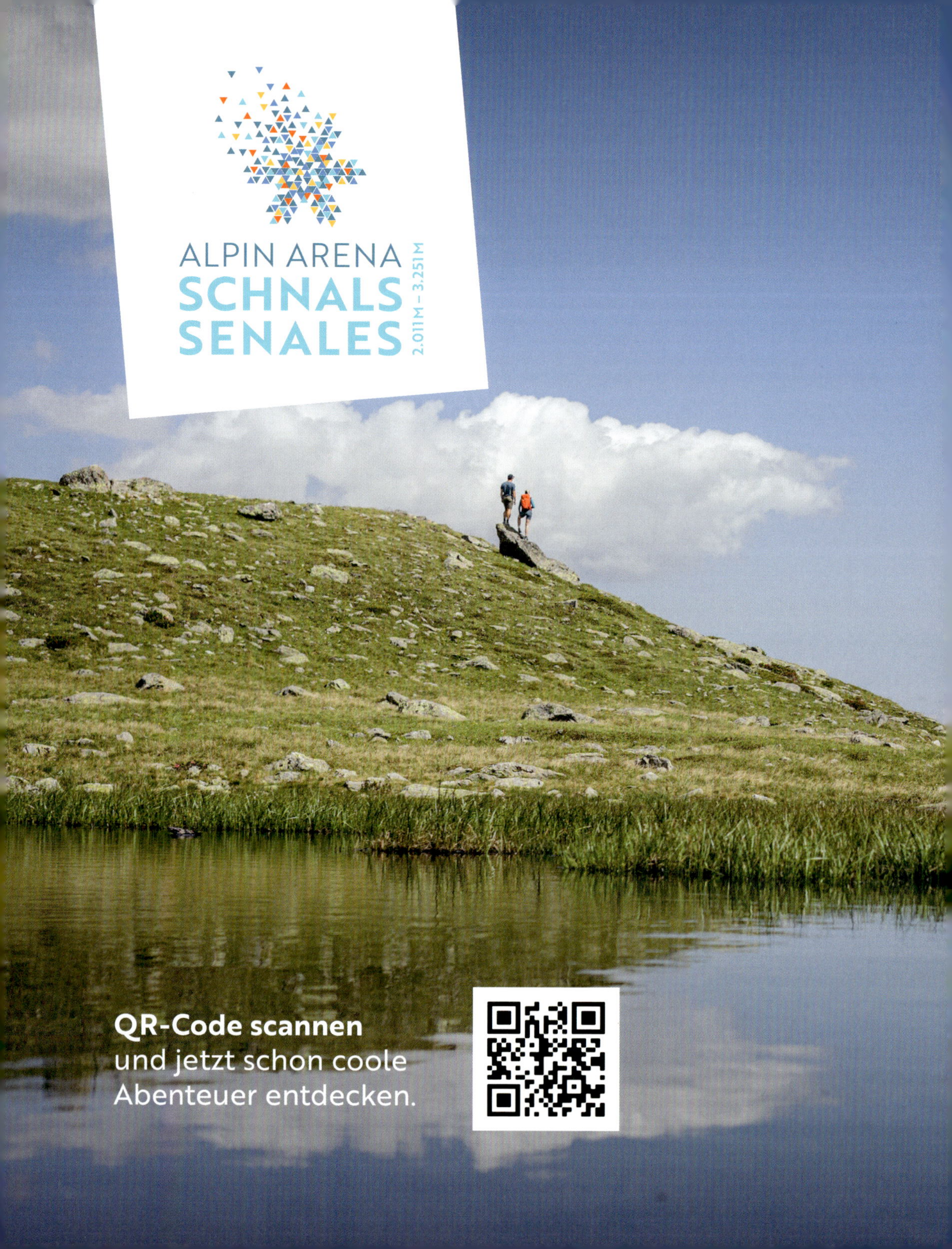
ALPIN ARENA
SCHNALS
SENALES
2.011M – 3.251M
QR-Code scannen
und jetzt schon coole
Abenteuer entdecken.

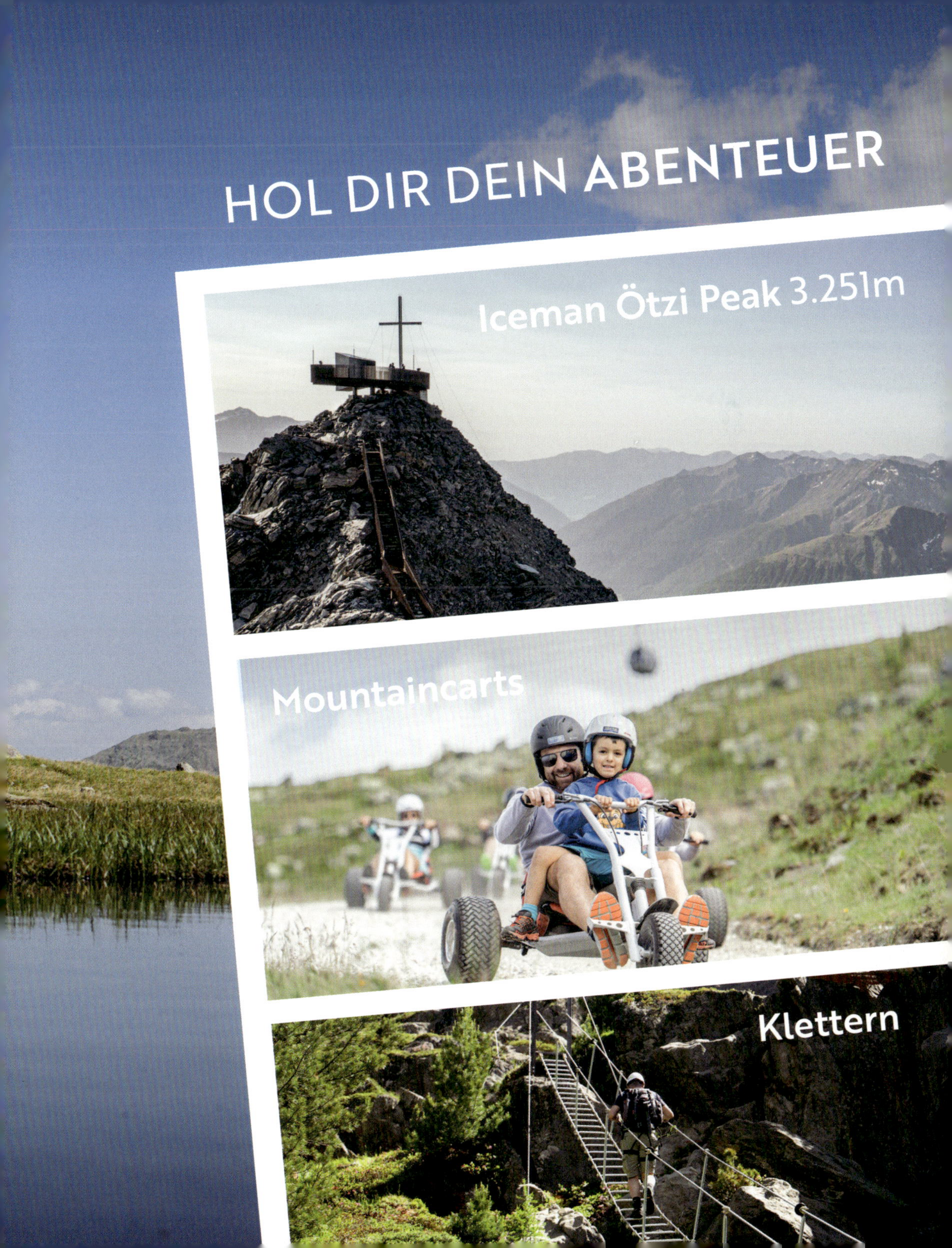
HOL DIR DEIN ABENTEUER
Iceman Ötzi Peak 3.251m
Mountaincarts
Klettern

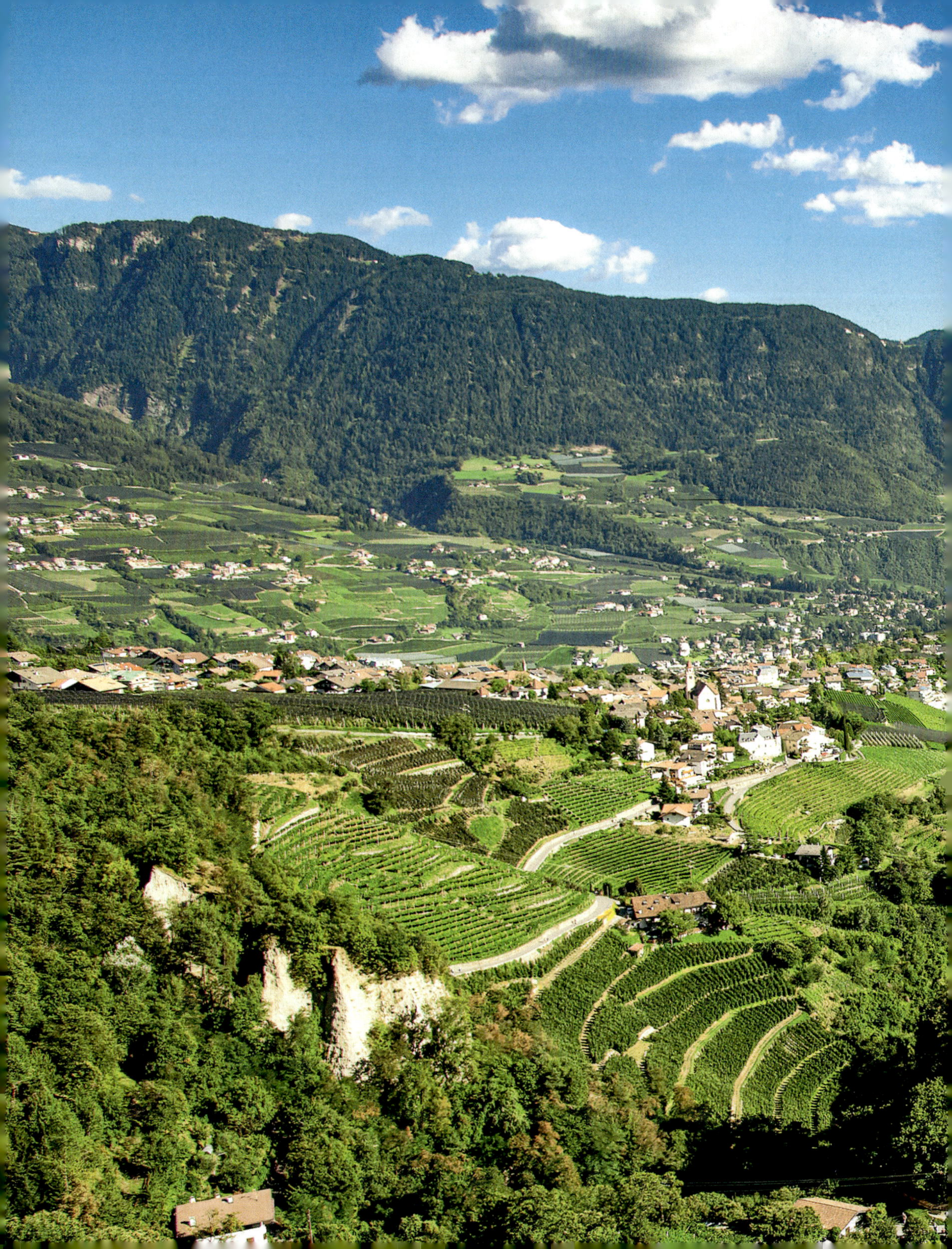

MERAN & UMGEBUNG

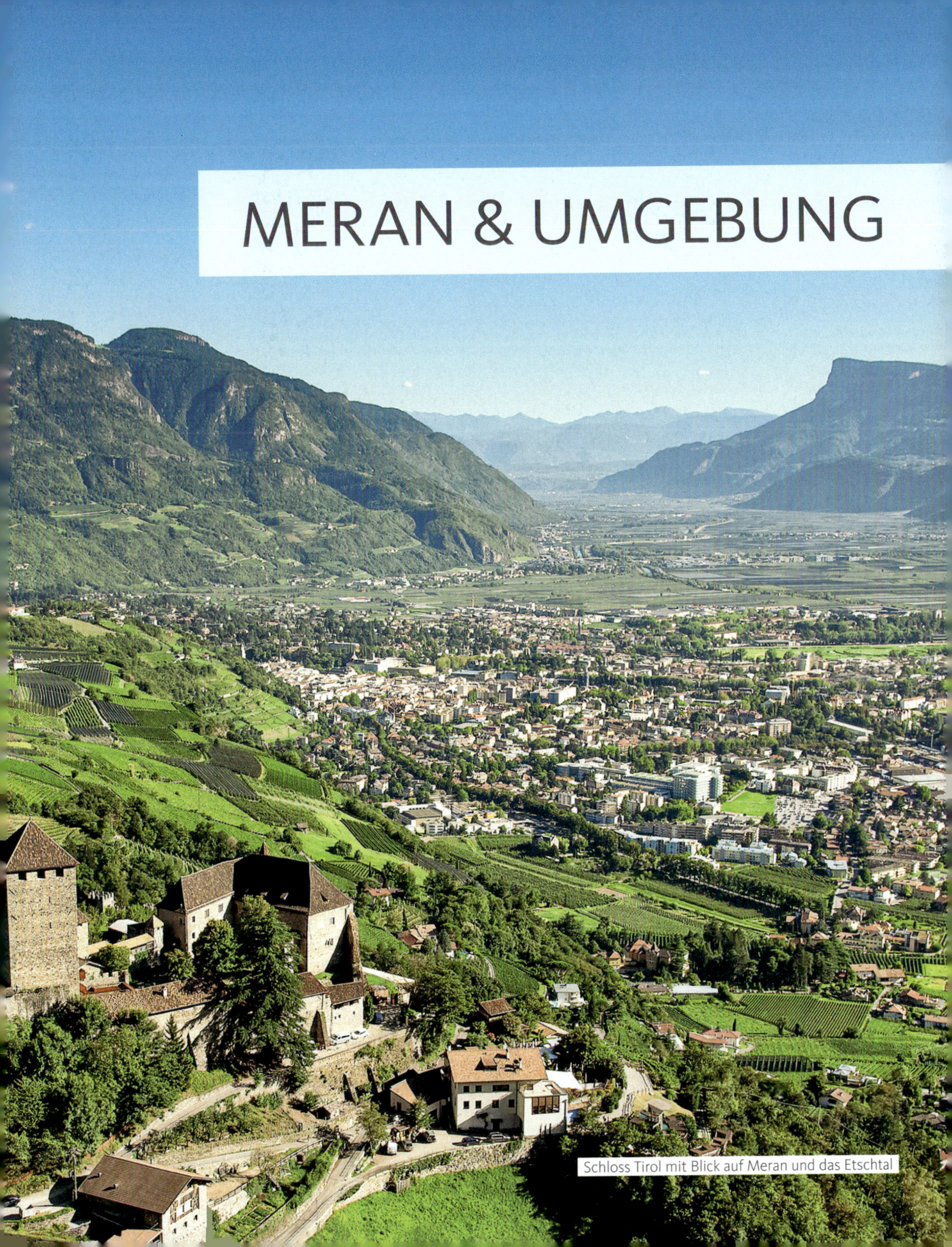

Schloss Tirol mit Blick auf Meran und das Etschtal

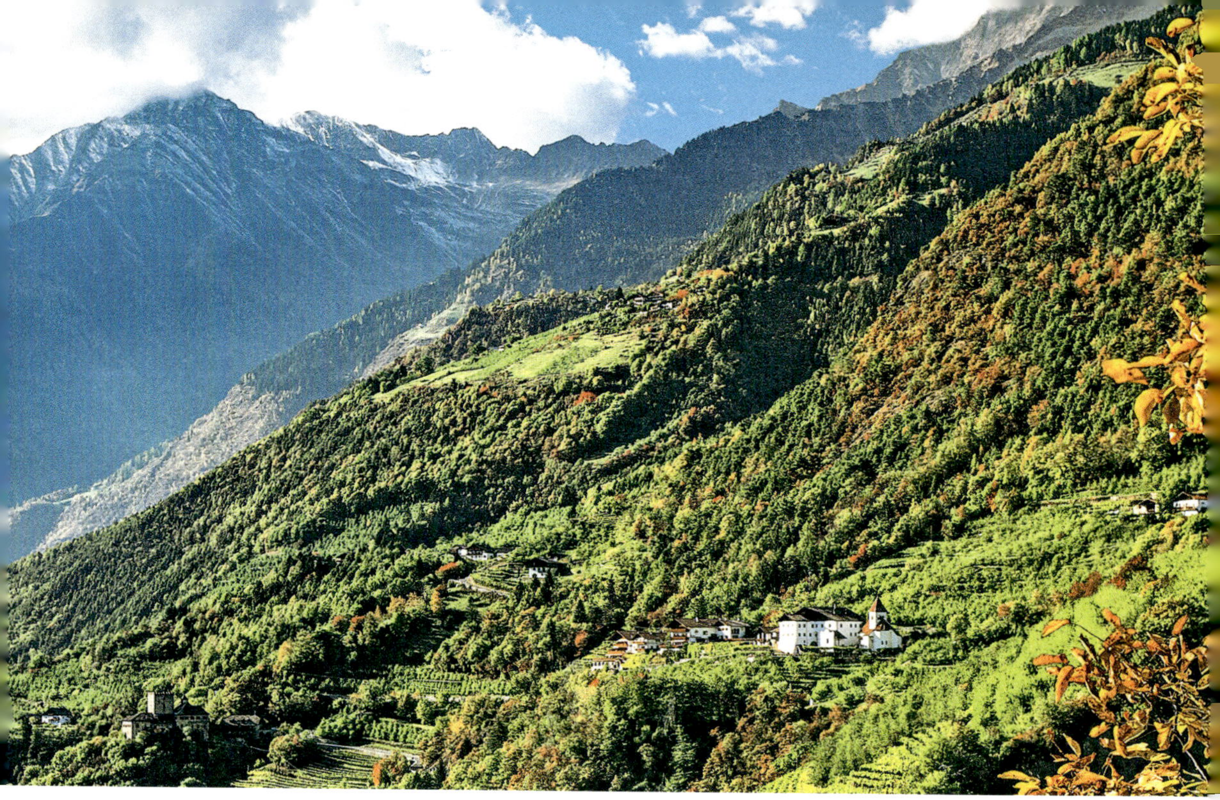

St. Peter, links davon Schloss Thurnstein, mit Blick auf die Texelgruppe

8

VON DER KURSTADT ZUM SCHLOSS THURNSTEIN

Rundweg über Schloss Tirol und Schloss Thurnstein nach Meran

Gesamtgehzeit
ca. 3 Std.

Höhenunterschied
ca. 300 m

Beste Jahreszeit
Frühjahr bis Herbst

Kartenmaterial
Tabacco 011, Meran und Umgebung, 1:25.000

Anfahrt
Meran ist mit Bus und Bahn erreichbar.

Ausgangspunkt
Stadtzentrum Meran

WEGVERLAUF: Von der Galileistraße im Zentrum von Meran geht es in Serpentinen hinauf zum Tappeinerweg. Man hält sich dort rechts, bis links der Panoramaweg (auch Kulturweg, Mark. Nr. 6), abzweigt. In sanfter Steigung gelangt man ins Zentrum von Dorf Tirol und weiter mit einem Steilaufschwung zum Schloss Tirol. Auf Markierung Nr. 29 setzt man nach rechts fort und erreicht auf asphaltierter Straße über St. Peter Schloss Thurnstein. Nach verdienter Einkehr und Rast steigt man auf Weg Nr. 29 A ab nach Gratsch. Von dort folgt man der Straße kurz aufwärts, bis in der ersten Kehre rechts der Tappeinerweg abzweigt. Diesem folgt man und steigt wahlweise zur Galileistraße, zum Pfarrplatz oder am Ende des Tappeinerweges ab in die Gilf und erreicht wieder das Stadtzentrum von Meran.

KURZE VARIANTE: Von der Galileistraße fährt man mit dem Sessellift hinauf zur Bergstation und steigt von dieser kurz auf zum Panoramaweg. Fortsetzung bis Thurnstein wie oben. Von dort Rückfahrt mit dem Bus nach Meran (Gehzeit 1 Std. 20 Min., Höhenunterschied 90 m).

(TIPP!) Direkt unterhalb von Schloss Tirol gibt es täglich eine beeindruckende Greifvogel-Flugshow. Täglich werden über dem Burghügel verschiedene gezüchtete Greifvögel frei fliegen gelassen. Während der Vorführung erhalten die Besucher die einmalige Gelegenheit Adler, Geier, Falken, Eulen und Bussarde in Aktion aus nächster Nähe zu beobachten und kennenzulernen.

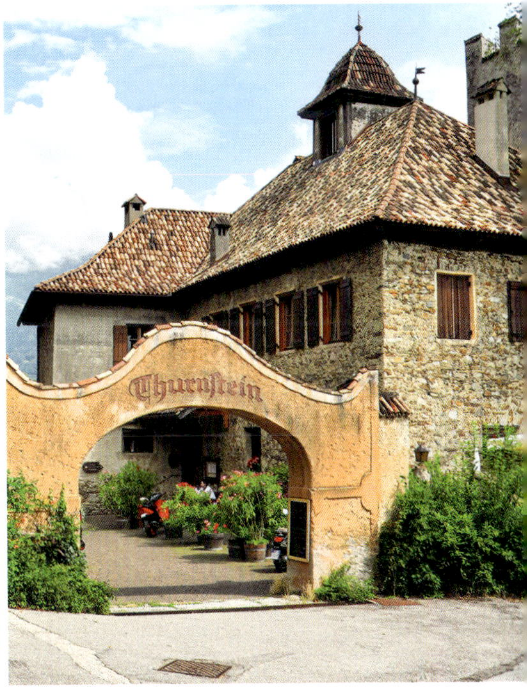

Schloss Thurnstein

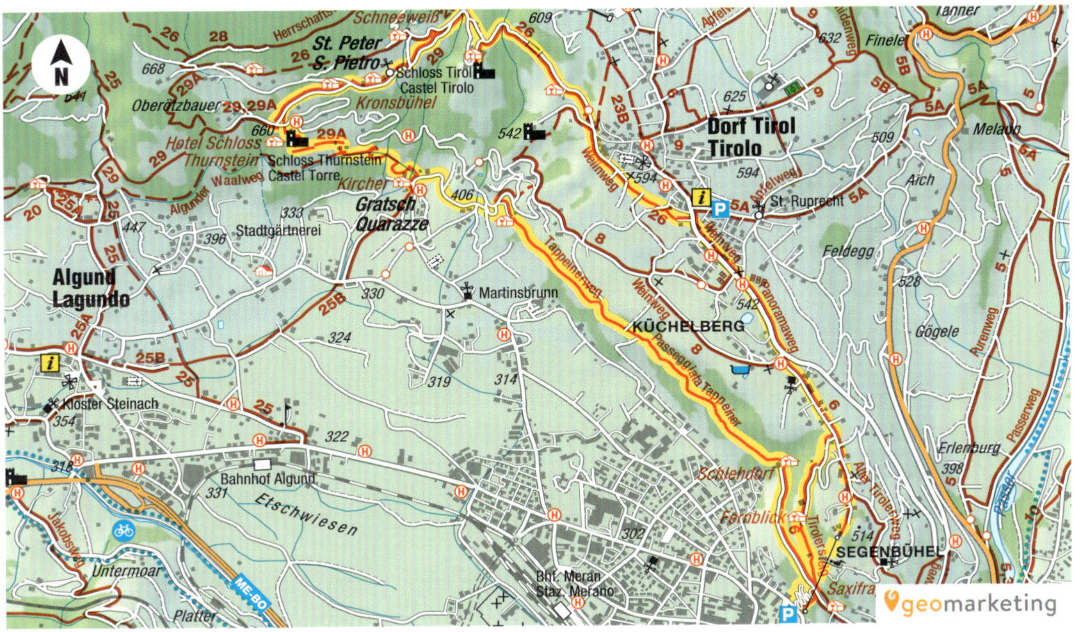

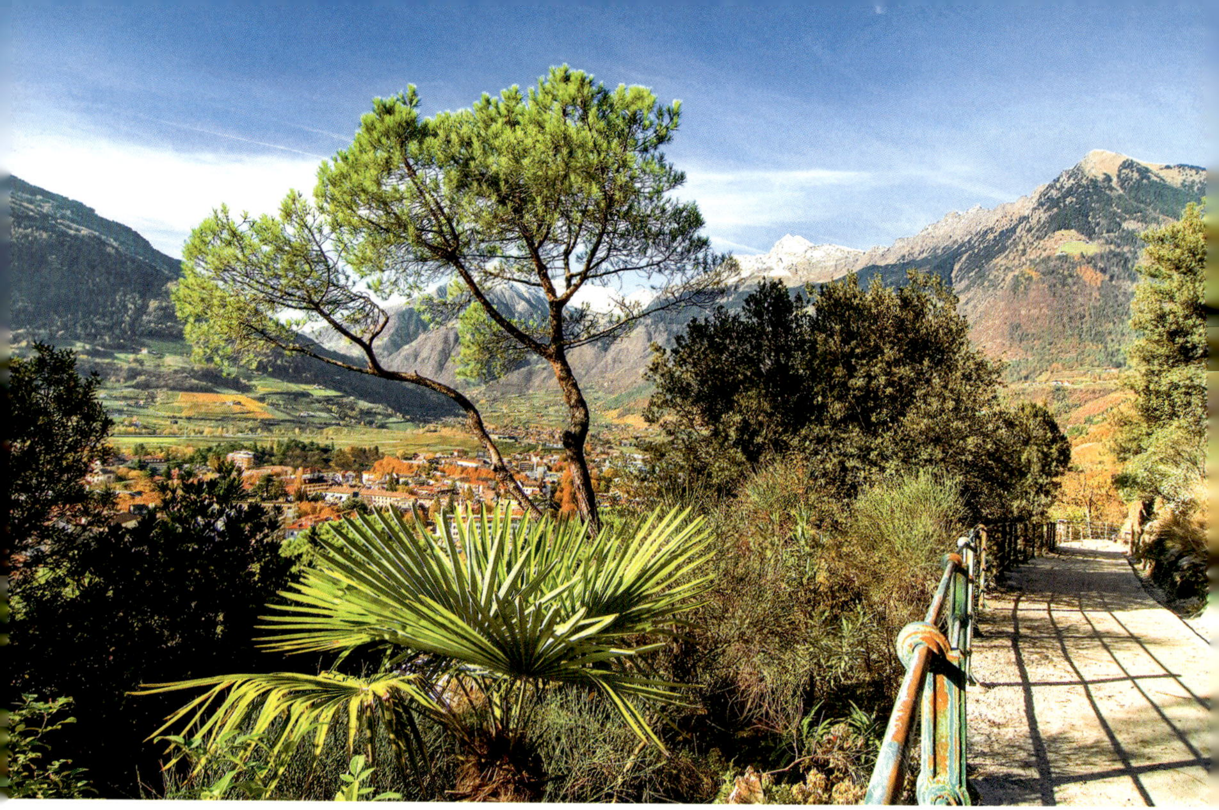

Herrlicher Blick vom Tappeinerweg auf Meran

9

EIN MERANER STADTSPAZIERGANG DER BESONDEREN ART

Meraner-Promenaden-Runde mit Tappeinerweg

Gesamtgehzeit
ca. 45 Min.

Höhenunterschied
ca. 60 m

Beste Jahreszeit
ganzjährig

Kartenmaterial
Tabacco 011, Meran und Umgebung, 1 : 25.000

Anfahrt
Meran ist mit Bus und Bahn erreichbar.

Ausgangspunkt
Stadtzentrum Meran

WEGVERLAUF: Am Sandplatz soll dieser hübsche Spaziergang beginnen, den man leicht zu einer kurzen Wanderung ausbauen kann. Vom Sandplatz spaziert man durch das Bozner Tor zum Pfarrplatz hinauf, hält sich dort rechts und gelangt in das Steinachviertel – den ältesten Teil der Stadt. Durch den Fußgängerdurchgang gelangt man hinunter zur gotischen Brücke Steinerner Steg und weiter in die Gilf – die Klamm im Granit –, durch die sich die Passer zwängt. Besonders zur Zeit der Schneeschmelze bietet sich von der Aussichtskanzel am oberen Ende ein „schauriger" Blick auf das darunter tobende Wasser. Nun führt der Weg in einigen Serpentinen hinauf zur Zenobergstraße, die man überquert und zum Beginn des Tappeinerwegs gelangt. Auf diesem spaziert man zum Pulverturm und hat kurz danach die erste Möglichkeit zum Abstieg in die Stadt. In vielen Stufen geht's da hinunter zur Pfarrkirche. Bequemer ist es, wenn man ein Stück weiterspaziert und den Abstieg über den nach links abzweigenden Serpentinenweg wählt, der mitten ins Zentrum von Meran führt (insgesamt ca. 1 Std.). Man kann aber auch fortsetzen bis zum Ende des Tappeinerweges und von dort mit dem Bus in die Stadt zurückfahren. Der Tappeinerweg ist insgesamt etwa 6 km lang.

(TIPP!) Der Pulverturm gilt als eine der beliebtesten Sehenswürdigkeiten von Meran. Die Aussichtsplattform bietet eine sagenhafte Übersicht über das Zentrum von Meran und das gesamte Burggrafenamt.

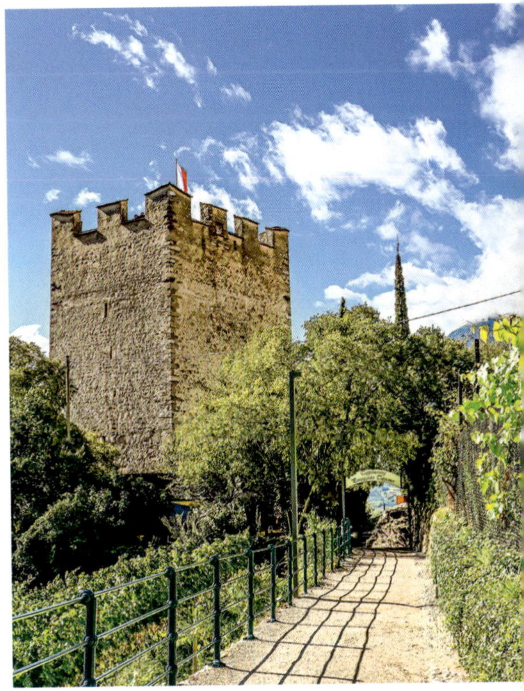
Der Pulverturm hoch über Meran

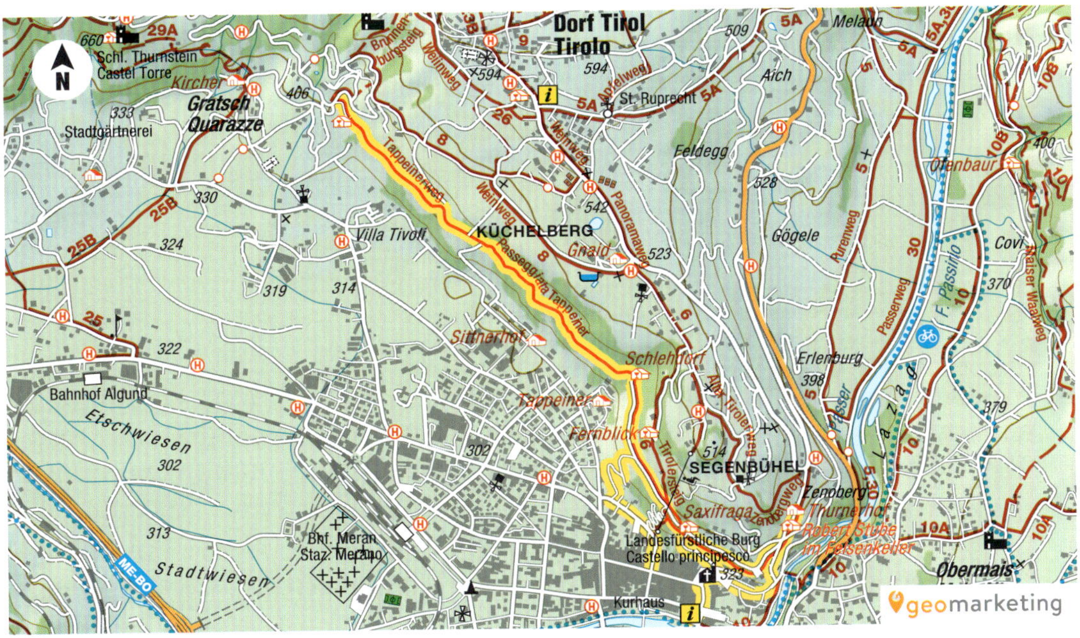

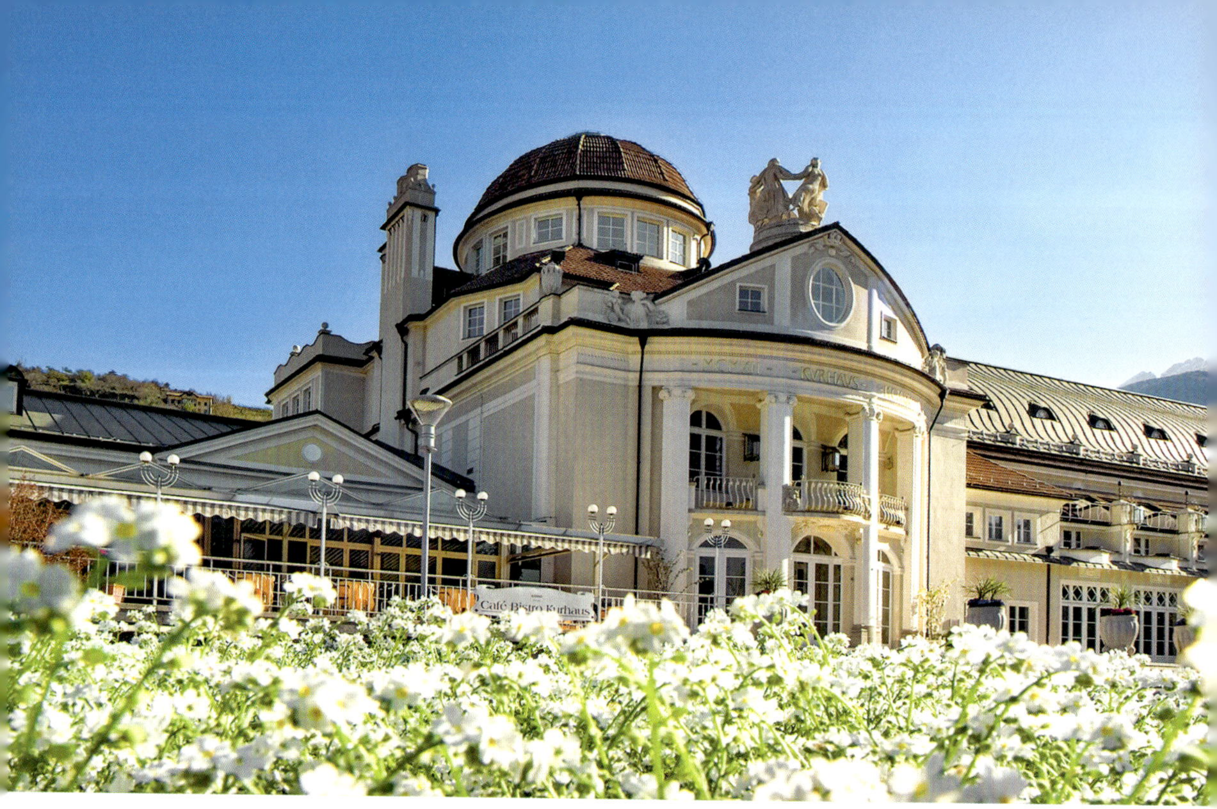

Das Kurhaus von Meran

10

AUF DEN SPUREN VON KAISERIN ELISABETH

Der historische Sissi-Weg im Herzen von Meran

Gesamtgehzeit
ca. 1 Std.

Höhenunterschied
ca. 100 m

Beste Jahreszeit
ganzjährig

Kartenmaterial
Tabacco 011, Meran und Umgebung, 1:25.000

Anfahrt
Meran ist mit Bus und Bahn erreichbar.

Ausgangspunkt
Kurpromenade vor dem Kurhaus

WEGVERLAUF: Beginnend an der Kurpromenade vor dem Kurhaus ist der Weg durchgehend beschildert. An der Postbrücke sollte man einen kurzen Abstecher über die Brücke zum Sissi-Denkmal an der Sommerpromenade nicht versäumen. Zurück über die Brücke spaziert man über die Winterpromenade hinein zum Steinernen Steg, der gotischen Brücke. Vorbei am historischen Hotel Bavaria gelangt man zu Schloss Rottenstein. Weiter über den Brunnenplatz, vorbei am Ansitz Reichenbach, an Schloss Rubein und am folgenden Schloss Pienzenau mit seinem sehr schönen Park. Und nun ist es nicht mehr weit bis Schloss

Trauttmansdorff, in dem Sissi die vielleicht glücklichsten Tage ihres Lebens verbracht hat. Der gesamte Weg ist rollstuhl- und kinderwagentauglich. Rückweg wie Hinweg oder mit dem Linienbus, Haltestelle direkt vor Schloss Trauttmansdorff.

Gärten von Schloss Trauttmansdorff

Der Sissi-Weg endet direkt vor den Gärten von Schloss Trauttmansdorff. Die Gärten von Schloss Trauttmansdorff bieten Einblicke in exotisch-mediterrane Landschaften, Ausblicke auf die umliegenden Bergketten und das sonnenverwöhnte Meran. Das eröffnet spektakuläre Ausblicke auf die über 80 Gartenlandschaften, die umliegende Bergwelt und die Stadt Meran. Auf sanft geschwungenen Wegen geht es auf eine Reise durch vier Gartenwelten mit Pflanzen aus aller Welt, vorbei an sonnigen Terrassen und plätschernden Bächen.

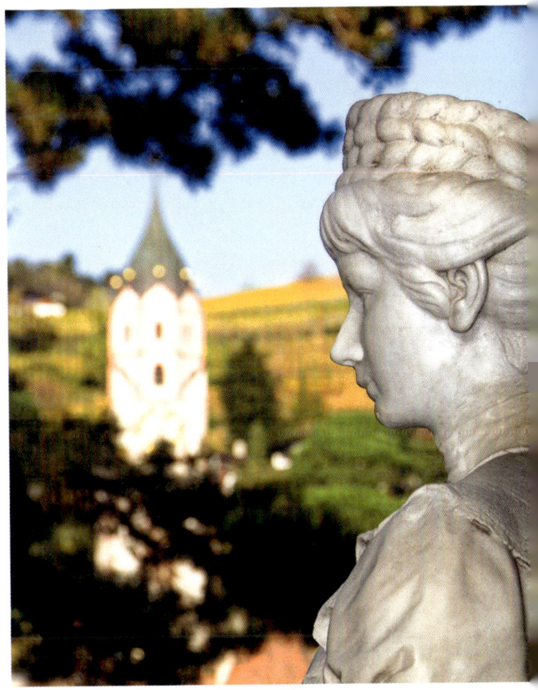

Das Sissi-Denkmal im Elisabethpark

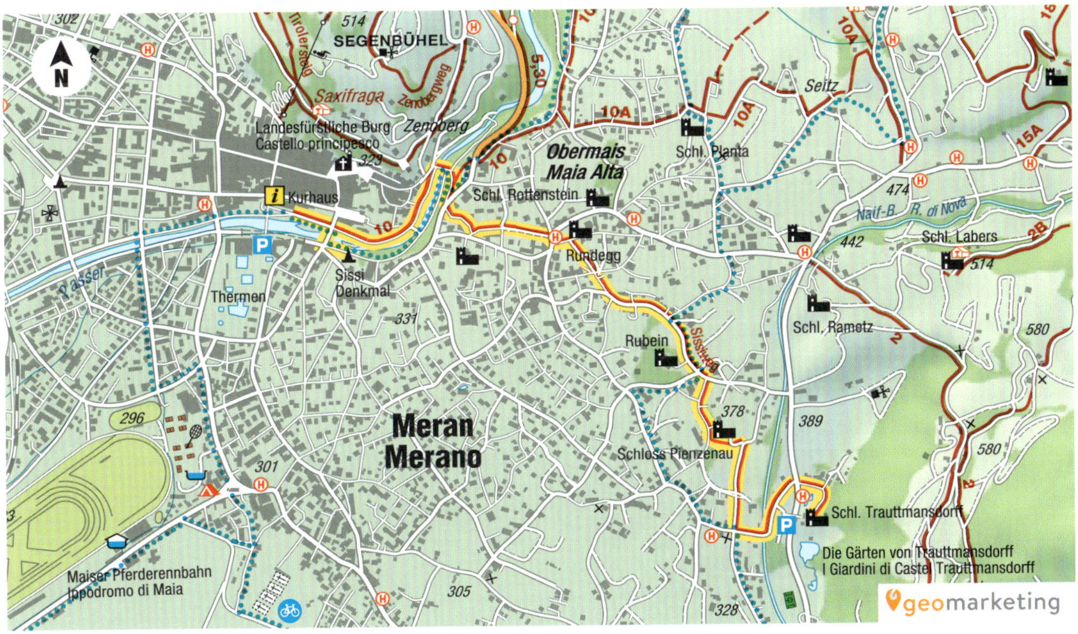

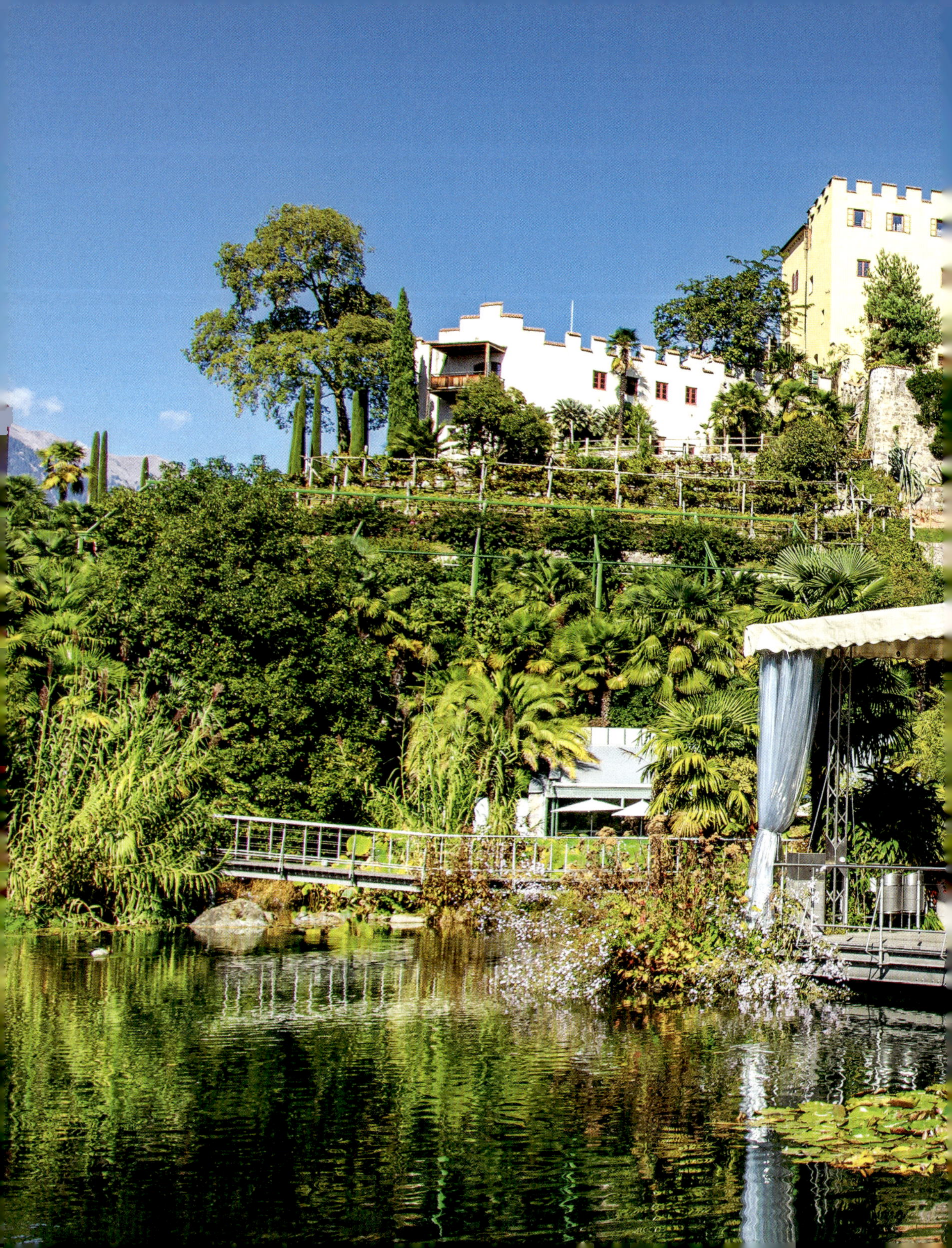

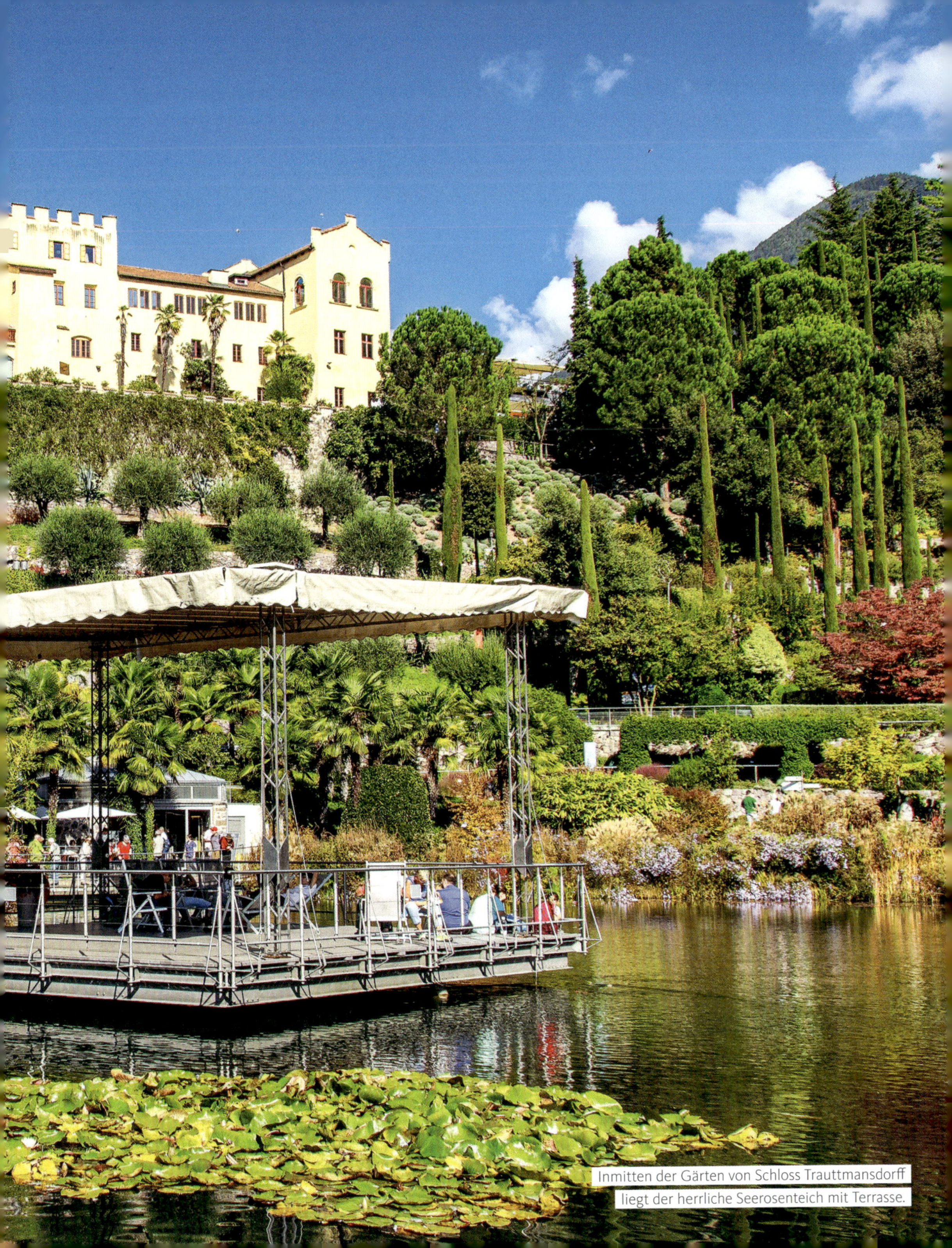

Inmitten der Gärten von Schloss Trauttmansdorff liegt der herrliche Seerosenteich mit Terrasse.

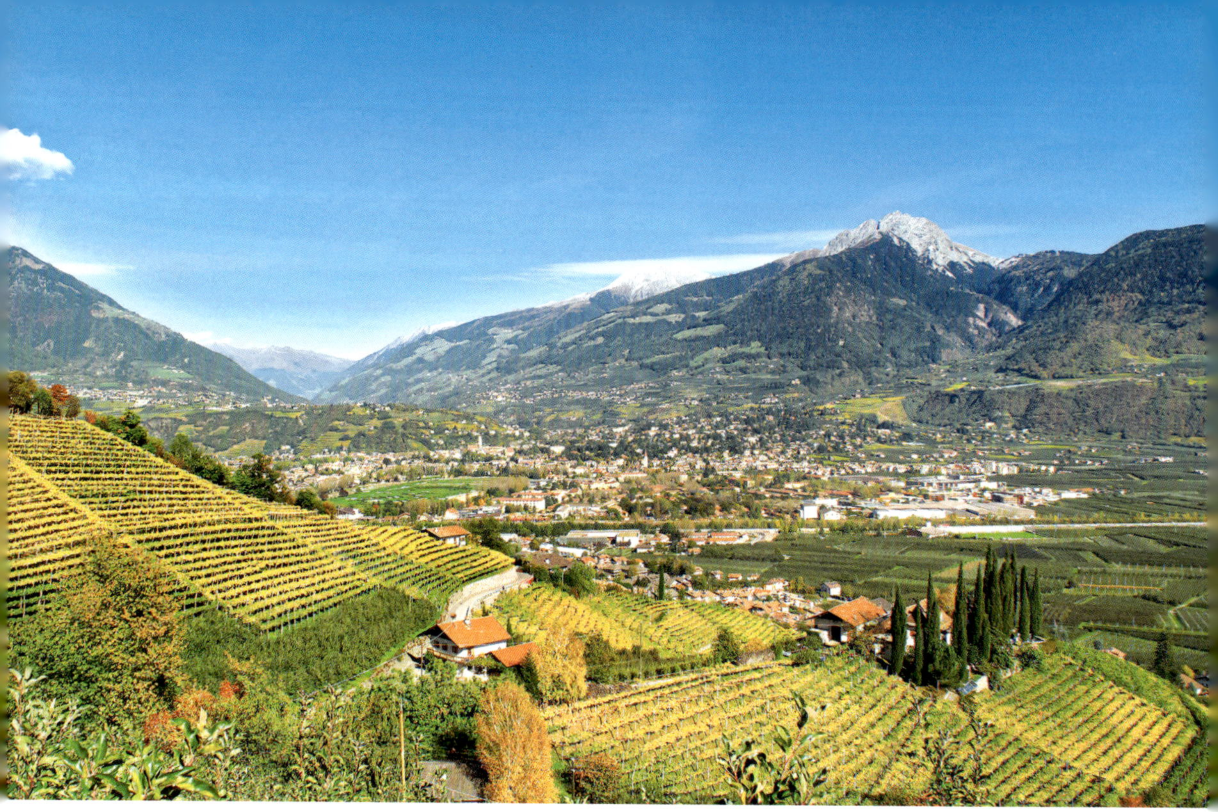

Fantastischer Blick vom Waalweg auf Meran

11

MARLINGER WAALWEG-WANDERUNG

Ein herrlicher Spaziergang am längsten Waalweg Südtirols

Gesamtgehzeit
ca. 2 Std. 15 Min.

Höhenunterschied
ca. 130 m

Beste Jahreszeit
Frühjahr bis Herbst

Kartenmaterial
Tabacco 011, Meran und Umgebung, 1:25.000

Anfahrt
Von der Schnellstraße MeBo bei Meran Ausfahrt Marling wählen. Marling ist mit Bus und Bahn erreichbar.

Ausgangspunkt
Dorfkern von Marling

WEGVERLAUF: Im Dorfkern von Marling befindet sich ein größerer Parkplatz sowie die Bushaltestelle. Vom Dorfkern wandert man auf der Straße nordwärts zum Bahnhof von Marling. Kurz danach biegt man nach links ab und folgt dem „Untersteiner Steig" aufwärts bis zum Waalweg. Diesem folgt man – nunmehr ganz eben – bis man auf die (geteerte) Lebenberger Straße trifft. Dort hält man sich links abwärts und biegt kurz danach wieder links in die Mitterterzerstraße ein, die ins Zentrum von Marling zurückführt. Ein Tipp zum Abschluss der Wanderung: Der Ausblick von der Panoramaveranda im Hotel Restaurant Traubenwirt, direkt neben dem Parkplatz, ist spektakulär.

KÜRZERE VARIANTE: Kurz vor und kurz nach dem Parkplatz führt die Anselm-Pattis-Straße bergwärts. Auf dieser gelangt man hinauf zum Waalweg und setzt fort wie oben beschrieben (Gesamtgehzeit etwa 1 Std. 45 Min.).

Geschichte des Marlinger Waales

Das Kartäuser-Kloster Allerengelberg in Karthaus kam in den Besitz des Gojenhofes in Marling. Um die dortigen Güter wirklich gewinnbringend bewirtschaften zu können, war Wasser nötig. Also regten die Mönche den Bau eines Waales von der Töll her an und banden auch die Bauern von Marling und Umgebung in das Projekt ein. Zwischen 1737 und 1756 konnte das Projekt verwirklicht werden, das Kloster beteiligte sich an den Kosten, den weitaus größten Teil davon aber mussten die Bauern bestreiten. Der Waal liefert heute nach über 250 Jahren noch Wasser aus der Etsch.

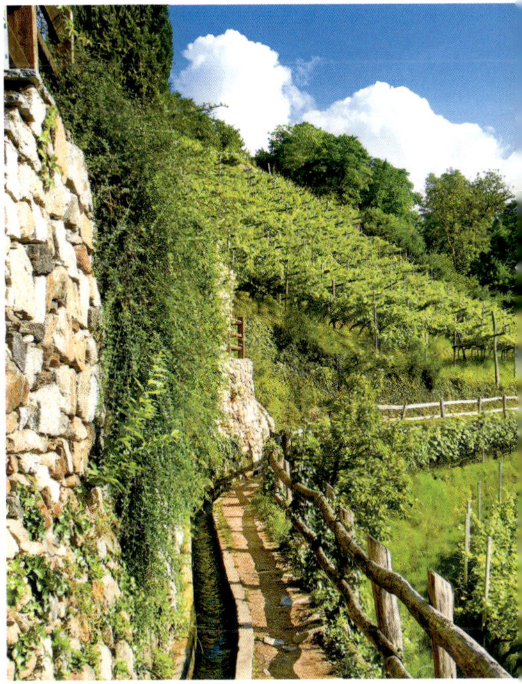

Trockenmauern und Weinberge am Marlinger Waal

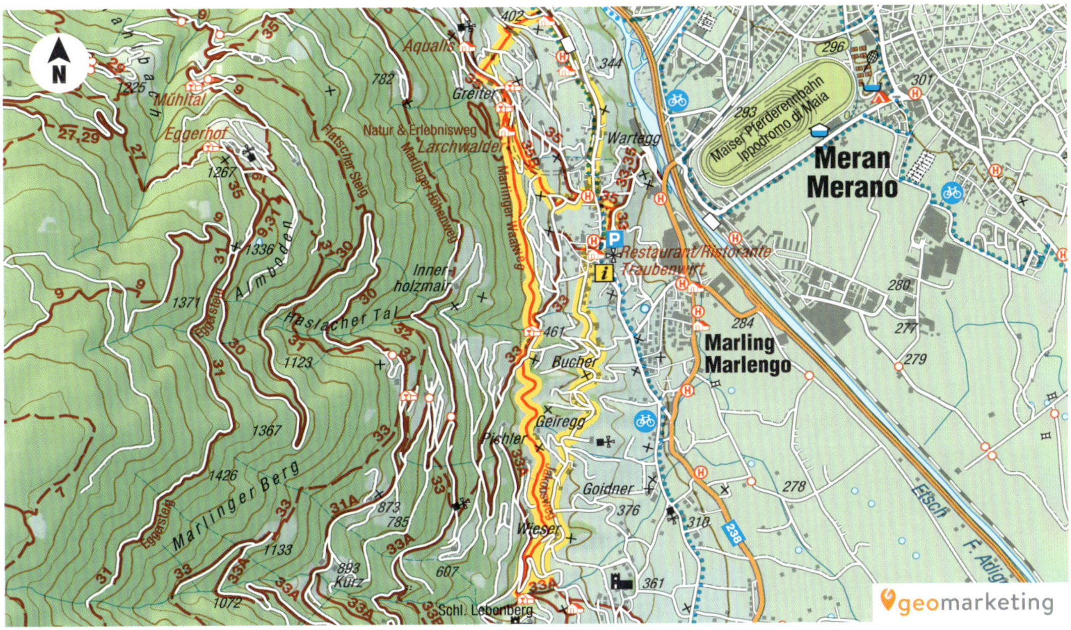

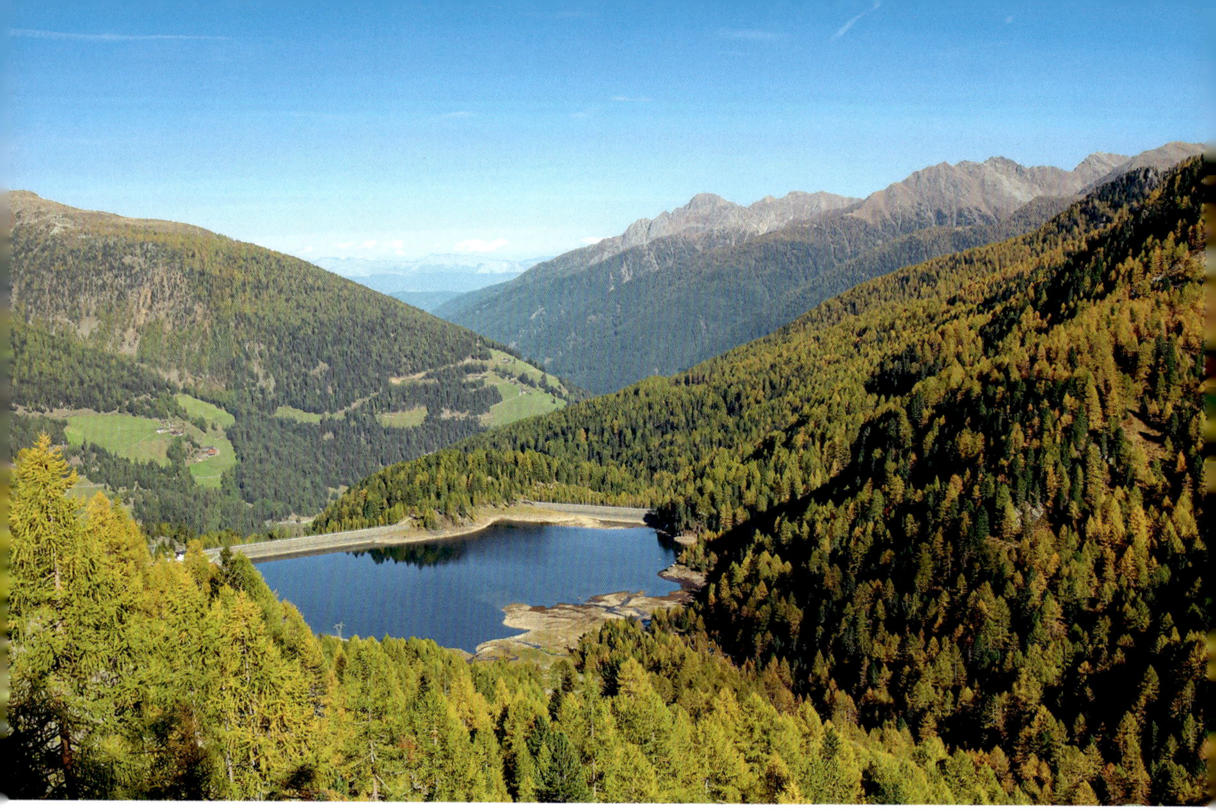

Der Stausee in Weißbrunn

12

Gesamtgehzeit
ca. 1 Std. 30 Min.

Höhenunterschied
ca. 250 m

Beste Jahreszeit
Sommer bis Herbst

Kartenmaterial
Tabacco 042, Ultental – Deutschnonsberg, 1:25.000

Anfahrt

Von Lana ins Ultental bis St. Gertraud. Weiter auf teils schmaler Straße bis nach Weißbrunn (gebührenfreie Parkplätze). Weißbrunn ist auch mit dem Bus erreichbar.

Ausgangspunkt

Am Weißbrunner Stausee

RUNDWANDERUNG IM TALSCHLUSS VON ULTEN

Wanderung im Tal der Stauseen und im Nationalpark Stilfser Joch

WEGVERLAUF: Vom Parkplatz am Stausee wandert man hinüber zum Bergrestaurant Weißbrunn und folgt der Markierung Nr. 140 am Bach aufwärts. Knapp an der Waldgrenze zweigt die Markierung Nr. 12 nach rechts ab. Fast eben folgt man nun dieser Markierung und genießt immer wieder schöne Tiefblicke auf den Weißbrunnsee, auf den markanten Nagelstein und die Bergwelt oberhalb von St. Gertraud. Nach einer guten Stunde zweigt die Markierung Nr. 102 nach rechts ab. Dieser folgt man und gelangt hinunter zum Ausgangspunkt. Einen hübschen Spaziergang kann man neuerdings auch auf dem neu errichteten Rundweg um den

Weißbrunnsee unternehmen. Praktisch ohne Höhenunterschied, etwa 40 Minuten Gehzeit auf bestens angelegtem Weg, der rollstuhltauglich ist und auch mit dem Kinderwagen einfach zu befahren ist. Eine kurze und einfache Wanderung.

(TIPP!) Das Nationalparkhaus Lahnersäge befindet sich in St. Gertraud, am Anfang des Dorfes. Es ist eines von den vier Nationalparkhäusern des Nationalparkes Stilfserjoch. In der jahrhundertealten „Lahnersäge", die bis in die 80er Jahre des vergangenen Jahrhunderts noch aktiv war, ist heute das Besucherzentrum untergebracht. Es erzählt Wissenswertes über das 130.734 Hektar große Naturschutzgebiet im Herzen der Zentralalpen und bietet Dauerausstellungen zu den Themen „Wald und Holz" sowie „Blumen – Wiesen – Leben".

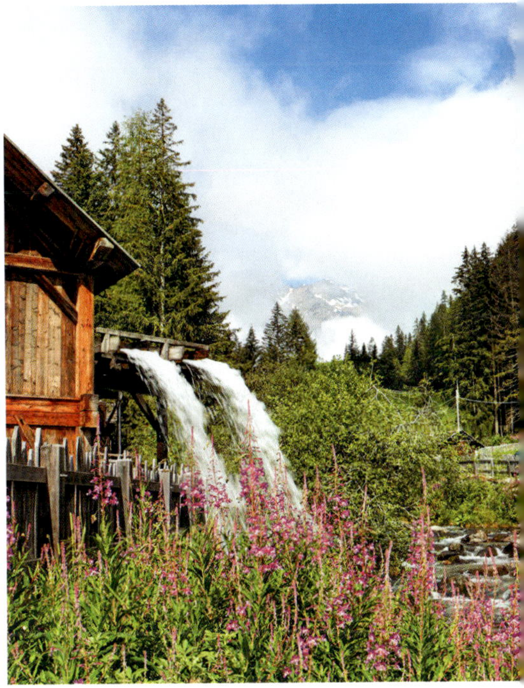

Die Lahnersäge in St. Gertraud

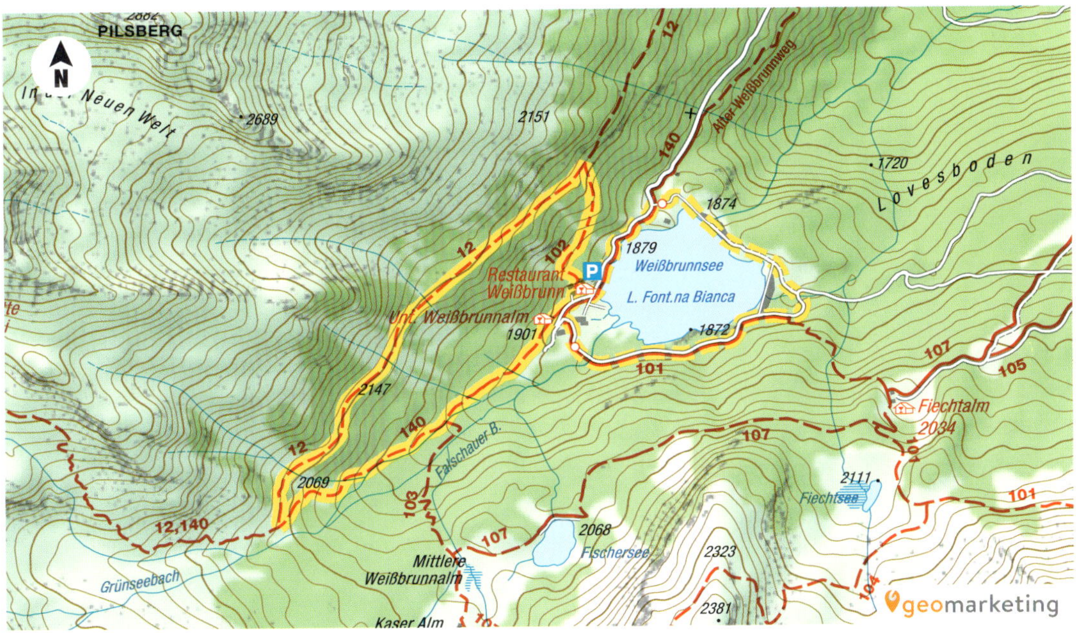

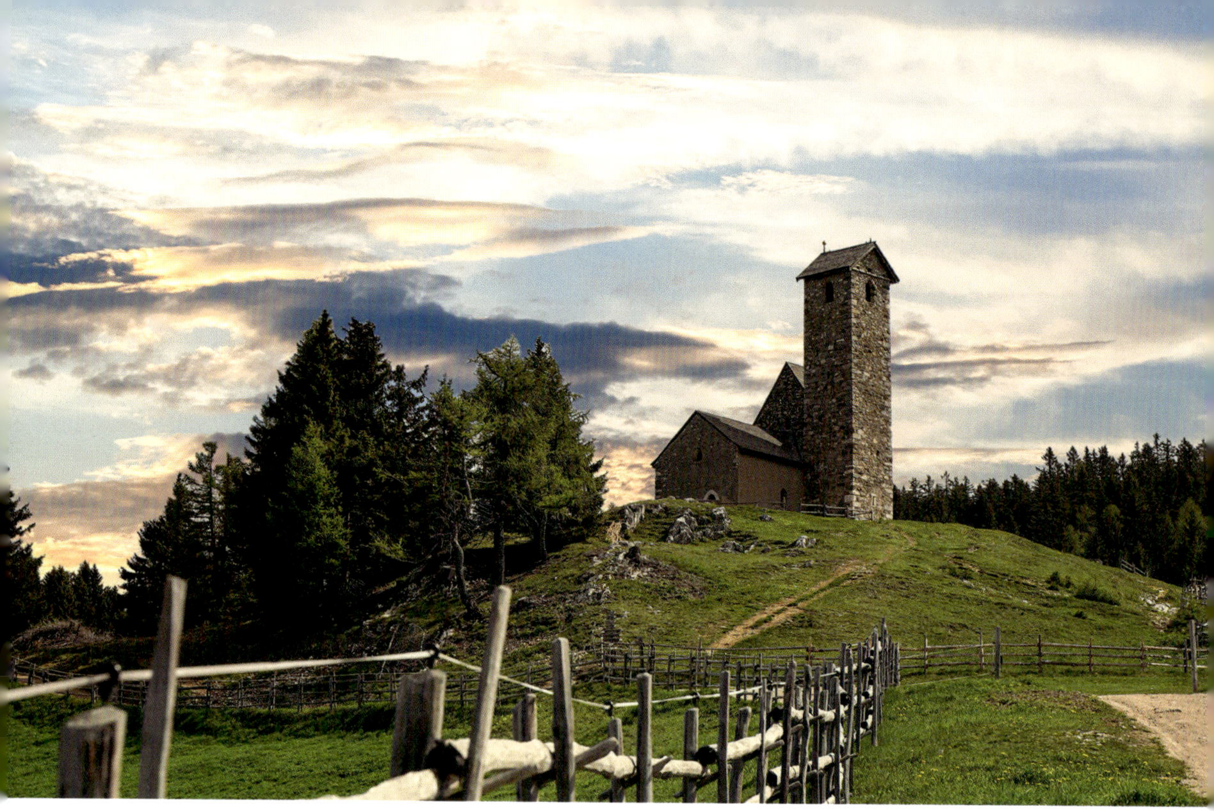

Das Kirchlein St. Vigilius

13

AUTOFREIE WANDERUNG AM VIGILJOCH

Gemütliche Rundwanderung auf einem aussichtsreichen Plateau über Lana

Gesamtgehzeit
ca. 2 Std. 30 Min.

Höhenunterschied
ca. 370 m

Beste Jahreszeit
Frühsommer bis Herbst

Kartenmaterial
Tabacco 011, Meran und Umgebung, 1:25.000

Anfahrt
Mit dem Bus zum Busbahnhof Lana und von dort in 5 Minuten zur Talstation der Seilbahn Vigiljoch

Ausgangspunkt
Lana, Talstation Seilbahn Vigiljoch (gebührenfreier Parkplatz)

WEGVERLAUF: Das Vigiljoch ist autofreies Gebiet (wie schön!). Daher erfolgt die Zufahrt mit der Seilbahn von Lana. Von der Bergstation folgt man der Markierung Nr. 34 durch schütteren Baumbestand gemächlich aufwärts, bis am Rande einer ausgedehnten Wiese die Markierung Nr. 3 hinaufführt zum Gasthaus Jocher. Der kurze Steilaufstieg zum darüber liegenden Höhenkirchlein zu St. Vigilius führt zum höchsten Punkt der Wanderung. Der Markierung Nr. 9 folgend geht's über die Hochfläche der „Röcken" weiter und bald nach einem kurzen, etwas steilen Abstieg erreicht man das Gasthaus Seespitz an der Schwarzen

Lacke, einem idyllischen Waldweiher. Von dort setzt man auf Markierung Nr. 7 links um den Weiher herum fort und spaziert eben bzw. in sanftem Gefälle durch den Wald zurück, wobei sich immer wieder ein prächtiger Panoramablick bis hin zu den Dolomiten auftut (an einigen Stellen ist der Steig recht schmal; man schaut daher beim Gehen auf den Weg!). Sobald man wieder die Markierung Nr. 34 erreicht hat, folgt man dieser nach links abwärts zur Bergstation.

VARIANTE: Möchte man sich den Aufstieg ersparen, benützt man den Sessellift gleich neben der Bergstation der Seilbahn und schwebt hinauf zum Restaurant Sessellift. Auf Markierung Nr. 4 hinüber zum Gasthof Jocher und weiter wie oben. Die Gehzeit verringert sich bei dieser Variante um etwa 45 Minuten.

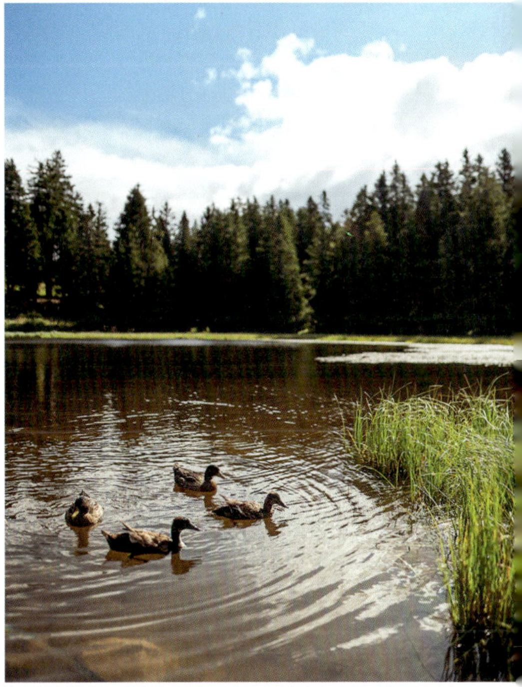

Die Schwarze Lacke, ein idyllisches Biotop

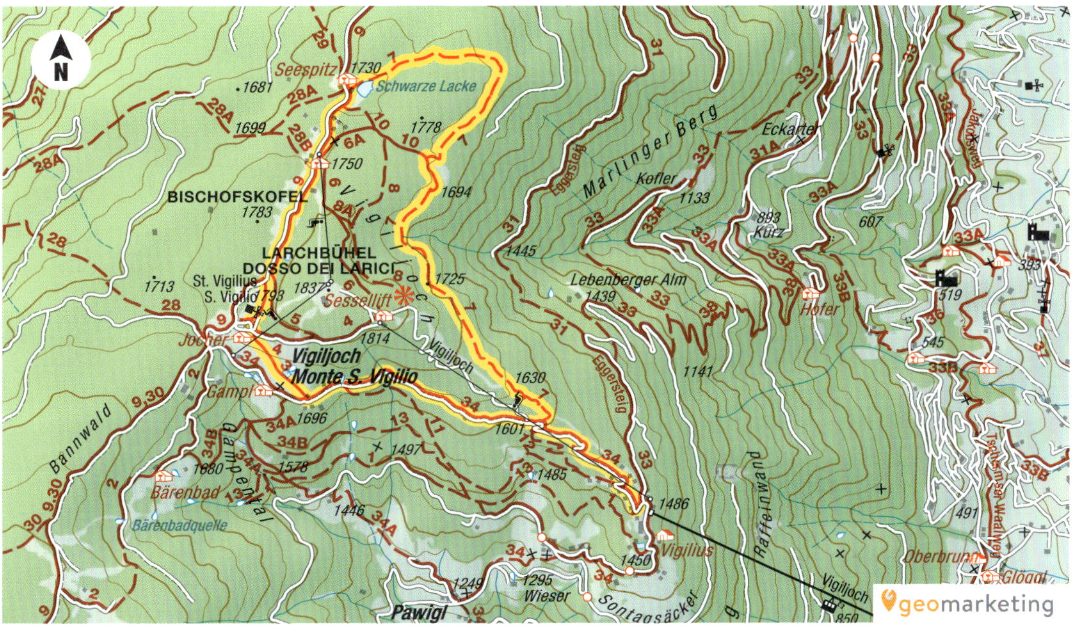

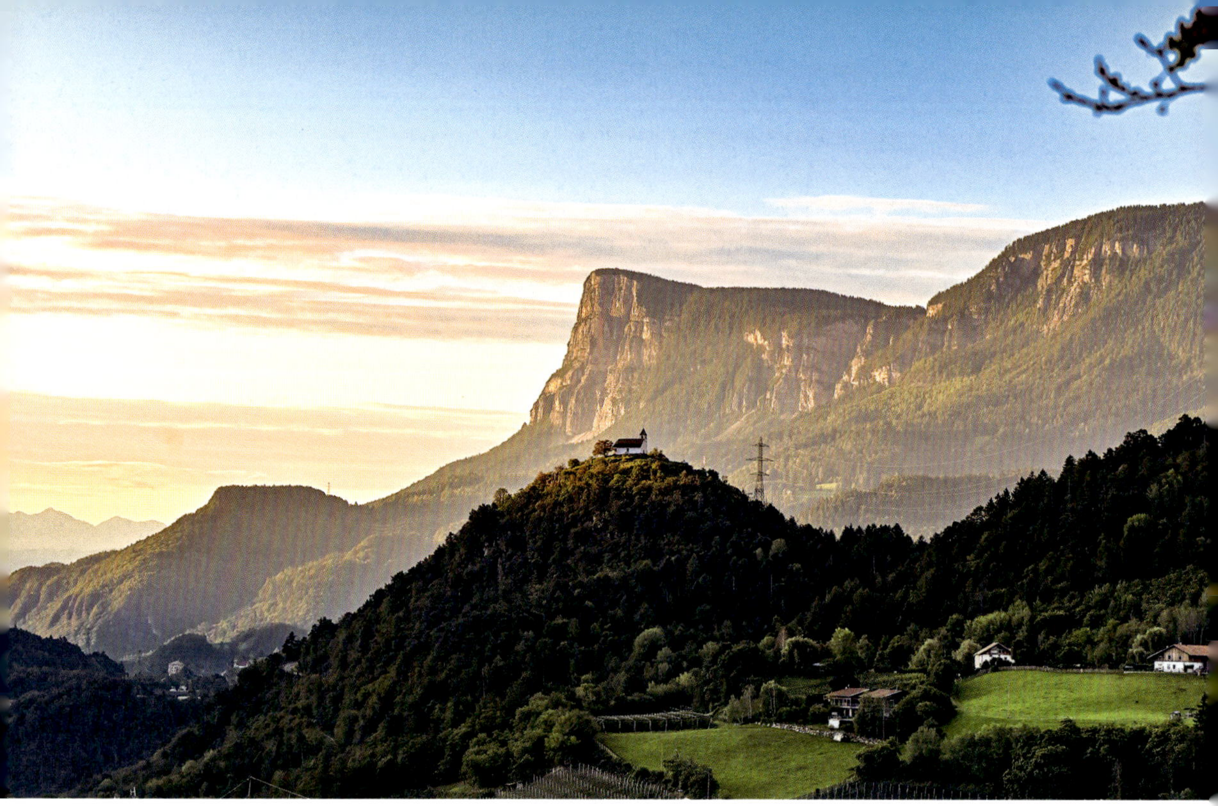

St. Hippolyt mit dem mächtigen Gantkofel im Hintergrund

14

EINFACHE WANDERUNG ZUR KÖNIGSLOGE ST. HIPPOLYT

Zum Hippolytkirchlein bei Tisens

Gesamtgehzeit
ca. 1 Std. 30 Min.

Höhenunterschied
ca. 220 m

Beste Jahreszeit
Frühjahr bis Herbst

Kartenmaterial
Tabacco 046, Lana – Etschtal, 1:25.000

Anfahrt
Von Lana Richtung Gampenpass, auch mit dem Bus erreichbar

Ausgangspunkt
Parkplatz nach dem Tunnel an der Straße von Lana zum Gampenpass

WEGVERLAUF: Kurz nach dem Tunnel an der Staatsstraße von Lana zum Gampenpass befindet sich der kleine Parkplatz; eine Haltestelle der Busverbindungen von Lana nach Tisens bzw. zum Gampenpass befindet sich nur rund 150 Meter weiter bergwärts. Vom Parkplatz wandert man auf der Markierung 5 über gestuftes Gelände durch schütteren Buschwald hinauf zum Hügelkirchlein St. Hippolyt. Kurz zurück auf den Wanderweg und nun abwärts in die Senke, in welcher der hübsche Narauner Weiher liegt. Aus der Senke steigt man in sanfter Steigung auf Markierung Nr. 7 auf, bis bei einer Hütte nach dem Hof Obermoar die Markierung Nr. 8 B nach links abzweigt. Durch Wiesen gelangt man zum Wanderweg mit der Markierung Nr. 4, diesem folgt man nach links und erreicht schon bald den Hofschank Hofstätter. Dieser bereits 1357 urkundlich erwähnte Hof lockt nicht nur mit seiner originalen, urigen Stube, sondern auch mit einer großen Sonnenterrasse mit prächtiger Fernsicht. Vom Hof gelangt man in gut 10 Minuten auf die Staatsstraße, der man abwärts zur Bushaltestelle oder zum Parkplatz folgt.

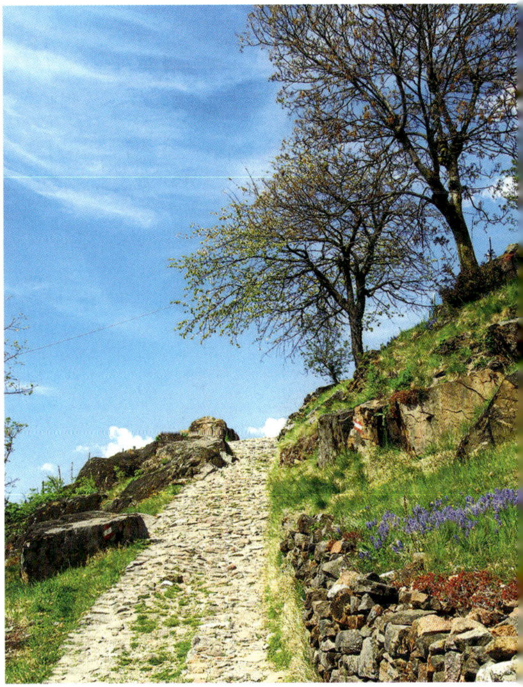

Ein klassischer Urweg zum Hippolytkirchlein

(TIPP!) Der dunkle Teich des Narauner Weihers mit seiner kleinen schwimmenden Insel ist ein Biotop für Insekten und Frösche. Sein Moorwasser ist gering schwefelhaltig, so dass sich der kleine Weiher für Naturfreunde zum wohltuenden Bad eignet, aber keinen Schwefelgeruch verströmt.

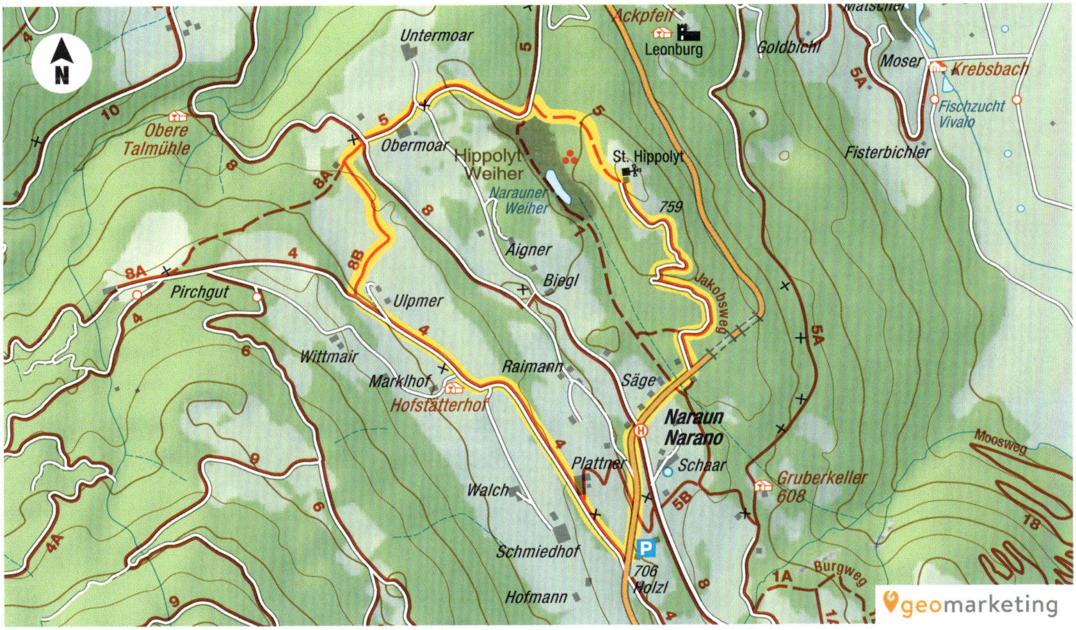

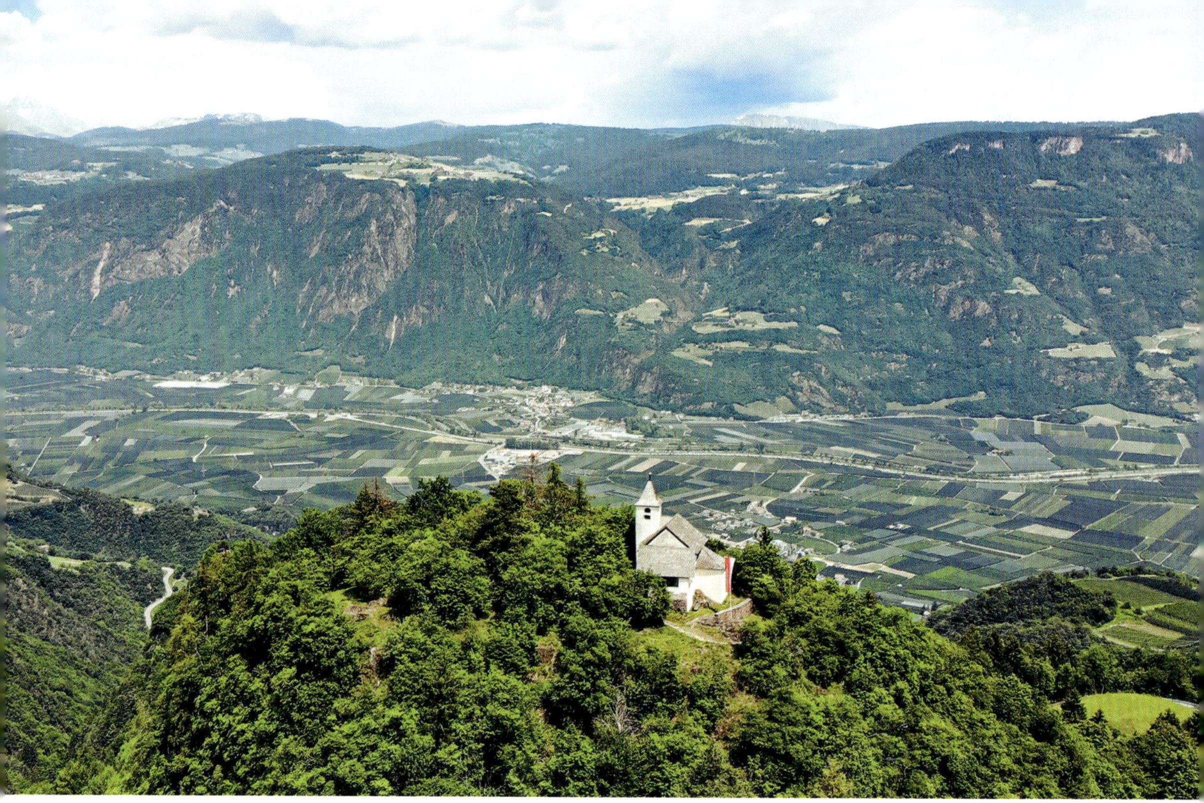

Stolz thront St. Apollonia auf dem Porphyrhügel in Obersirmian

15

Gesamtgehzeit
ca. 2 Std.

Höhenunterschied
ca. 330 m

Beste Jahreszeit
Frühjahr bis Herbst

Kartenmaterial
Tabacco 046, Lana – Etschtal, 1:25.000

Anfahrt

Von Lana über Tisens oder sehr steil und eher schmal von Nals nach Prissian und der Beschilderung folgend weiter nach Grissian

Ausgangspunkt

Parkplatz bei der Feuerwehrhalle in Grissian

ZWEI SCHÖNE HÖHENKIRCHLEIN MIT AUSSICHT BEI SIRMIAN

Von Grissian nach St. Jakob und St. Apollonia

Zwei Kirchlein liegen an diesem einfachen Wanderweg: St. Jakob und St. Apollonia. Beide liegen auf sehr exponierten Punkten, es handelt sich wohl um frühgeschichtliche Siedlungs- und Kultplätze. Das Kirchlein zu St. Jakob weist innen und außen schönen Freskenschmuck auf, vielleicht ist besonders bemerkenswert, dass sich hier die erste nachweisliche Darstellung der Dolomiten (Rosengarten) findet. Der Schlüssel ist im daneben stehenden Haus erhältlich. Nun ist es nicht mehr weit nach St. Apollonia, auch dieses Kirchlein kann besichtigt werden (Schlüssel im Gasthof erhältlich).

WEGVERLAUF: Vom Parkplatz folgt man der Markierung Nr. 8 (auch Jakobsweg) auf dem Güterweg nach Südwesten zum Kirchlein St. Jakob. Nach der Besichtigung setzt man auf Markierung Nr. 8 A (Jakobsweg) durch Wald fort und erreicht das Restaurant Apollonia, von wo man in wenigen Minuten aufsteigt zum hübschen Höhenkirchlein St. Apollonia.
Rückweg wie Hinweg oder auf Markierung Nr. 9 eher steil hinunter nach Sirmian und nach links auf Markierung Nr. 10, 10 A und 8 zurück zum Ausgangspunkt (Gehzeit plus 30 Min., Höhenunterschied plus 100 m).

(TIPP!) Eine gewisse „Magie" geht von den beiden Höhenkirchlein St. Jakob und Apollonia aus – und nicht nur von diesen. Nehmen Sie sich Zeit für die Plätze, wo wohl schon seit Jahrtausenden Rituale stattfinden.

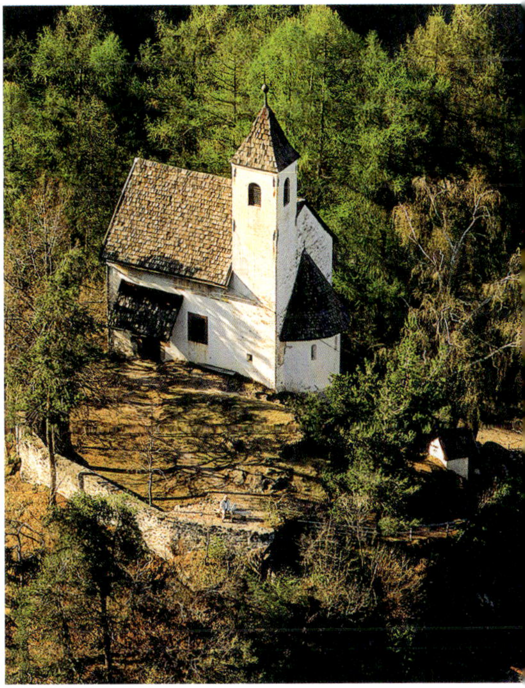

Das St.-Jakob-Kirchlein

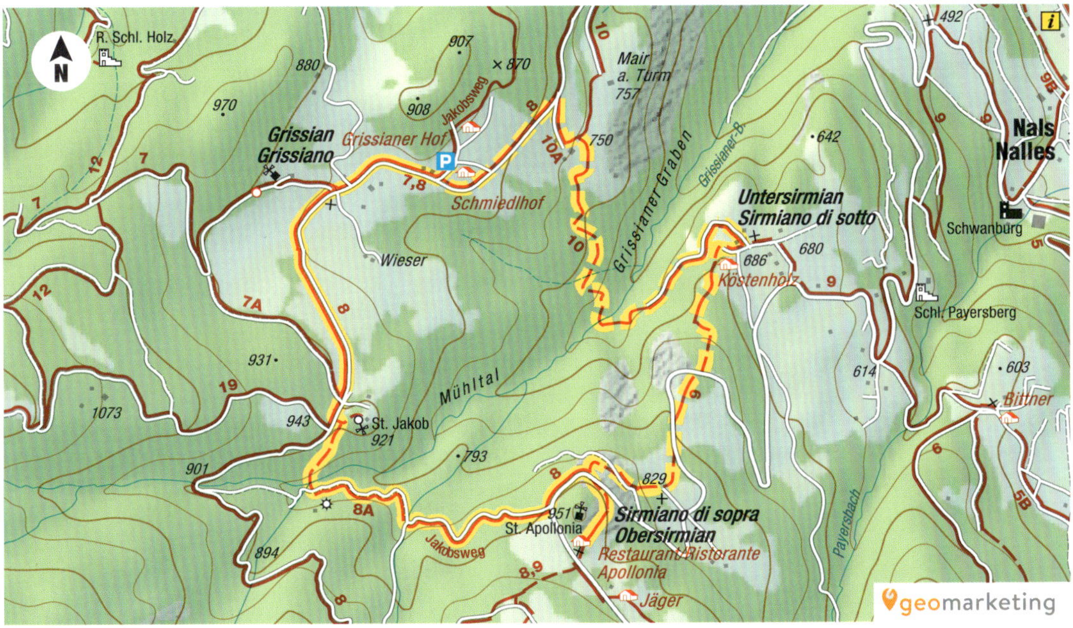

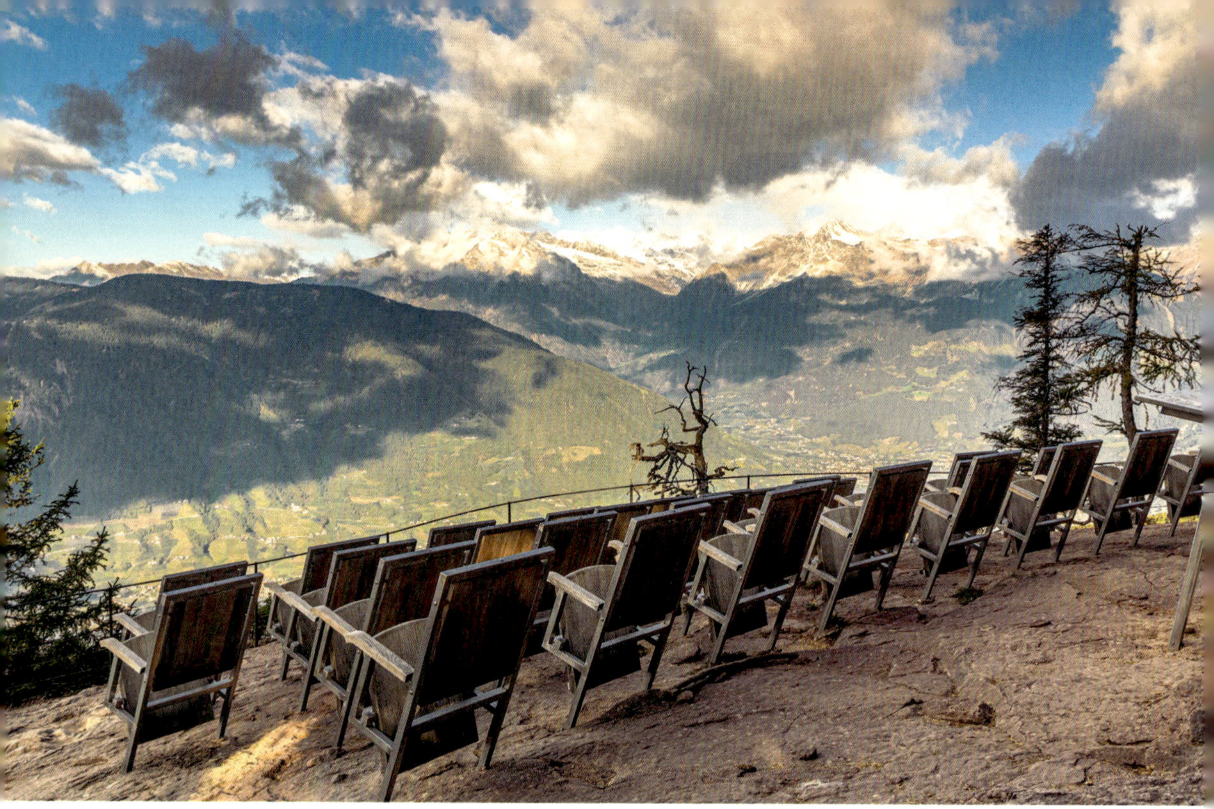

Bestuhlung mit Weitsicht in steilen Höhen

16

Gesamtgehzeit
ca. 3 Std. 30 Min.

Höhenunterschied
ca. 500 m

Beste Jahreszeit
Frühsommer bis Herbst

Kartenmaterial
Tabacco 046, Lana – Etschtal, 1:25.000

Anfahrt
Über die Schnellstraße Mebo (Meran–Bozen) zur Talstation der Seilbahn Vöran zwischen Burgstall und Gargazon, auch mit Bus erreichbar

Ausgangspunkt
Bergstation der Seilbahn Vöran

ZUM GRATIS-KINO OBERHALB VON VÖRAN

Das „Knottnkino“ inmitten freier Natur!

WEGVERLAUF: Von der Bergstation der Seilbahn Vöran folgt man der Markierung Nr. 1 in nördliche Richtung bis zum schönen alten Tötenmoarhof und biegt kurz danach rechts ab auf Markierung Nr. 12A. Nahe dem Gassenhof geht's auf Markierung Nr. 12 nach links weiter bis zum Reithhof, wo man nach rechts abbiegt auf Markierung Nr. 11, die Landesstraße überquert und zum Gasthof Alpenrose gelangt. Kurz danach hält man sich rechts auf Markierung Nr. 11 und gelangt zum Fuß des Rotsteinkogels, wo man nach rechts abbiegt und aufsteigt zum Knottnkino. Nach dem Abstieg wandert man nach rechts weiter auf dem Schützenbrünnlweg (Mark. Nr. 14) und gelangt ins Dorfzentrum von Vöran. Von dort sind es auf Markierung Nr. 1/16 nur noch wenige Minuten zurück zur Bergstation der Seilbahn.

Das „Knottnkino“ am Rotsteinkogel

„Knottn“ bedeutet auf Südtirolerisch Felsen, Felsabstürze. Das Knottnkino liegt an der Kante des Rotsteinkogels, also direkt auf einem „Knottn“, und bietet eine geradezu fantastische Fernsicht auf das Etschtal, den Mendelzug, den hoch aufragenden Laugen, die Ultner Berge und die Texelgruppe. Eine Stahltafel informiert über die Vielzahl an Gipfeln und Bergen. 30 Kinosessel aus Stahl und Kastanienholz, entworfen vom Rittner Künstler Franz Messner, laden ein zum Schauen und Verweilen. Tatsächlich ändert sich die Sicht mit wechselndem Licht, mit treibenden Wolken, die Natur ist ein hervorragender Regisseur.

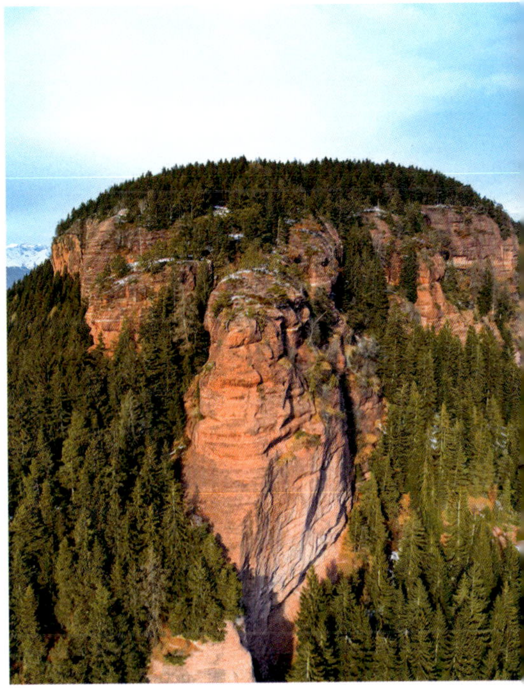

Der Rotsteinkogel

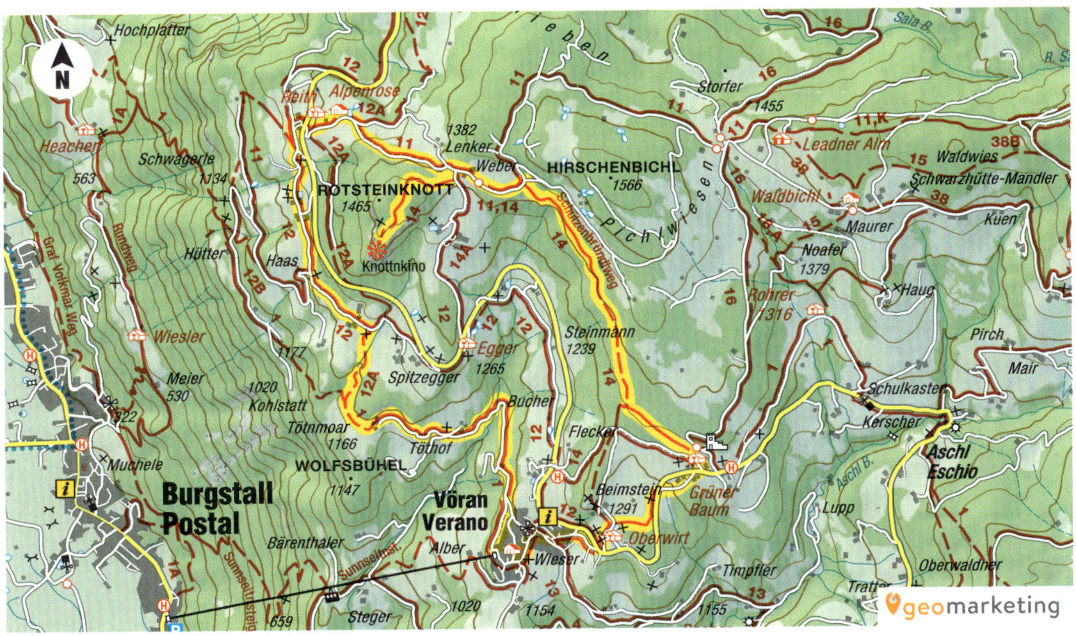

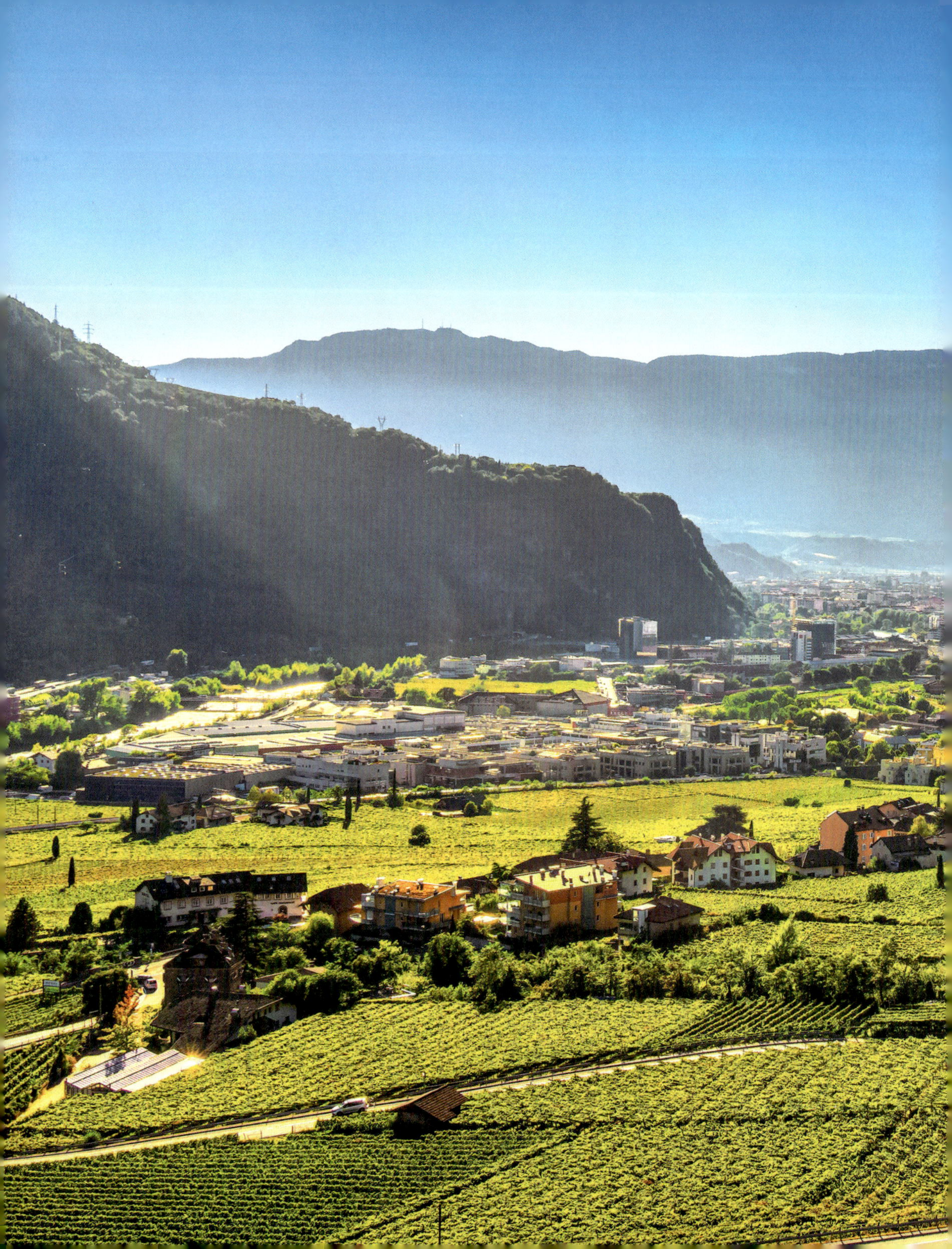

BOZEN & UMGEBUNG

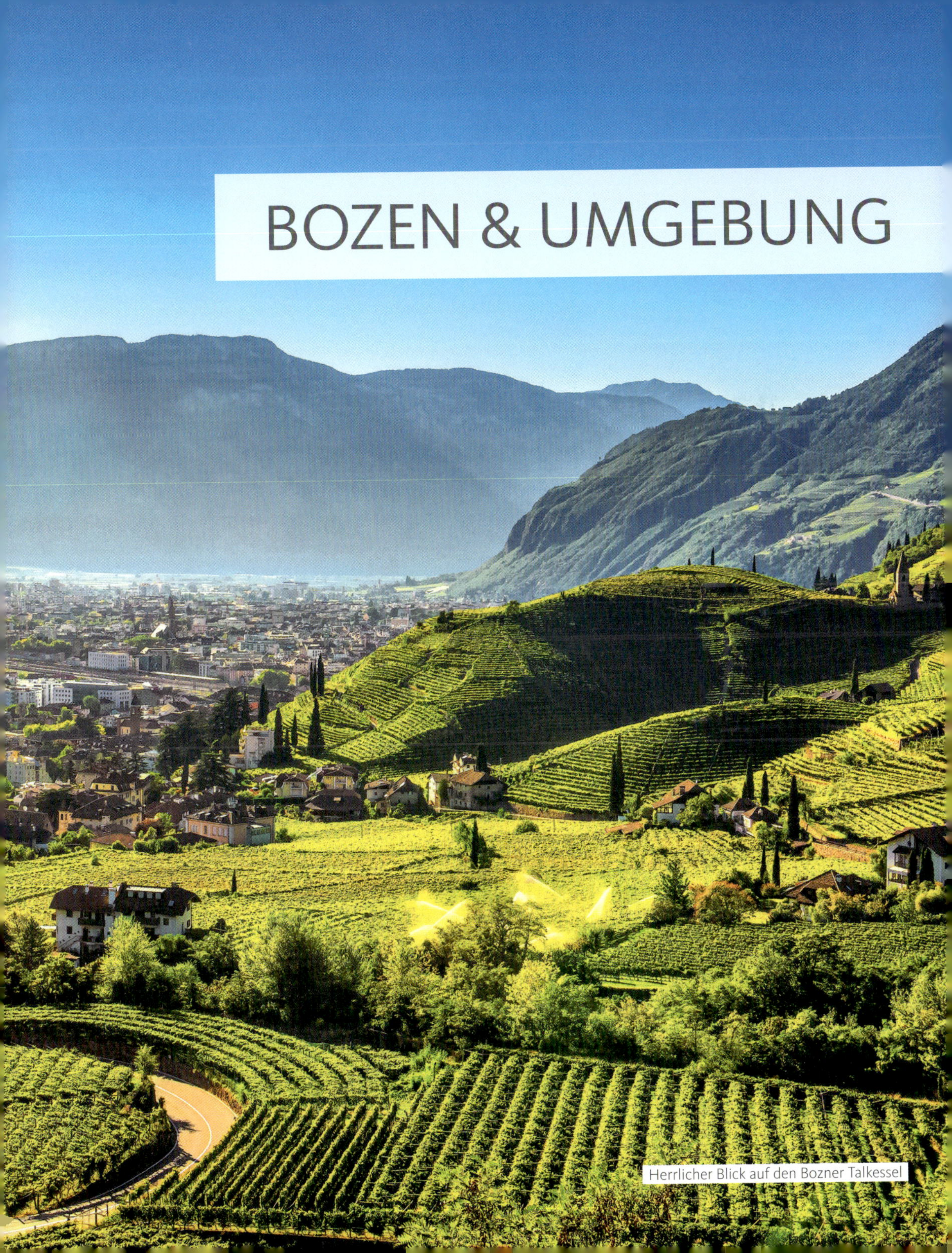

Herrlicher Blick auf den Bozner Talkessel

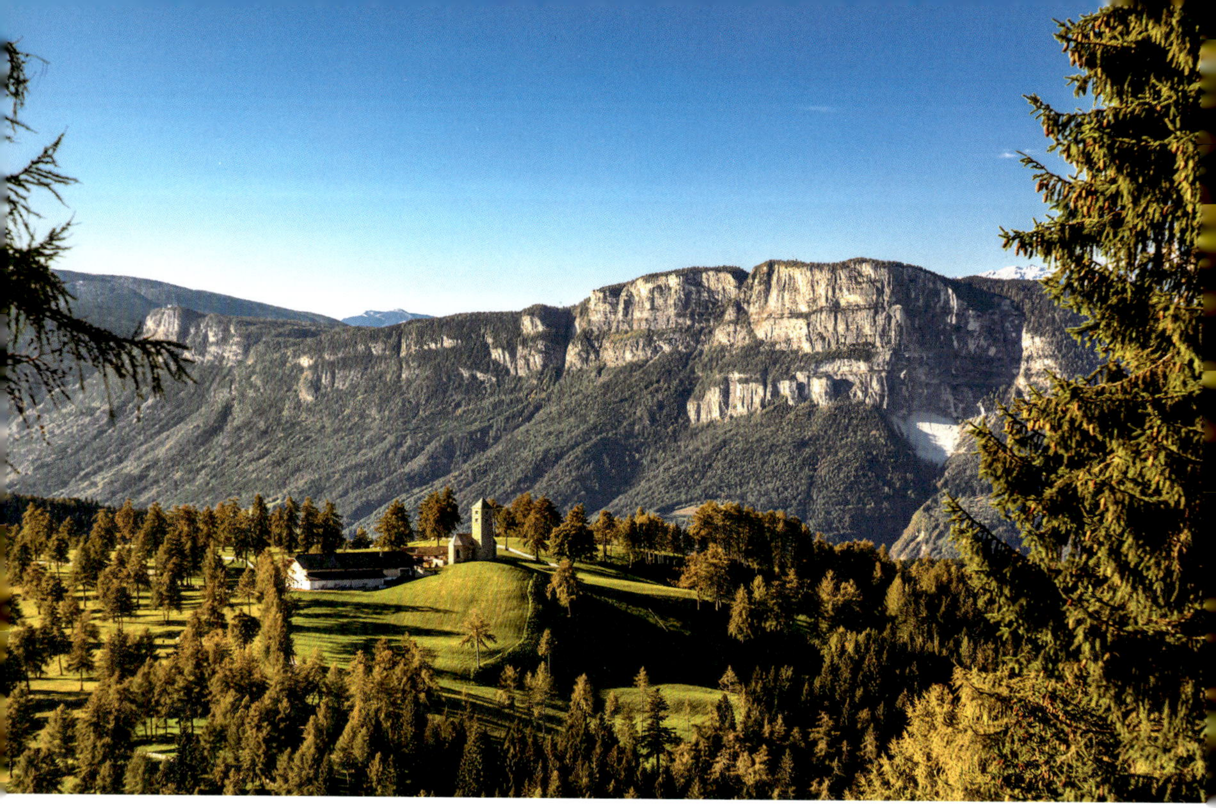

Langfenn mit dem Höhenkirchlein St. Jakob

17

Gesamtgehzeit
ca. 3 Std. 30 Min.

Höhenunterschied
ca. 410 m

Beste Jahreszeit
ganzjährig

Kartenmaterial
Tabacco 034, Bozen – Ritten – Salten, 1:25.000

Anfahrt

Mit dem Linienbus zur Haltestelle Jenesien-Oberdorf oder mit dem Pkw zum Sportplatz oberhalb Jenesien

Ausgangspunkt

Bushaltestelle/Parkplatz am Sportplatz von Jenesien

VOM LÄRCHENPLATEAU IN JENESIEN NACH LANGFENN

Prachtvolle Wanderung über herrliche Lärchenwiesen

WEGVERLAUF: Vom Sportplatz in Jenesien folgt man immer der Markierung Nr. 1 (auch Europäischer Fernwanderweg E5). Nur kurz wandert man etwas steiler durch Wald hinauf, dann folgen die prächtigen Lärchenwiesen auf dem Salten, die man mäßig steil bis hinauf zum Höhenkirchlein St. Jakob auf Langfenn quert. Bis zum Kirchlein und dem Gasthaus sind es etwa 2 Stunden Gehzeit. Der Rückweg wird über den Hinweg angetreten. Wer die Gesamtgehzeit verkürzen möchte, wandert von Langfenn in gut 10 Minuten auf Markierung Nr. 1 hinunter zur Bushaltestelle Schermoos und fährt mit dem ganzjährig verkehrenden Wanderbus zurück zum

Ausgangspunkt. Einen schöneren Fernblick etwa auf Schlern, Rosengarten und Latemar genießt man allerdings in umgekehrter Gehrichtung. Also mit dem Wanderbus bis Schermoos, wenig steil hinauf nach Langfenn und dann zurück auf dem beschriebenen Weg.

(TIPP!) Bei dieser Wanderung bietet sich ein kleines Picknick inmitten der Lärchenwiesen besonders an. Am schönsten sind die Lärchenwiesen auf dem Hochplateau im Herbst, wenn die Lärchen „brennen". Aber natürlich haben alle Jahreszeiten ihren besonderen Reiz, im Frühling und Sommer sind die weiten Blumenwiesen allemal erlebenswert. Bis in den Herbst hinein begegnet man auf der Wanderung auch immer wieder weidenden Rindern und auch größeren Gruppen von Haflingern (Pferde) mit ihrer charakteristischen blonden Mähne.

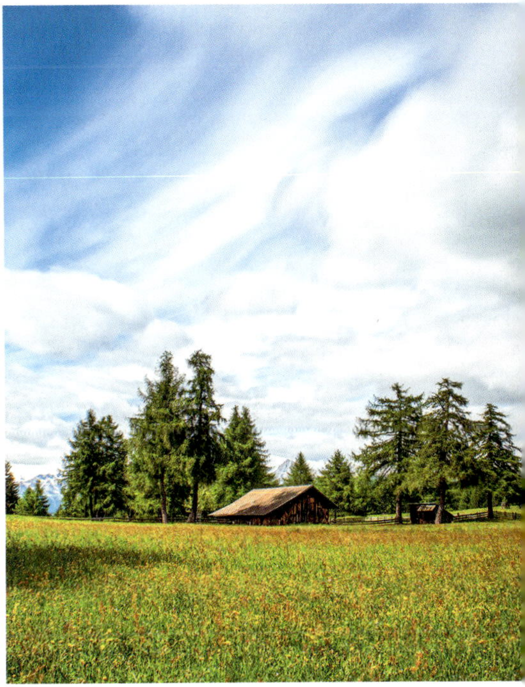

Blühende Wiesen auf Langfenn

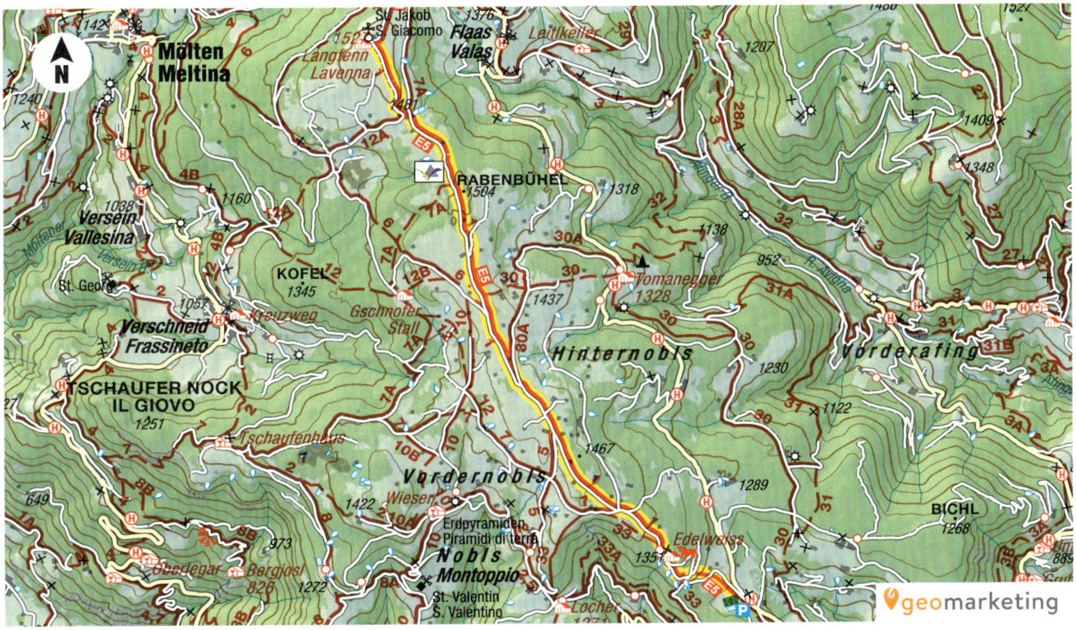

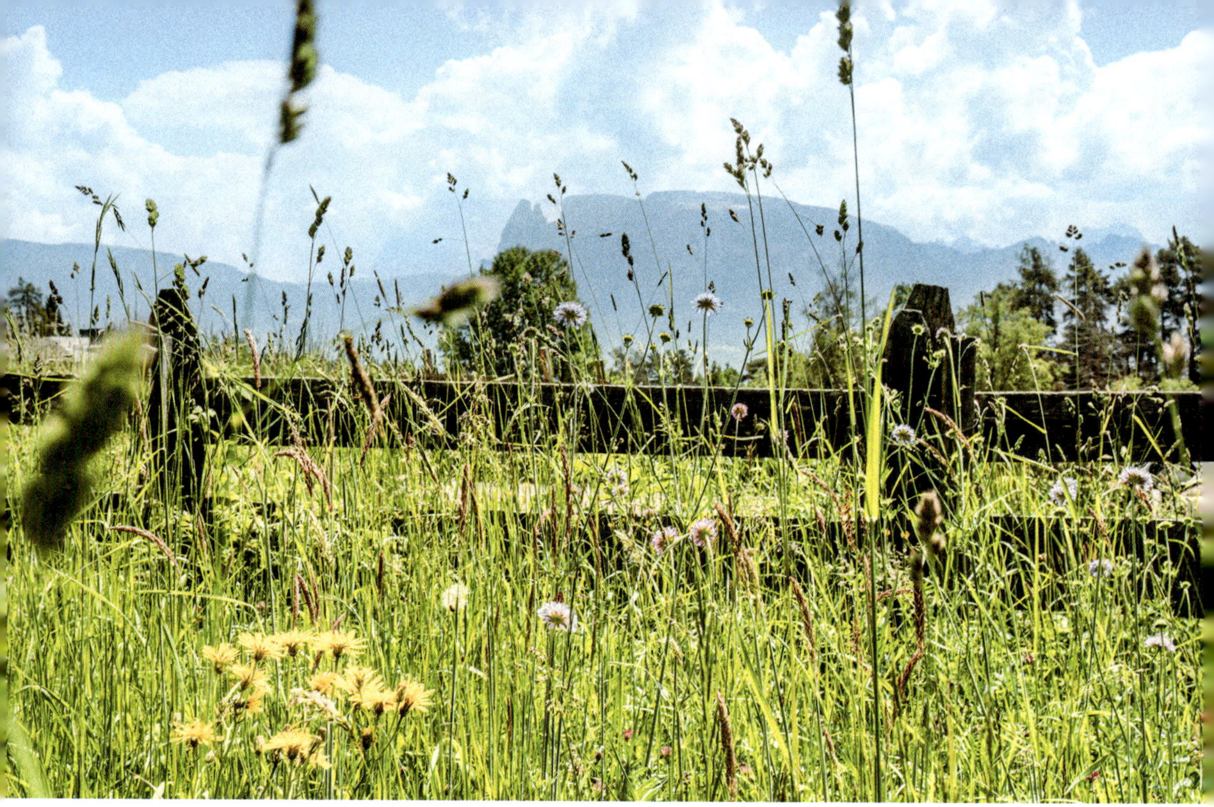

Herrlich blühende Wiese am Ritten, im Hintergrund der Schlern

18

DER SOMMERFRISCHWEG AUF DEM RITTEN

Gesamtgehzeit
ca. 2 Std. 30 Min.

Höhenunterschied
ca. 280 m

Beste Jahreszeit
Frühsommer bis Spätherbst

Kartenmaterial
Tabacco 034, Bozen – Ritten – Salten, 1:25.000

Anfahrt
Mit der Rittner Seilbahn (nähe Bozner Bahnhof) nach Oberbozen

Ausgangspunkt
Oberbozen, Bergstation der Seilbahn

Wanderung zu den Erdpyramiden

WEGVERLAUF: Oberbozen ist der Ausgangspunkt dieser hübschen, wenn auch teilweise recht anspruchsvollen Wanderung. Hierher gelangt man am besten und angenehmsten mit der Seilbahn von Bozen herauf, die Talstation ist wenige Gehminuten von Zug- und Busbahnhof entfernt. Mit dem Pkw handelt man sich eigentlich nur „Parkprobleme" ein.
Von der Bergstation der Seilbahn folgt man dem Hinweisschild „Sommerfrischweg" nach links in Richtung Maria Himmelfahrt. Vor der Kirche in Maria Himmelfahrt geht es links hinunter zur letzten Haltestelle des Rittner Bahnls und von dort über Wiesen zum Kirchlein St. Georg und St. Jakob.

Das hübsche Kirchlein kann besichtigt werden, den Schlüssel (es gibt nur einen!) reserviert man rechtzeitig beim Tourismusverein Ritten am Bahnhof in Oberbozen, wo man ihn zu Beginn der Wanderung abholt. Vom Kirchlein noch ein kurzes Stück abwärts, dann geht es nunmehr auf dem Erdpyramidenweg (Mark. 23) in Richtung Osten bis zur Häusergruppe „Moar im Loch"; dort hält man sich rechts und gelangt nach wenigen Schritten zu einem weiteren Höhepunkt der Wanderung, zu den Erdpyramiden am Rivellaungraben. Nun teilweise recht steil durch Wald hinauf zum Beginn der Siedlung und zurück zum Ausgangspunkt.

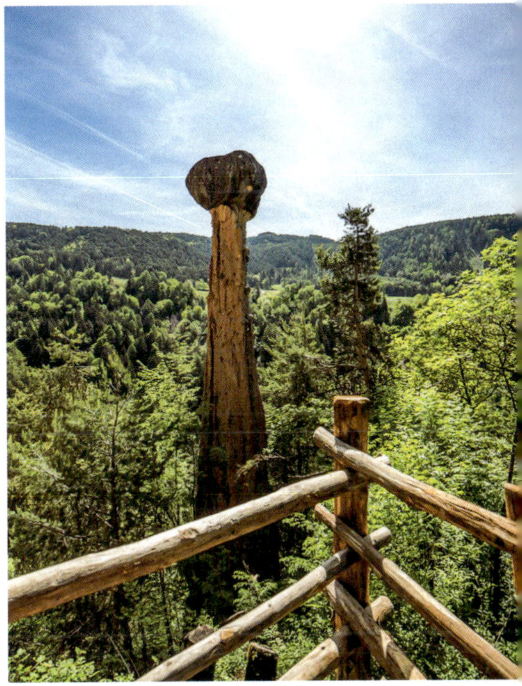

Die Königspyramide

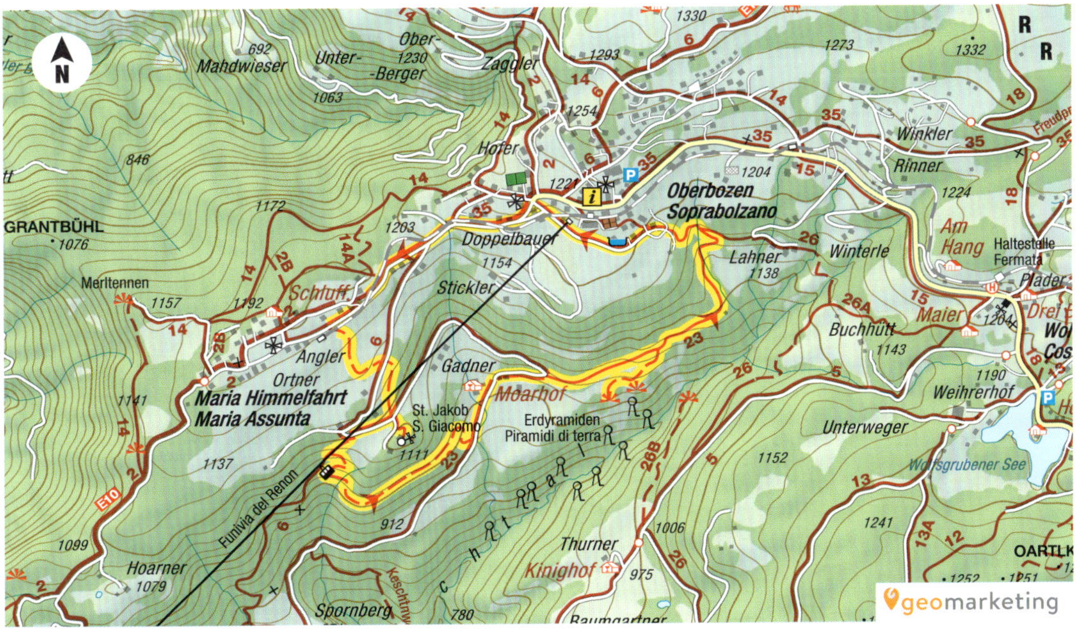

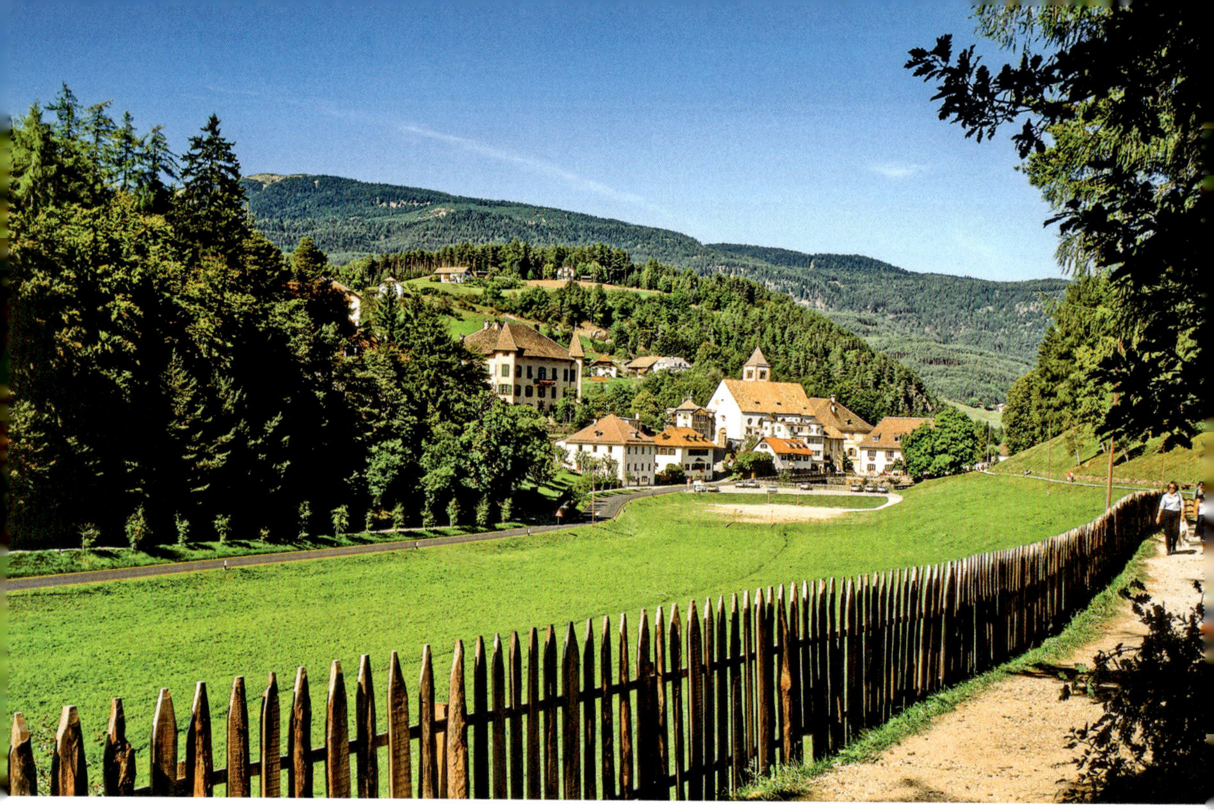

Spazierweg bei Lengmoos am Ritten

19

PROMENADENWANDERUNG AM RITTEN

Gesamtgehzeit
ca. 1 Std. 30 Min.

Höhenunterschied
ca. 150 m

Beste Jahreszeit
Mai bis Oktober

Kartenmaterial
Tabacco 034, Bozen – Ritten – Salten, 1:25.000

Anfahrt
Mit der Rittner Seilbahn (nähe Bozner Bahnhof) nach Oberbozen

Ausgangspunkt
Oberbozen, Bergstation der Rittner Seilbahn

Die Freud-Promenade mit Dolomitenblick

Der berühmteste Gast auf dem Ritten war wohl Sigmund Freud, der Begründer der Psychoanalyse, der viele Jahre lang mit seiner Familie im Bemelmans Post logierte. Im Sommer 1911 verfasste er dort sein Werk „Totem und Tabu". Vom Ritten aus unterhielt er auch regen Kontakt zu seinem Fachkollegen Carl Gustav Jung, dem er eine Karte schrieb mit den Worten: „... Hier auf dem Ritten ist es göttlich schön und behaglich. Ich habe eine unerschöpfliche Lust zum Nichtstun ..."

WEGVERLAUF: Von der Bergstation der Seilbahn rechts durch das Dorf Oberbozen bis zum Bahnübergang, wo die Promenade beginnt. Nun folgt man immer der Markierung Nr. 35, auch „Freudpromenade", durch Wiesen und Wald bis nach Klobenstein.

Der Rückweg erfolgt gemächlich mit der Schmalspurbahn; eine Fahrt damit ist auch ein kleines Erlebnis.

(TIPP!) Mit dem „Rittner Bahnl" erlebt man noch den Charme der „guten alten Zeit" mit den alten Herren- und Bauernhäusern; vor allem die aristokratischen Jugendstil-Villen zeugen von der Tradition der Städter. Das Rittner Bahnl fuhr übrigens von ihrem Bau bis zum Jahr 1966 von Bozen ab. Die Steilstrecke über die rund 900 Höhenmeter wurde mittels Zahnradantrieb bewältigt. Seit der Wiederinstandsetzung – vielleicht auch im Zuge der Nostalgiewelle – erfreut sich das Bahnl auf der Hochfläche des Rittens ungebremster Beliebtheit.

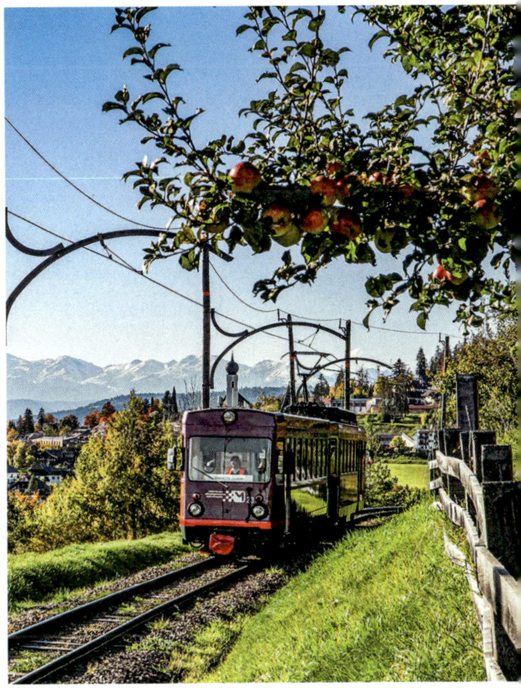

Das Rittner Bahnl

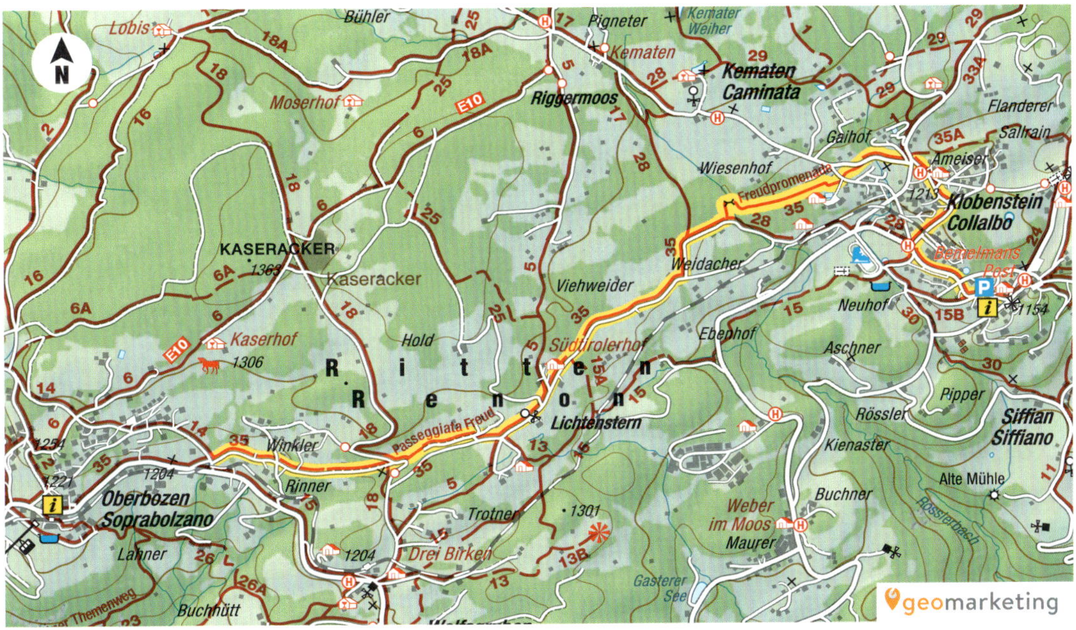

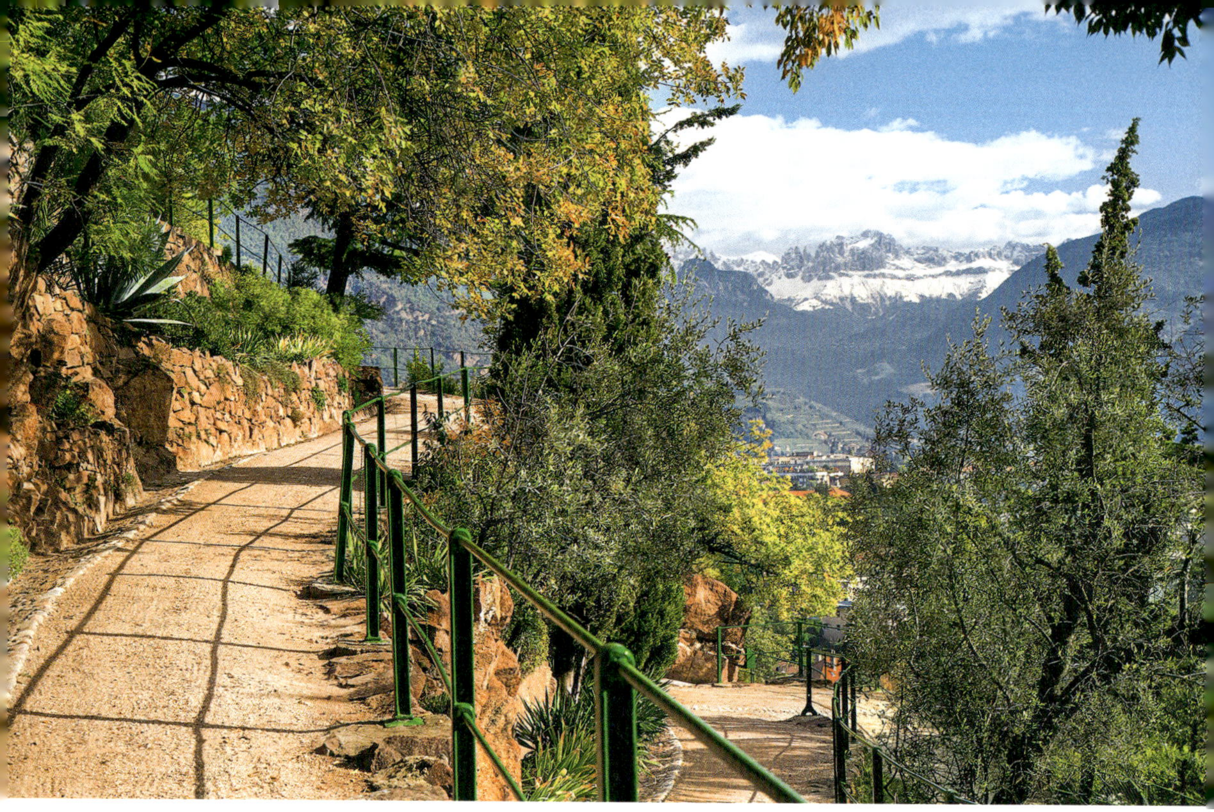

Auf der Oswaldpromenade

20

WANDERUNG ÜBER DEN DÄCHERN VON BOZEN

Gesamtgehzeit
ca. 2 Std. 20 Min.

Höhenunterschied
ca. 150 m

Beste Jahreszeit
Frühjahr bis Herbst

Kartenmaterial
Tabacco 034, Bozen – Ritten – Salten, 1:25.000

Anfahrt
Mit Bahn oder Bus bis zum Hauptbahnhof Bozen

Ausgangspunkt
Bozner Altstadt

Die Oswaldpromenade

Die Oswaldpromenade zieht sich vom Stadtteil St. Anton bis St. Magdalena hin. Die Porphyrfelsen des Südhanges, durch den sich die Promenade zieht, geben an sonnigen Tagen viel Wärme ab, im Sommer kann es also heiß werden hier. Dafür beginnt es aber bereits im zeitigen Frühjahr zu blühen. Wärmeliebender Buschwald mit Flaumeichen, Hopfenbuchen, Perückensträuchern, Agaven und Magnolien wechseln mit sonnenverwöhnten Rebanlagen auf kleinen Terrassen. Weit schweift der Blick über Bozen, hinüber zum Mendelzug, über das Unterland und natürlich zu König Laurin im Rosengarten. Auffallend die zwei bizarren Felstürme aus Porphyrkonglomerat, die „Schwarzen Mander", die den Weg zu bewachen scheinen – oder auch bedrohlich auf den Wanderer herabschauen.

WEGVERLAUF: Von der Bozner Altstadt spaziert man zur Talferbrücke und von dort auf einer der beiden Wassermauern nach Norden bis St. Anton. Dort biegt man rechts ab (Hinweisschild Oswaldpromenade) und steigt in einigen Serpentinen hinauf zur eigentlichen Promenade. Ist diese erreicht, führt sie praktisch eben bis St. Magdalena. Auf Markierung Nr. 6 steigt man ab und erreicht über die Brennerstraße und die Gerbergasse wieder das Stadtzentrum.

VARIANTE: Wer den Aufstieg über die Serpentinen am Westende scheut, kann über St. Magdalena zum Hotel Restaurant Eberle fahren, dort parken und die Oswaldpromenade hin und zurück genießen (Gehzeit 1 Std., praktisch kein Höhenunterschied).

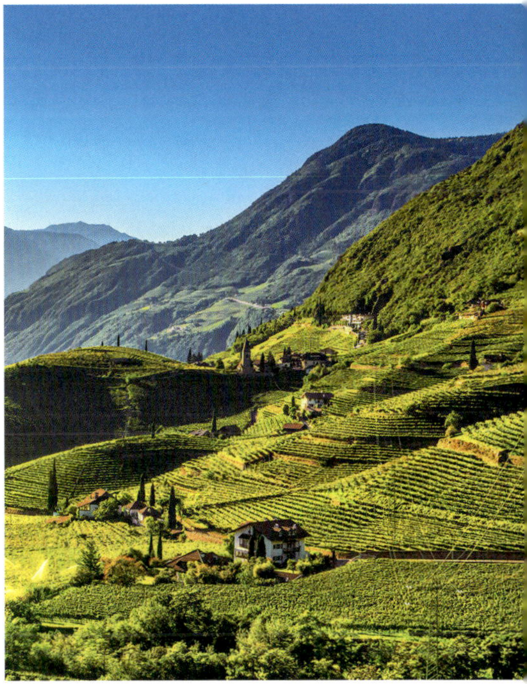

Der Weinhügel St. Magdalena oberhalb von Bozen

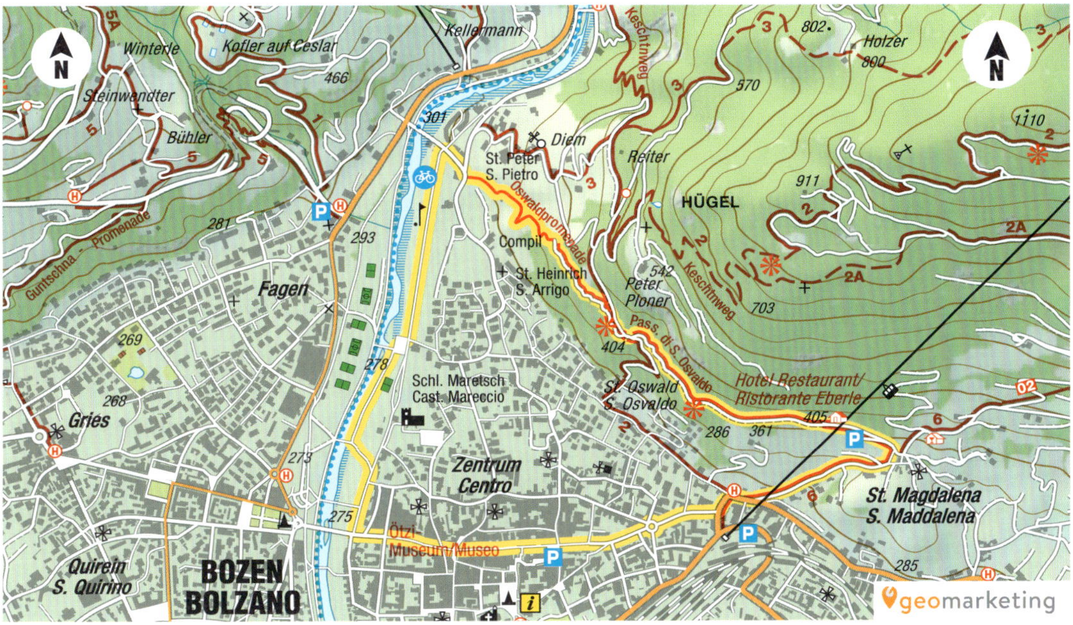

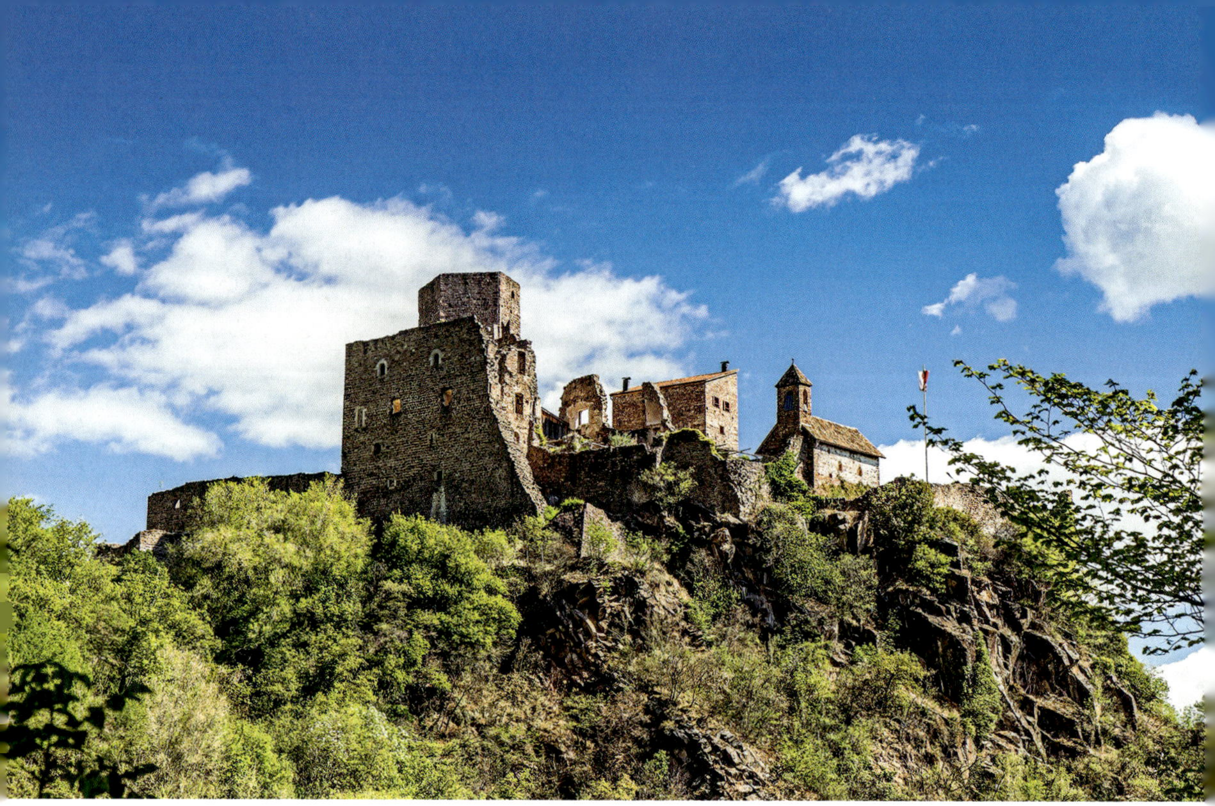

Schloss Hocheppan und die Burgkapelle

21

Gesamtgehzeit
ca. 2 Std. 30 Min.

Höhenunterschied
ca. 360 m

Beste Jahreszeit
Frühjahr bis Spätherbst

Kartenmaterial
Tabacco 049, Südtiroler Weinstraße, 1:25.000

Anfahrt

Aus dem Etschtal kommend bis nach St. Pauls oder nach Unterrain, dort der Beschilderung nach Missian folgen; auch mit dem Linienbus erreichbar

Ausgangspunkt

Parkplatz in Missian

DREI-BURGEN-WANDERUNG BEI EPPAN

Hocheppan – Boymont – Korb, drei Burgen an einem Tag!

WEGVERLAUF: Vom Ortskern in Missian wandert man auf asphaltierter Straße durch Weinberge und Obstwiesen zunächst südwärts, bei der ersten Weggabelung zweigt nach rechts der Burgenweg ab. Schloss Korb und darüber im Wald Schloss Boymont sind schon im Blickfeld. Man folgt dem Burgenweg mit der Markierung Nr. 12 nach Norden und hat dabei immer wieder schöne Ausblicke auf Bozen und die Dolomiten. Auf der Höhe des Kreideturms, welcher einen kurzen Abstecher lohnt, beginnt der steile Schlussanstieg zur Burg. Oben angekommen, lädt eine Burgschenke zu verdienter und gemütlicher Rast ein. Der Weiterweg zum Schloss Boymont ist etwas abenteuerlich, aber gut ausgeschildert. Es geht zunächst steil hinab in die Schlucht des Hocheppaner Tales, um dann über ca. 60 Meter gesicherte Metallstufen auf der anderen Seite wieder emporzusteigen. Nach etwa 30 Minuten erreicht man Boymont, wo wiederum eine Burgschenke zur Einkehr einlädt. Danach ein kleines Stück zurück, auf Markierung Nr. 14 hinunter zum Burgenweg, auf diesem kurz nach links und dann nach rechts auf Nr. 14 zum Ausgangspunkt.

(TIPP!) Ein Juwel entlang des Weges ist die Burgkapelle von Hocheppan. Die romanischen Fresken aus dem 13. Jahrhundert zeigen typische Motive aus der Zeit der Entstehung der Burg, wie z.B. eine Jagdszene oder die berühmte „Knödelesserin“ sowie Szenen aus dem Leben Jesu und der Apostel.

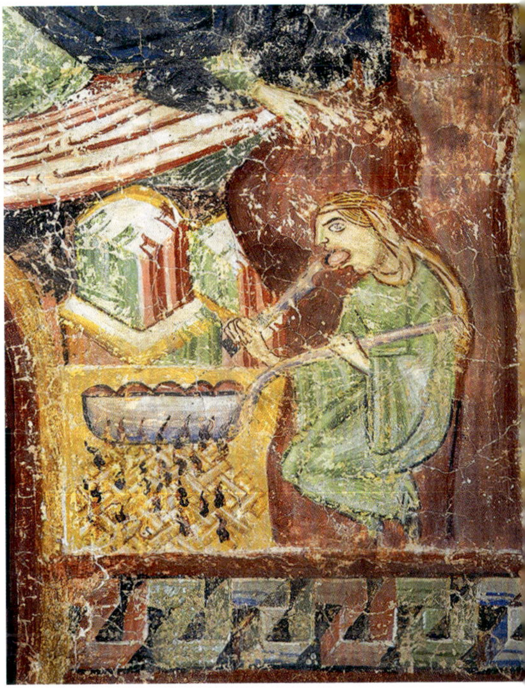

Das romanische Fresko der „Knödelesserin“

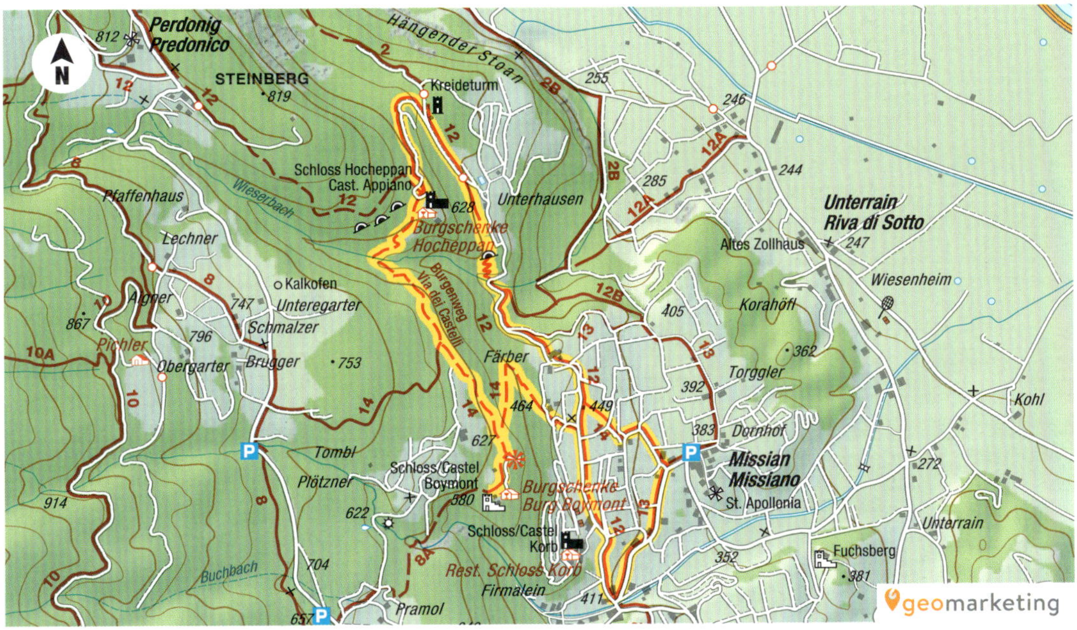

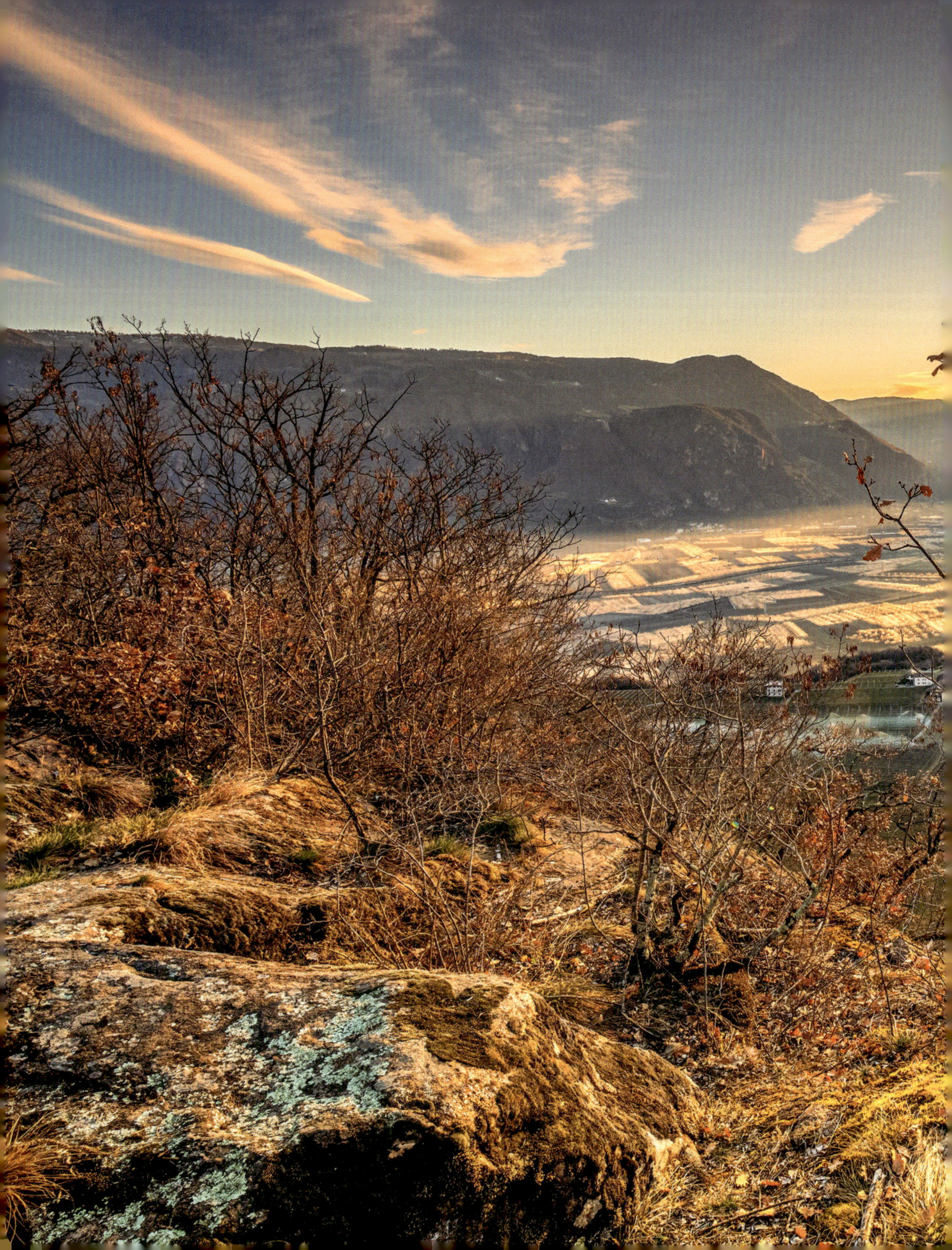

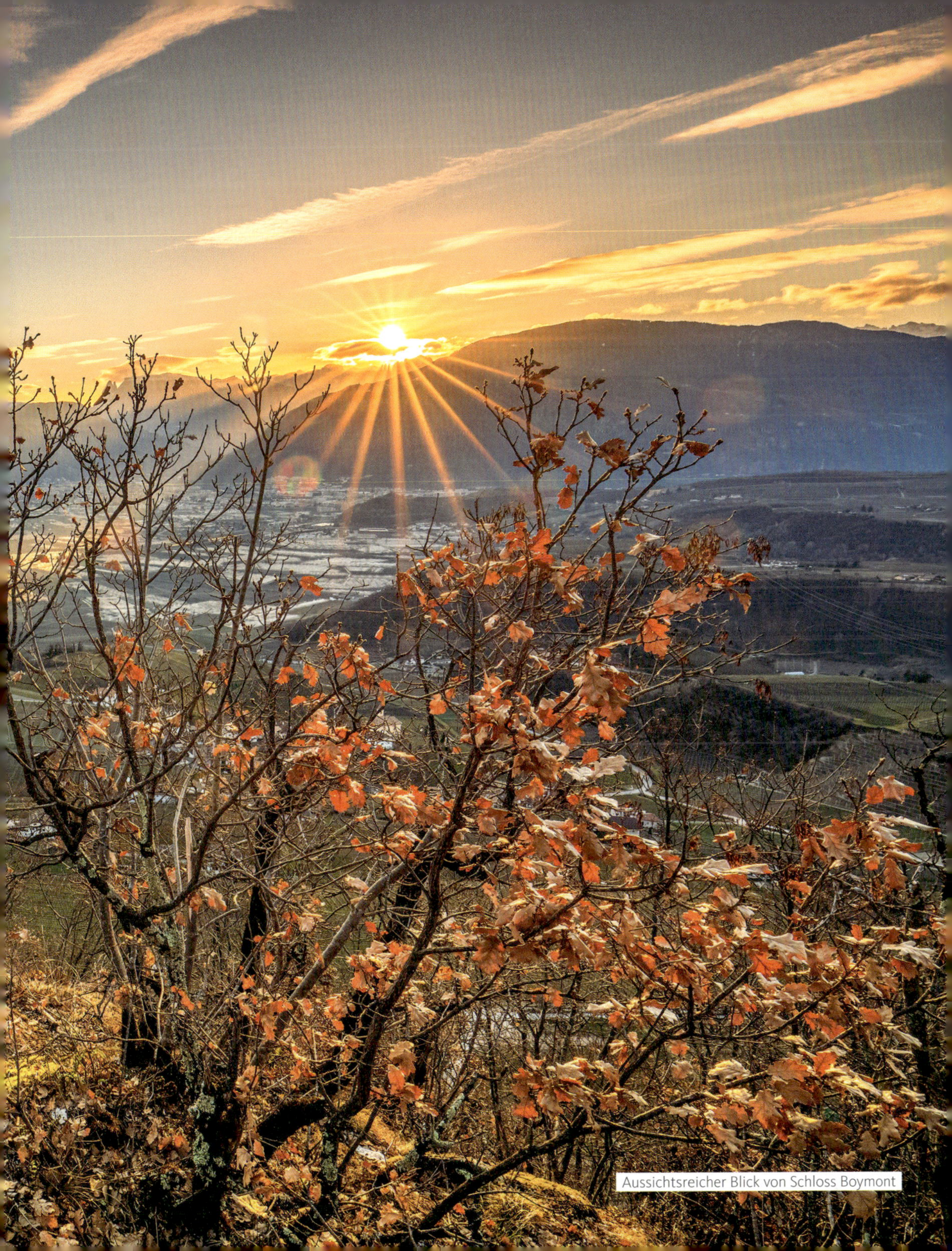

Aussichtsreicher Blick von Schloss Boymont

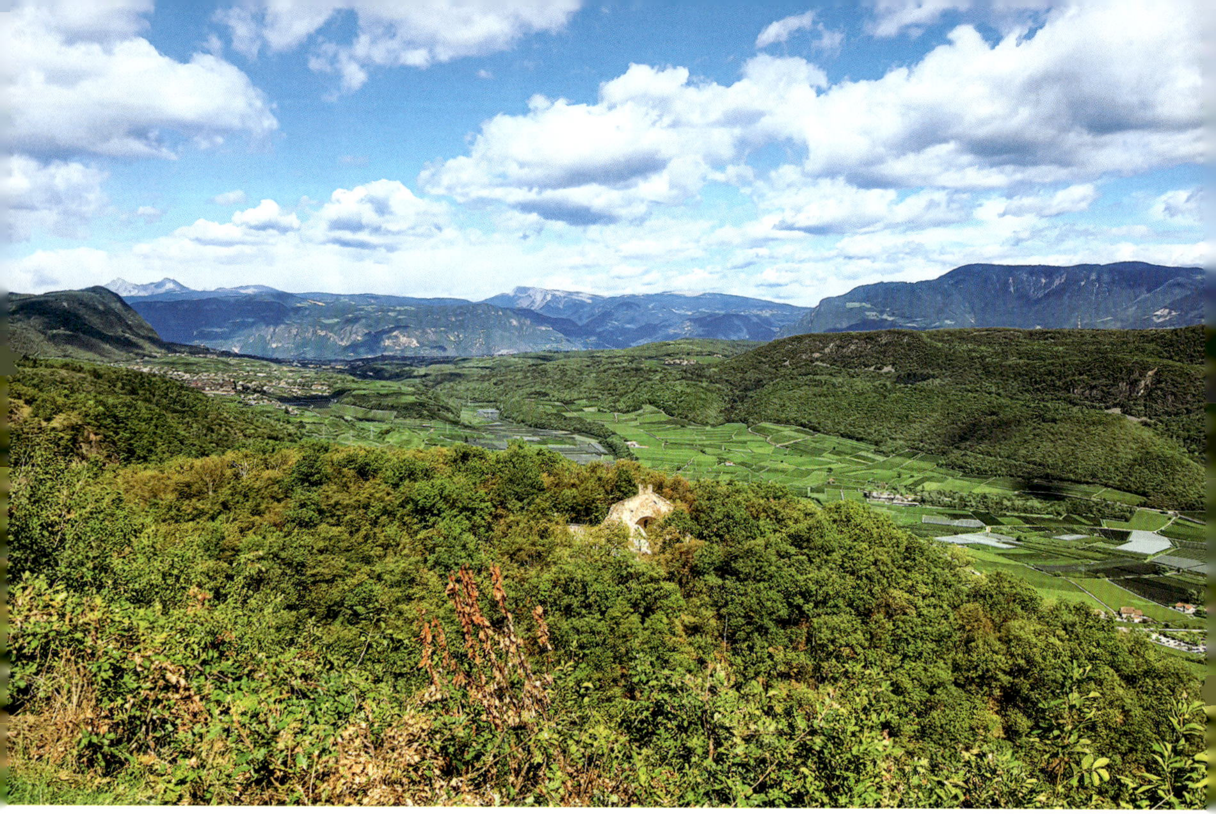

Blick auf die frühchristliche Kirche St. Peter bei Altenburg

22

AUSSICHTSREICHE WANDERUNG OBERHALB DES KALTERER SEES

Von Kaltern nach Altenburg

Gesamtgehzeit
ca. 2 Std. 20 Min.

Höhenunterschied
ca. 280 m

Beste Jahreszeit
Frühjahr bis Spätherbst

Kartenmaterial
Tabacco 049, Südtiroler Weinstraße, 1:25.000

Anfahrt
Nach Kaltern, dort der Beschilderung nach Altenburg folgen

Ausgangspunkt
Parkplatz – Bushaltestelle kurz vor dem Sportplatz von Kaltern

Diese Wanderung ist vom Frühjahr bis in den Spätherbst reizvoll: Im Frühling die unendliche Vielfalt der Grüntöne im artenreichen Mischwald, im Sommer die Kühle im Schatten, im Herbst das fast unglaubliche Farbenspiel der welkenden Blätter. Der Hinweg führt über den „Friedensweg": fünf Themen, nämlich Maß, Klugheit, Gerechtigkeit, Glaube und Hoffnung. Die Rastenbachklamm ist dem Thema Mut gewidmet, die frühchristliche Kirchenruine St. Peter dem Thema Liebe. St. Peter, 1782 im Zuge des Josefinismus geschlossen und des Daches sowie der Holzdecke beraubt, reicht in das 6. Jahrhundert zurück und gehört zu den ältesten Kirchenbauten Südtirols. Die 37 Meter lange Brücke über den Resten der mittelalterlichen Brücke beherbergt schließlich den letzten der acht Besinnungspunkte. Spektakulär schließlich die Aussichtsplattform, die man wenige Minuten nach St. Peter erreicht: Kalterer See, Überetsch und Unterland liegen buchstäblich zu Füßen und gegenüber erheben sich die ersten Gipfel der Dolomiten!

WEGVERLAUF: Am Ausgangspunkt hält man sich links und folgt der Beschilderung „Friedensweg" in sanftem Auf und Ab in Richtung Süden. Auch das obere Ende der bekannten Rastenbachklamm wird begangen, bevor man die Ruine von St. Peter erreicht. Auf Markierung Nr. 2 weiter zu einem prächtigen Aussichtspunkt und zur Kirche von Altenburg. Sehr lohnend ist der kurze Abstecher auf Markierung Nr. 7 und 99 zur schön gelegenen Waldschenke. Nun kurz zurück nach Altenburg und auf Markierung Nr. 11 recht flach wieder durch Mischwald zurück zum Ausgangspunkt.

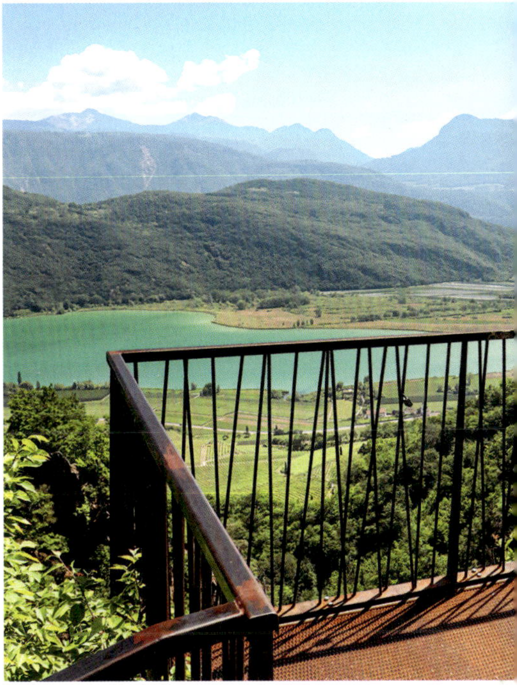

Blick auf den Kalterer See

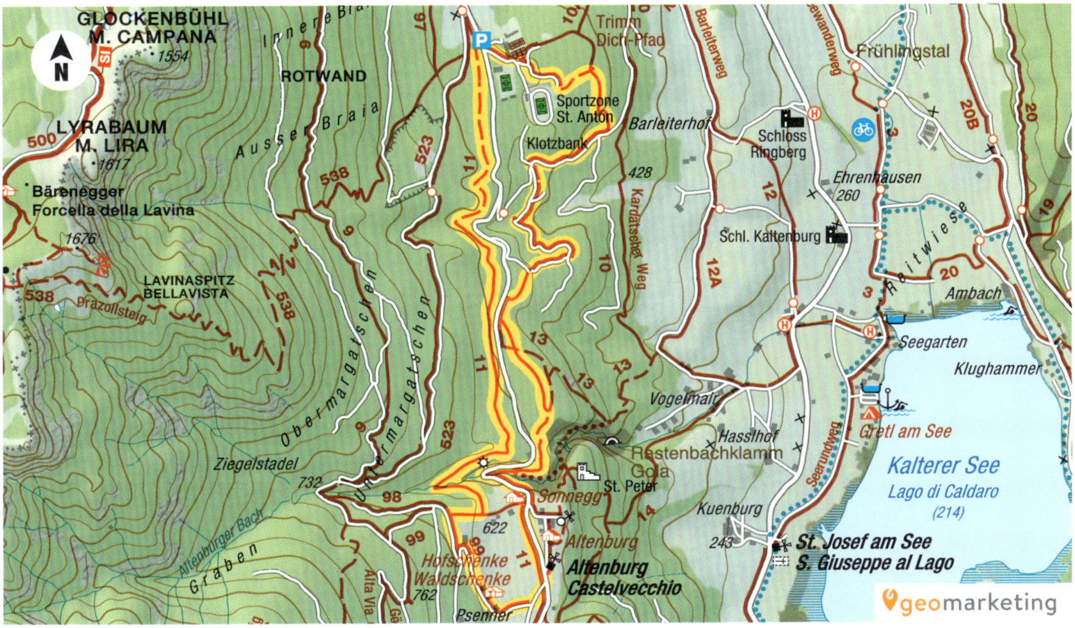

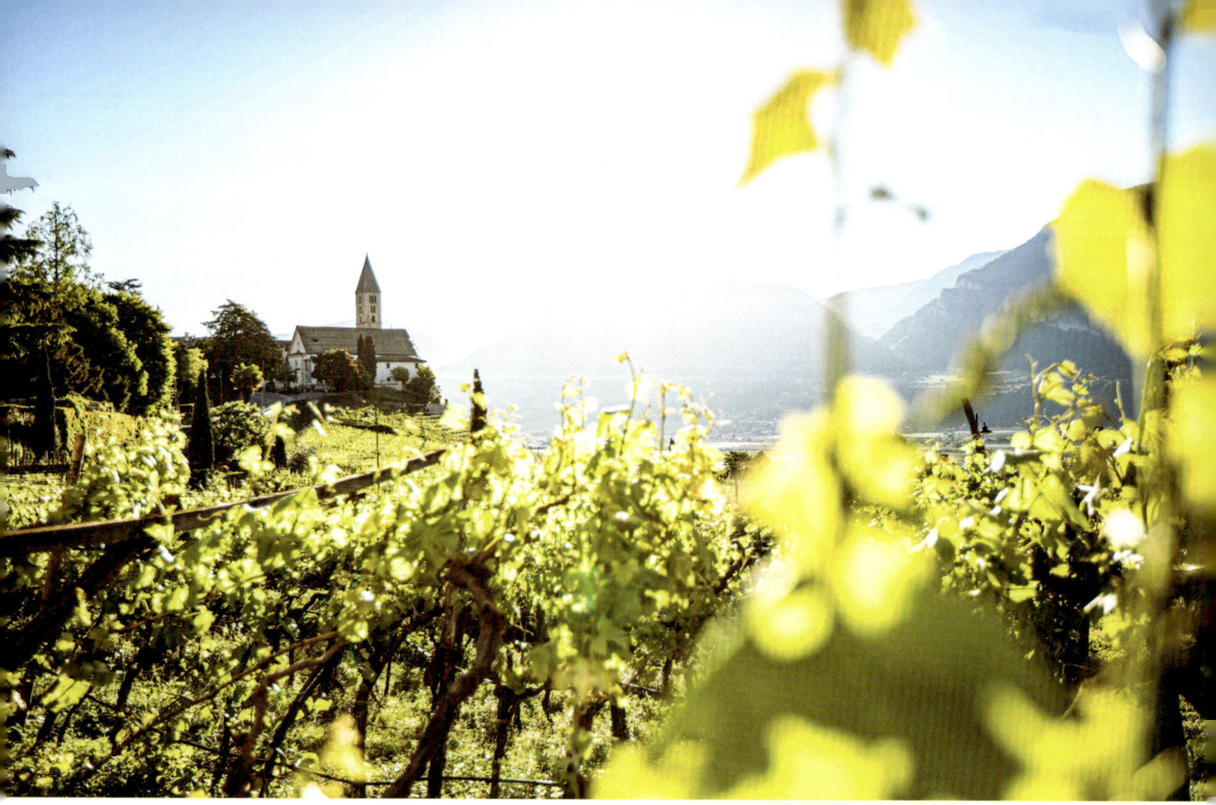

St. Jakob in Kastelaz mit romanischem Fresken-Zyklus

23

HERRLICHE WANDERUNG DURCH DAS SÜDTIROLER UNTERLAND

Von Tramin über St. Jakob in Kastelaz nach Kurtatsch

Gesamtgehzeit
ca. 2 Std. 45 Min.

Höhenunterschied
ca. 300 m

Beste Jahreszeit
Frühjahr bis Spätherbst

Kartenmaterial
Tabacco 049, Südtiroler Weinstraße, 1:25.000

Anfahrt
Mit Pkw oder Bus nach Tramin

Ausgangspunkt
Tramin, Zentrum

WEGVERLAUF: Startpunkt ist das Zentrum von Tramin, Parkplatz an der Kreuzung Kalterer-See-Straße / In der Au. Nun überquert man den Höllental-Bach und folgt der Hans-Feur-Straße, bis der Kirchsteig nach rechts ausgeschildert ist. Über diesen geht es in vielen Stufen hinauf zum Kirchlein St. Jakob in Kastelaz, dessen Bau vermutlich ins 11. Jahrhundert zurückreicht. Nach dem Kirchlein hält man sich kurz rechts und ein gutes Stück geradeaus leicht abwärts und gelangt zu einem Bildstock, wo die Kastelazpromenade nach links abzweigt und zum Kastelazweg führt. Diesem folgt man in zunächst sanfter Steigung nach links, der Forstweg führt durch Mischwald, immer wieder gibt der Wald den Blick frei auf das Unterland. Der letzte Teil des Weges ins Zentrum von Kurtatsch führt dann wieder durch Obst- und Weinanlagen. Für Rast und eine kleine Stärkung empfiehlt sich z. B. der Gasthof Terzer. Der Rückweg nach Tramin führt auf asphaltierter Straße kurz zurück, dann zweigt nach rechts die Markierung 8 ab, durch Obst- und Weingüter gelangt man über den Weiler Rungg zurück zum Ausgangspunkt.

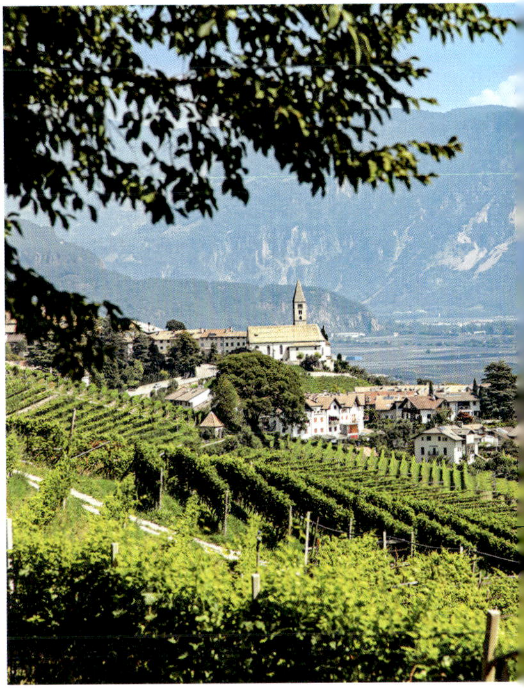

Blick auf Kurtatsch

(TIPP!) Der Weinlehrpfad führt vom südlichen Ende von Kurtatsch nach Entiklar und ist ein „Weg durch das Rebenleben". Viele Informationstafeln geben Auskunft über alle wichtigen Ereignisse im Weinbaujahr.

Rückweg wie Hinweg (Gehzeit plus 1 Std. 20 Min.; Höhenunterschied plus 240 m).

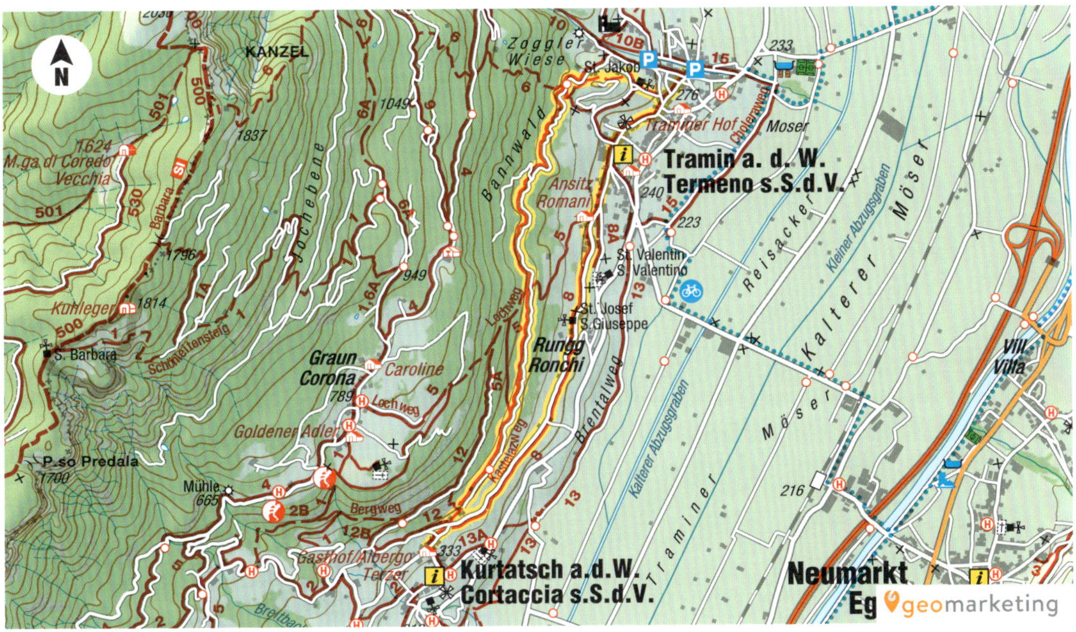

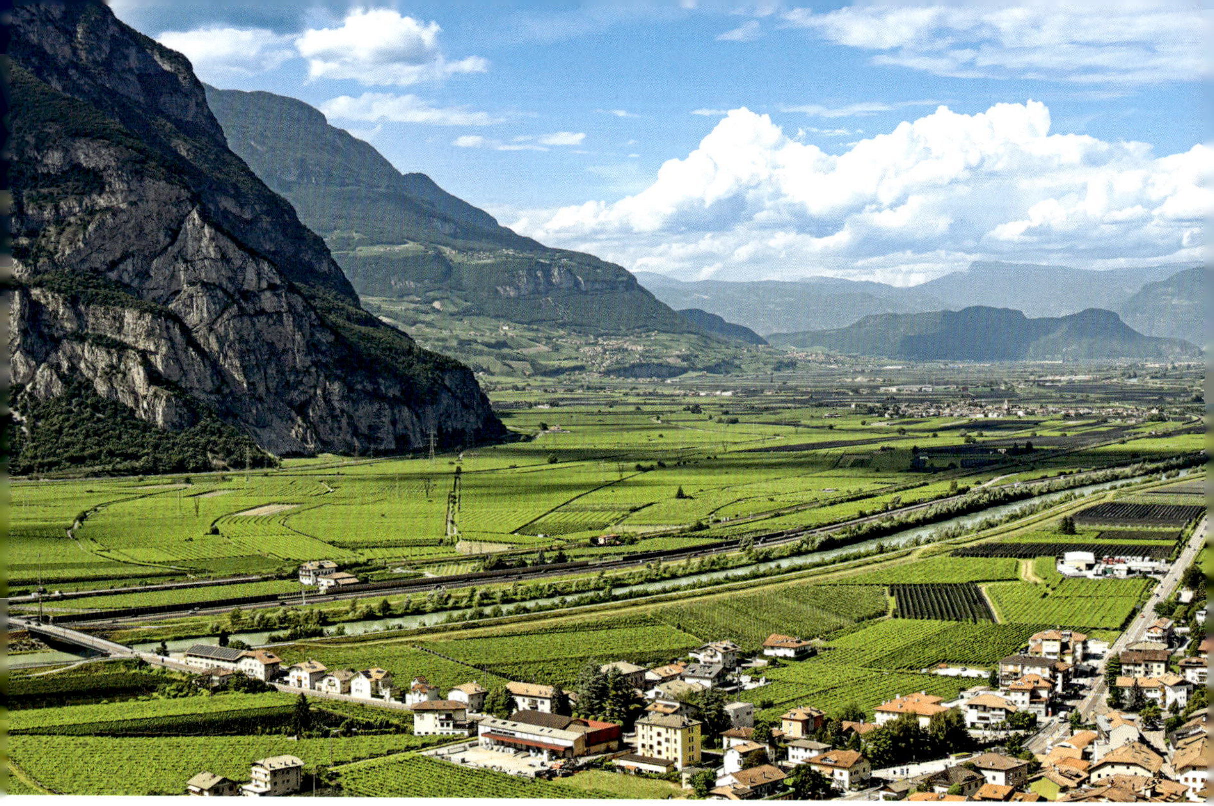

Salurn an der Weinstraße ist die südlichste Gemeinde Südtirols

24

VON SALURN AUF DIE „GRENZBURG" ZWISCHEN SÜDTIROL UND TRENTINO

Gesamtgehzeit
ca. 1 Std.

Höhenunterschied
ca. 150 m

Beste Jahreszeit
Frühsommer bis Spätherbst

Kartenmaterial
Tabacco 062, Altopiano di Pinè – Valli di Cembra e dei Mocheni, 1:25.000

Anfahrt
Mit Pkw, Bus oder Bahn nach Salurn

Ausgangspunkt
Parkplatz im Dorfzentrum Salurn

Die Haderburg – hoch über Salurn auf einem steil aufragenden Kalkfelsen

Mächtig und unübersehbar ragen die Ruinen der Haderburg über Salurn auf. Diese Wehrburg wurde auf einem Felssporn errichtet, der vom Geierberg losgelöst ist. Kalk ist das Gestein der Umgebung, aus Kalk bestehen die Mauern, umso auffälliger ist daher der Bergfried, der aus Porphyrblöcken besteht. Unter Kaiser Maximilian I. wurde die Burg ausgebaut, sie sollte der neuen Kriegstechnik mit Feuerwaffen standhalten können. Ausgedehnte Bastionen und Sperranlagen, ein Rondell und anderes sind zu sehen, die Anlagen liegen größtenteils dem Felszahn gegenüber in den Geierwänden und nehmen flächenmäßig einen größeren Raum ein als die

Kernburg selbst. Auf Anregung des aktuellen Besitzers, Baron Ernesto Rubin de Cervin Albrizzi, wurde die Anlage mit Hilfe der Autonomen Provinz Bozen und der Stiftung Südtiroler Sparkasse konsolidiert und restauriert und ist seit 2003 für Besucher zugänglich. Das Panorama von der Burg aus weit über das Unterland ist beeindruckend. Im Sommer werden immer wieder tolle Veranstaltungen geboten, wie Ausstellungen, Konzerte oder mittelalterliche Feste.

WEGVERLAUF: Vom Parkplatz wandert man südwärts und erreicht über die Mozart- und Schießstandstraße bald eine Info-Tafel, an der der Visionenweg beginnt. Der Weg ist gut ausgebaut, aber teilweise steil. Rückweg wie Hinweg.
Zugang wahlweise auch vom Parkplatz am südlichen Ortsende, dann wandert man kurz in Richtung Zentrum, bis der Weg unübersehbar nach rechts abzweigt.

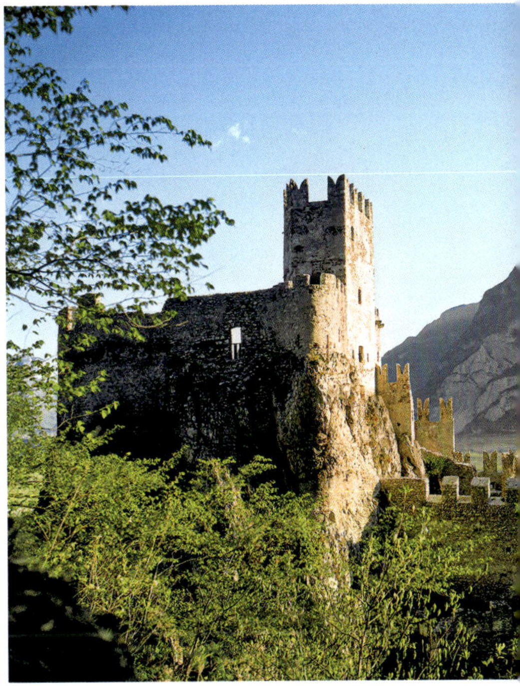

Die Haderburg

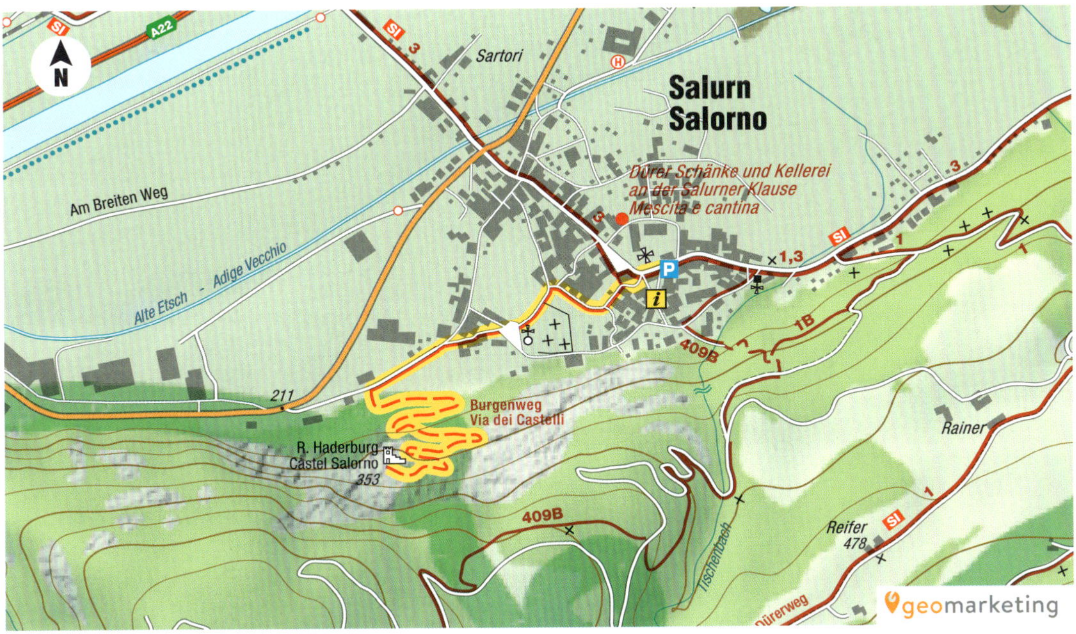

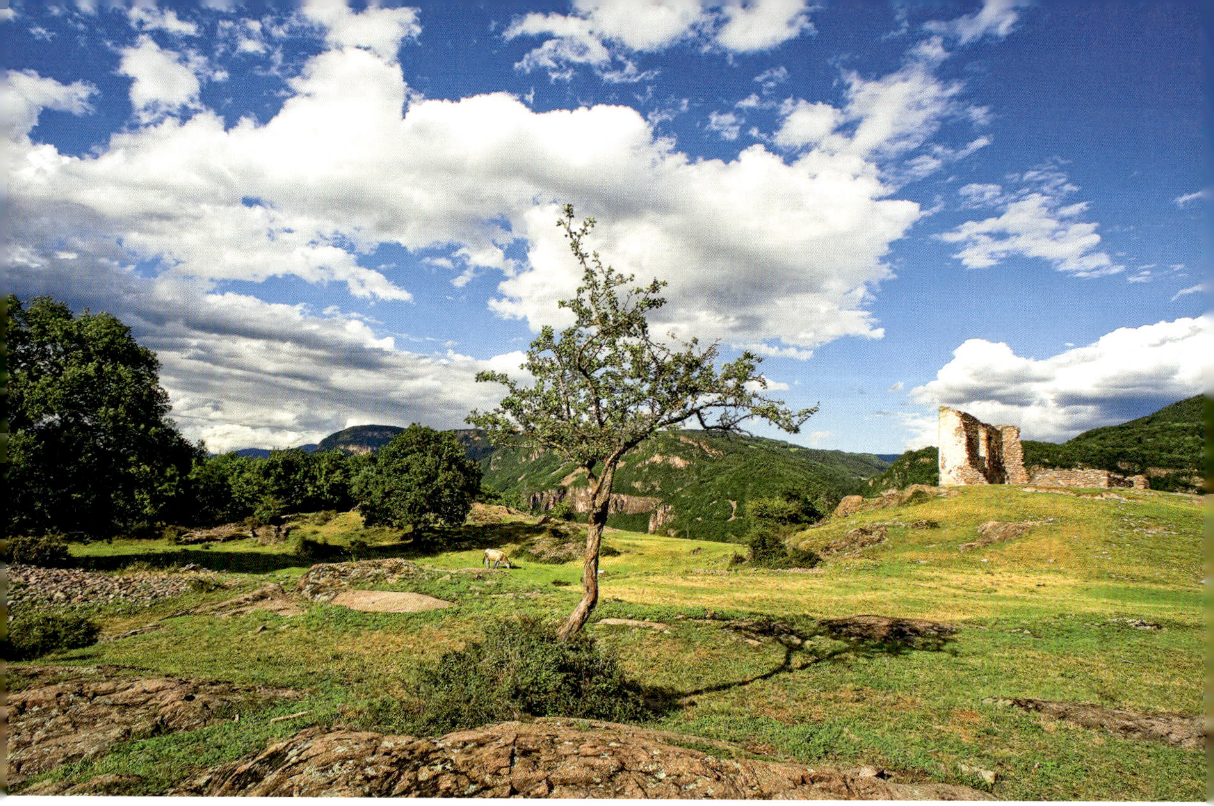

Am Hügel von Castelfeder

25

Gesamtgehzeit
ca. 1 Std.

Höhenunterschied
ca. 90 m

Beste Jahreszeit
Frühjahr bis Spätherbst

Kartenmaterial
Tabacco 049, Südtiroler Weinstraße, 1:25.000

Anfahrt

Mit Pkw nach Auer und weiter Richtung Montan, auch mit Bus erreichbar

Ausgangspunkt

Parkplatz nach der 3. Kehre der Staatsstraße von Auer nach Montan (gegenüber der Sportzone)

NACH CASTELFEDER

Faszinierende Wanderung am Porphyrhügel oberhalb von Auer

Das Arkadien Tirols … so wird der langgestreckte Porphyrhügel oberhalb von Auer genannt. Zu Recht. Es ist eine mystische, fast klassische Landschaft mit kargen Magerböden, vielen Mulden, Terrassen und Kuppen, Kleingewässern, Weißdorn- und Brombeerhecken, aber auch mächtigen uralten Eichen. Und da sind natürlich noch die weitum sichtbaren „Kuchelen", Bogen-Überreste der Ringmauer einer Befestigungsanlage, die vermutlich um das Jahr 500 von den Byzantinern zum Schutz gegen Germaneneinfälle errichtet worden ist. Nur wenig später dürfte die ursprünglich St. Laurentius und St. Vigilius geweihte Barbara-Kapelle erbaut worden sein, deren Ruinen auf der Hügelkuppe weitum sichtbar sind. Jüngeren Datums ist der sogenannte „Langobardenturm“, ein massiver Turmstumpf, der im charakteristischen Fischgrätenmuster (opus spicatum) gemauert ist. Aber die Siedlungstätigkeit auf diesem (heute prächtigen) Aussichtshügel reicht viel, viel weiter zurück.

WEGVERLAUF: Vom Parkplatz überquert man die Staatsstraße und setzt auf dem Steig „Naturlehrpfad“ nach rechts fort; bei der ersten der (vielen) Info-Tafeln geradeaus auf dem Naturlehrpfad bleiben, nicht nach rechts auf Markierung Nr. 5A. Vorbei am Schwarzen See gelangt man zu den Ruinen von Castelfeder, zum Wurmsee und über den Langen See zurück zur oben erwähnten Info-Tafel, von der man zurückkehrt zum Ausgangspunkt.

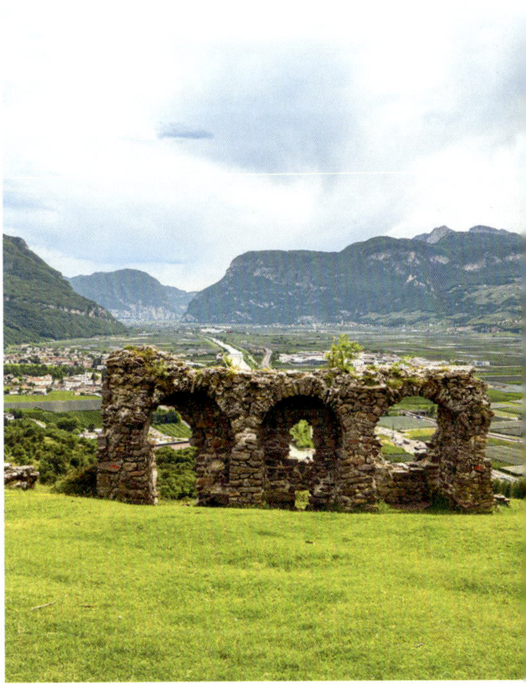

Die „Kuchelen“ auf Castelfeder

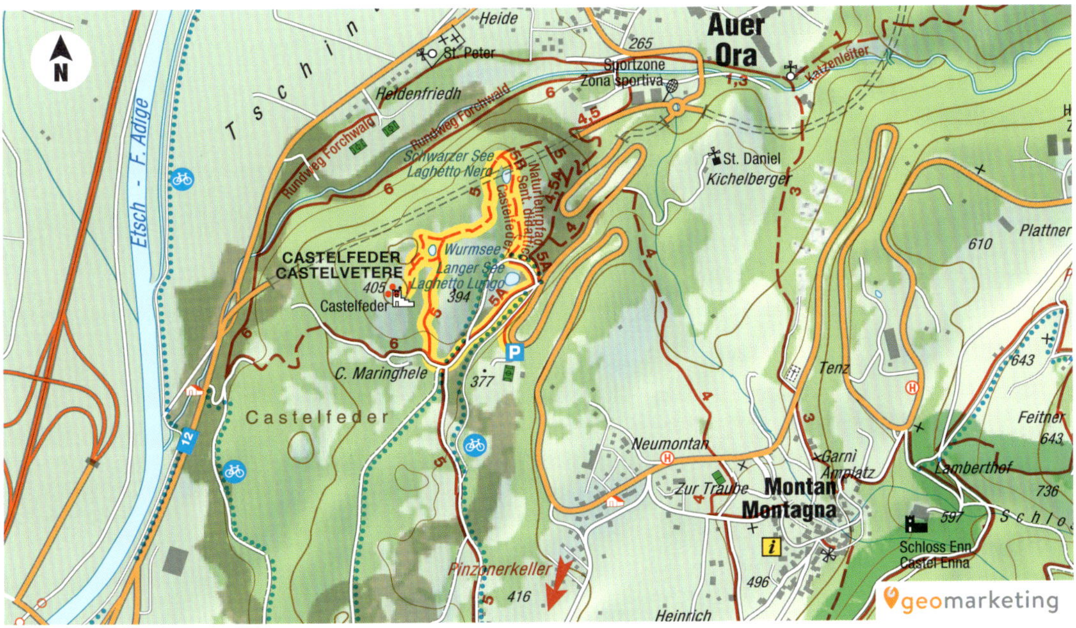

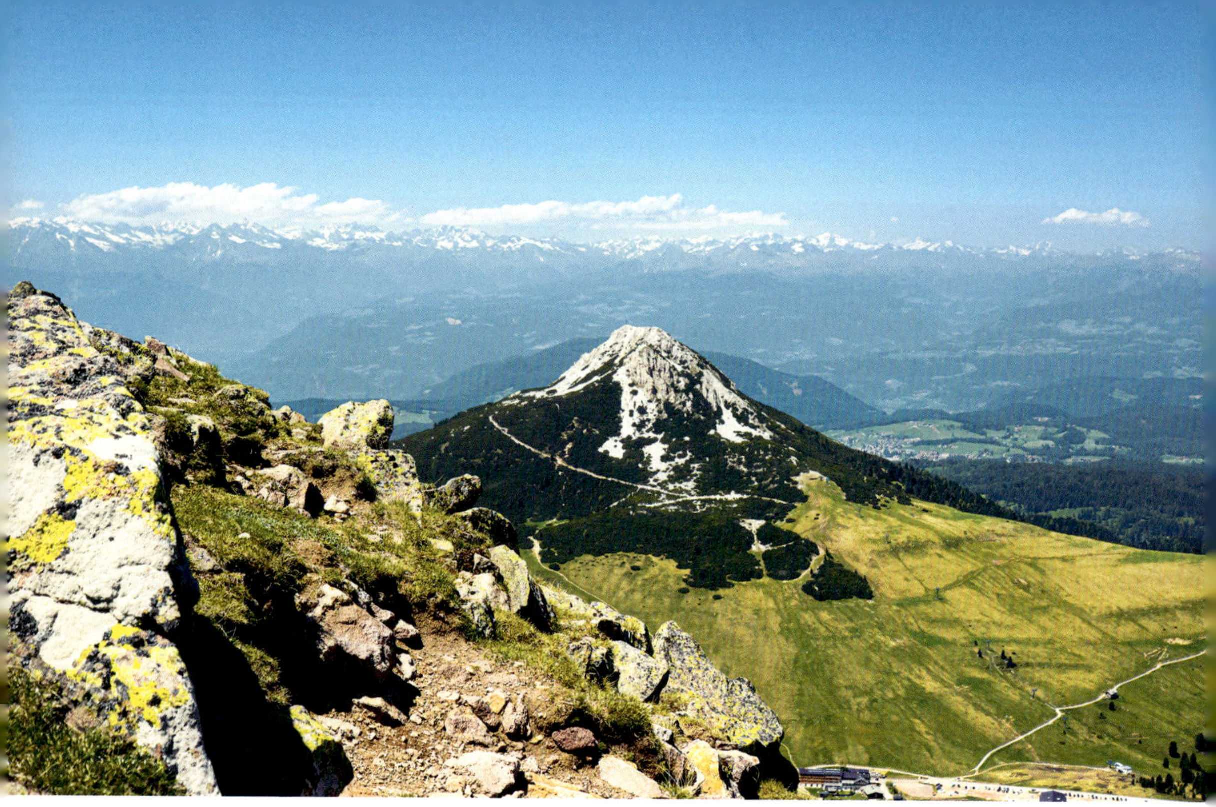

Das freistehende Weißhorn im Südtiroler Unterland

26

DIE BLETTERBACHSCHLUCHT – DER GRAND CANYON SÜDTIROLS

Der GEO-Weg von Radein in die Schlucht

Gesamtgehzeit
ca. 3 Std.

Höhenunterschied
ca. 420 m

Beste Jahreszeit
Frühsommer bis Herbst

Kartenmaterial
Tabacco 049, Südtiroler Weinstraße, 1:25.000

Anfahrt
Mit Pkw oder Bus von Auer nach Radein

Ausgangspunkt
GEOMuseum in Oberradein

WEGVERLAUF: Vom GEOMuseum folgt man der Markierung Nr. 3, auch Europäischer Fernwanderweg E5, nach Norden und gelangt ohne nennenswerte Anstiege beim „Taubenleck" in die Bletterbachschlucht. Nun folgt man dem Bachbett aufwärts bis zum großen Wasserfall im Butterloch. Kurz zurück, dann führt nun etwas steil in Gehrichtung rechts der Jägersteig aus der Schlucht heraus. Oben hält man sich auf der Forststraße rechts, die später als Steig „G" den Bletterbach überquert und an der Schluchtkante an dem Steig 12 (Zirmersteig) endet.
Über diesen erfolgt der Abstieg wieder zum GEOMuseum Radein. Der Weg ist nicht anspruchsvoll, weist aber einige Stufen

und Absicherungen auf. Die angegebene Gehzeit ist wirklich reine Gehzeit, das Stehenbleiben und das Schauen sind nicht mit eingerechnet!
Die notwendigen Eintrittstickets sind im Besucherzentrum oder im GEOMuseum erhältlich.

Und ganz wichtig: Bitte informieren Sie sich vorher über den Zustand des Weges; nach Unwettern kann der Weg auch gesperrt sein.
Das GEOMuseum ist von Ende April bis zum 31. Oktober täglich von 9.30 bis 18 Uhr geöffnet. Es zeigt die wichtigsten fossilen Funde aus dem Dolomiten UNESCO Welterbe Bletterbach. Gesteinsschichten zur Verdeutlichung des Aufbaues führen den Besucher leicht verständlich durch die geologische Zeitrechnung, ein Besuch des Museums bietet sich als Vorbereitung auf die Wanderung an, ist aber auch als Vertiefung nach einer solchen zu empfehlen.

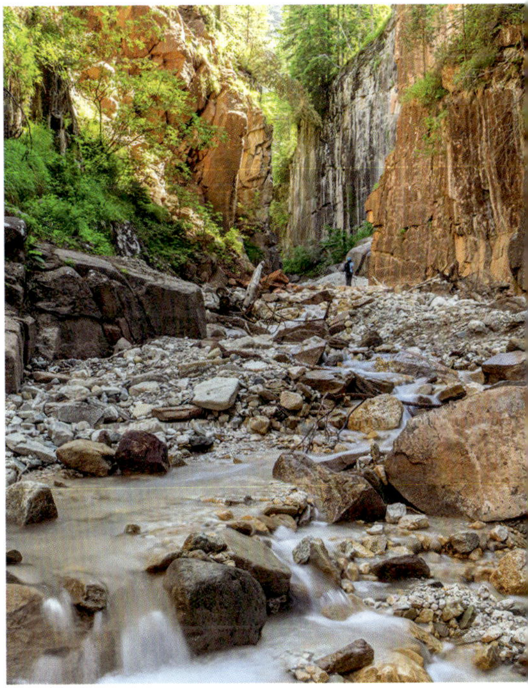

In der Bletterbachschlucht

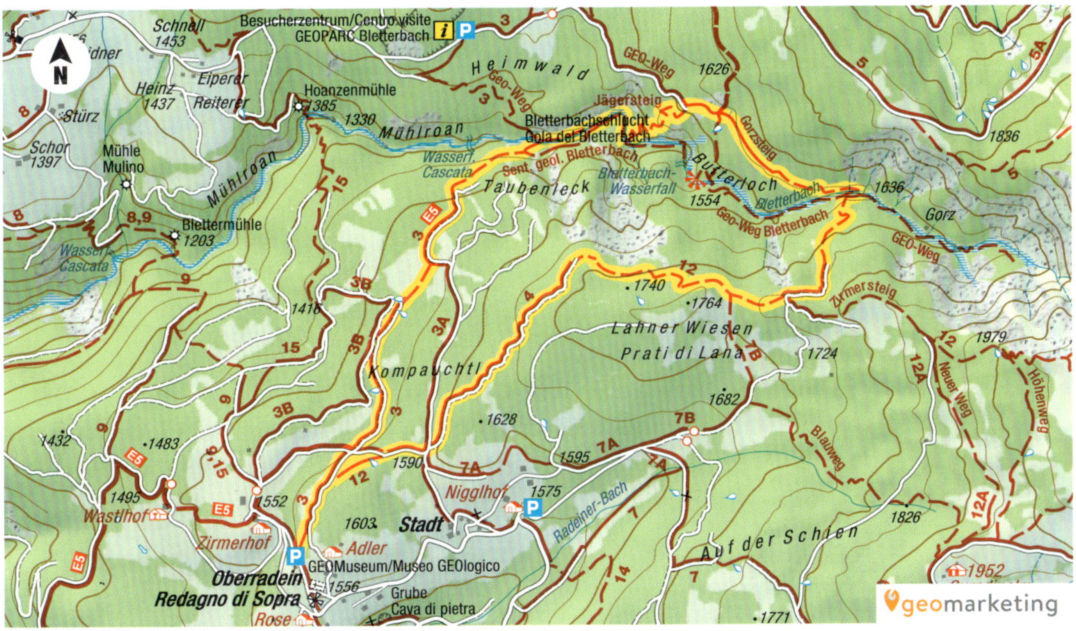

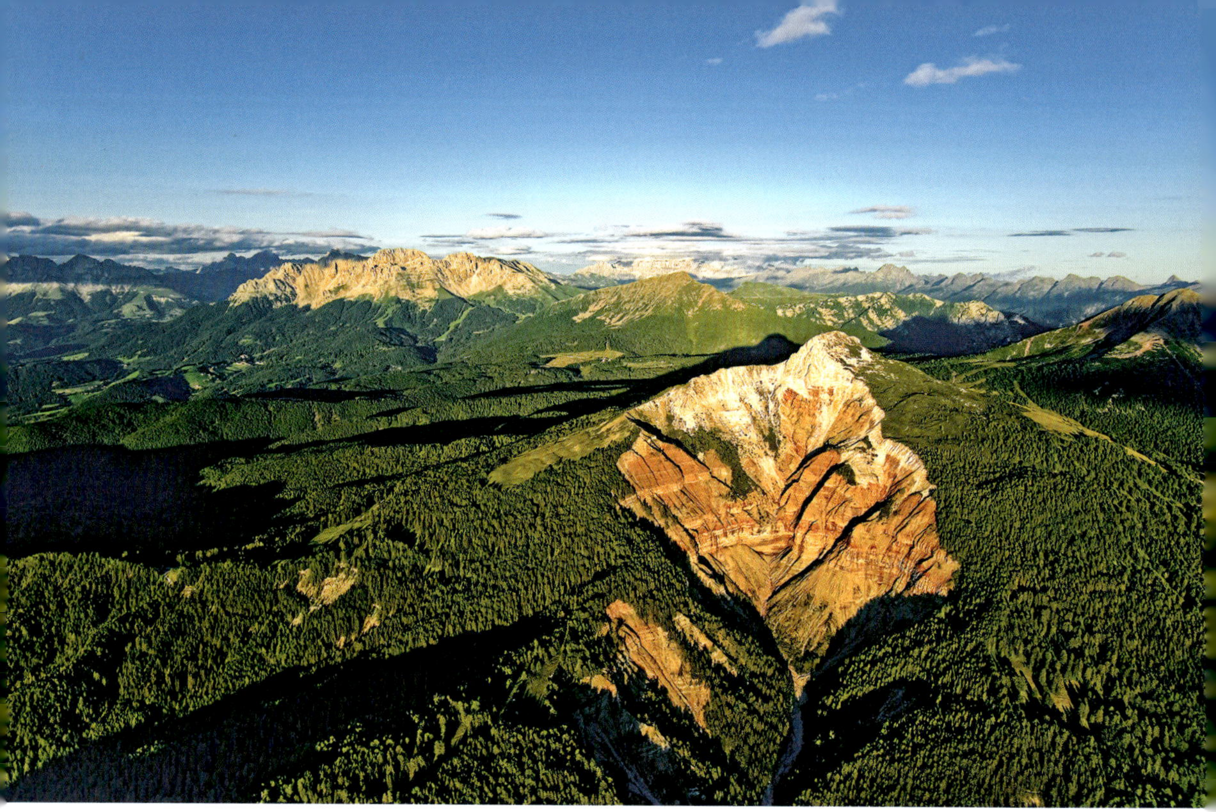

Weißhorn mit Bletterbachschlucht

27

DER GEO-WEG VOM BLETTERBACH INS BUTTERLOCH

Eindrucksvolle Wanderung mit geologischen Highlights

Gesamtgehzeit
ca. 1 Std. 45 Min.

Höhenunterschied
ca. 240 m

Beste Jahreszeit
Frühsommer bis Herbst

Kartenmaterial
Tabacco 049, Südtiroler Weinstraße, 1:25.000

Anfahrt
Mit Pkw oder Bus nach Aldein

Ausgangspunkt
Parkplatz Besucherzentrum GEOPARC Bletterbach

WEGVERLAUF: Vom Besucherzentrum folgt man der Markierung Nr. 3 nach rechts in den Wald und steigt auf dem GEO-Weg ab zum „Taubenleck", wo man die Bletterbachschlucht erreicht. Nun folgt man dem Bachlauf aufwärts, bis man den spektakulären Wasserfall im Butterloch erreicht. Vom Wasserfall geht man kurz zurück, bis der Jägersteig rechts hinauf nun etwas steil aus der Schlucht herausführt. Oben angelangt hält man sich links und wandert in leichtem Gefälle auf dem GEO-Weg zurück zum Ausgangspunkt.

Der Weg ist nicht anspruchsvoll, weist aber einige Stufen und Absicherungen auf. Die angegebene Gehzeit ist wirklich reine Gehzeit, das Stehenbleiben und das Schauen sind nicht mit eingerechnet!
Die notwendigen Eintrittstickets sind im Besucherzentrum oder im GEOMuseum erhältlich.

Und ganz wichtig: Bitte informieren Sie sich vorher telefonisch (Tel. +39 0471 886946) im Besucherzentrum über den Zustand des Weges; nach Unwettern kann der Weg gesperrt sein. Informationen über diese Verbindungen und über Veranstaltungen sind ebenfalls unter der angegebenen Telefonnummer erhältlich.

Das Besucherzentrum, das GEOMuseum und die Bletterbachschlucht sind im Winter (im Regelfall von Anfang November bis Anfang Mai) geschlossen.

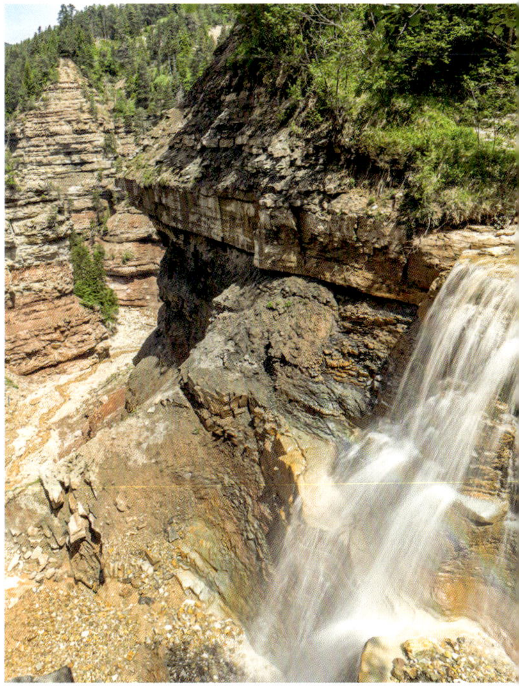

Kleiner Wasserfall in der Bletterbachschlucht

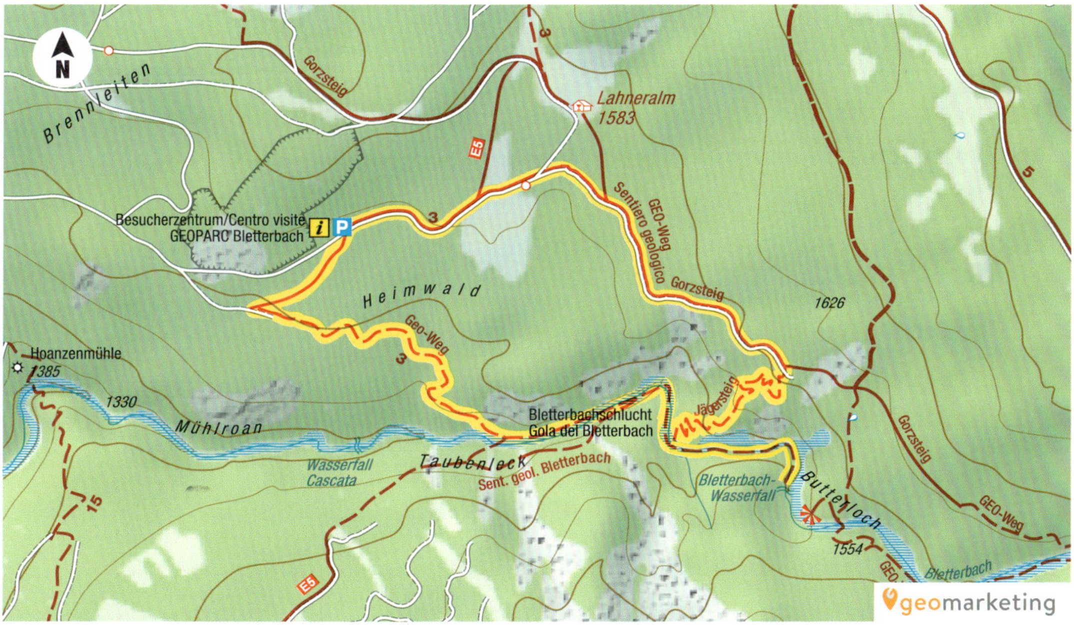

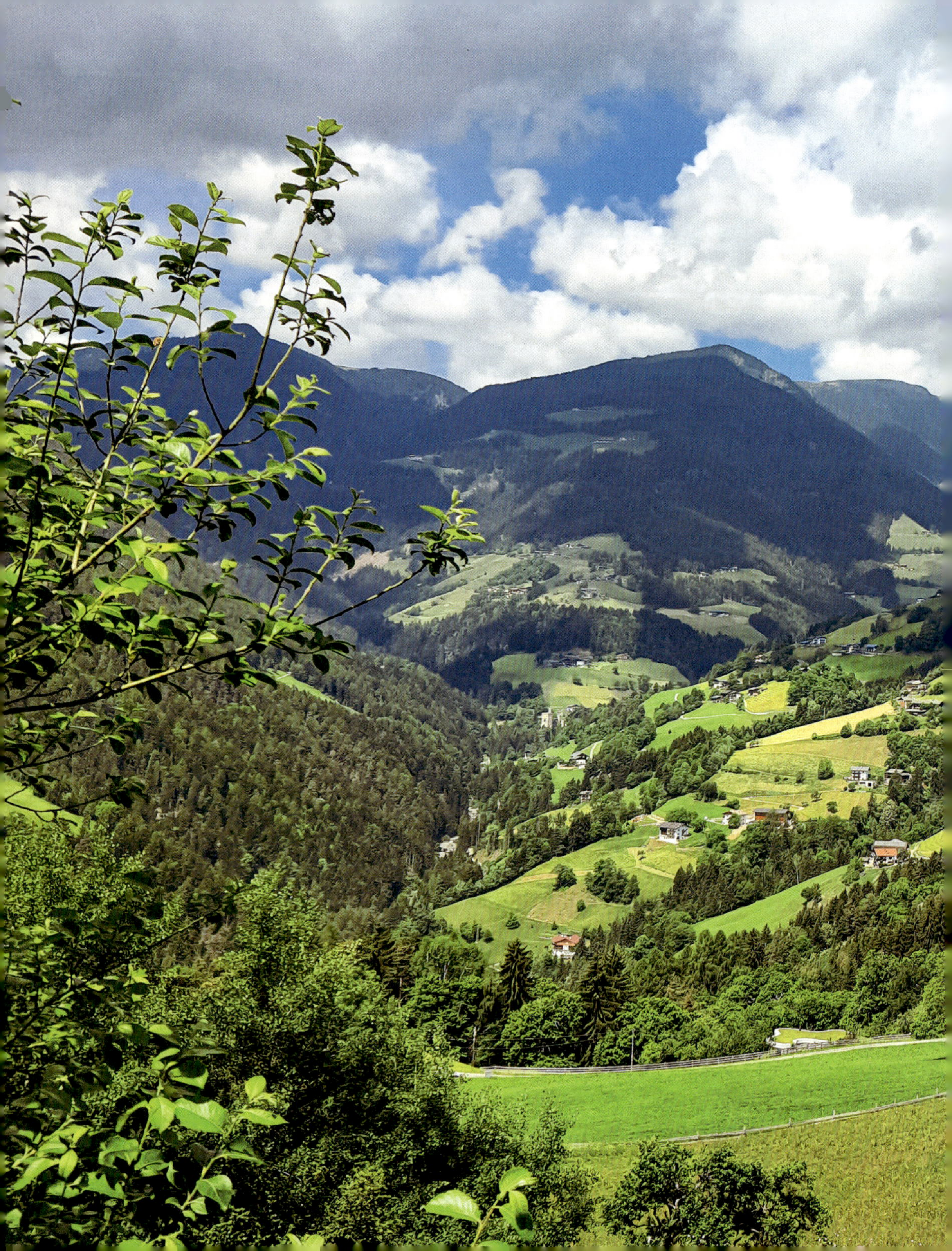

EISACKTAL & DOLOMITEN

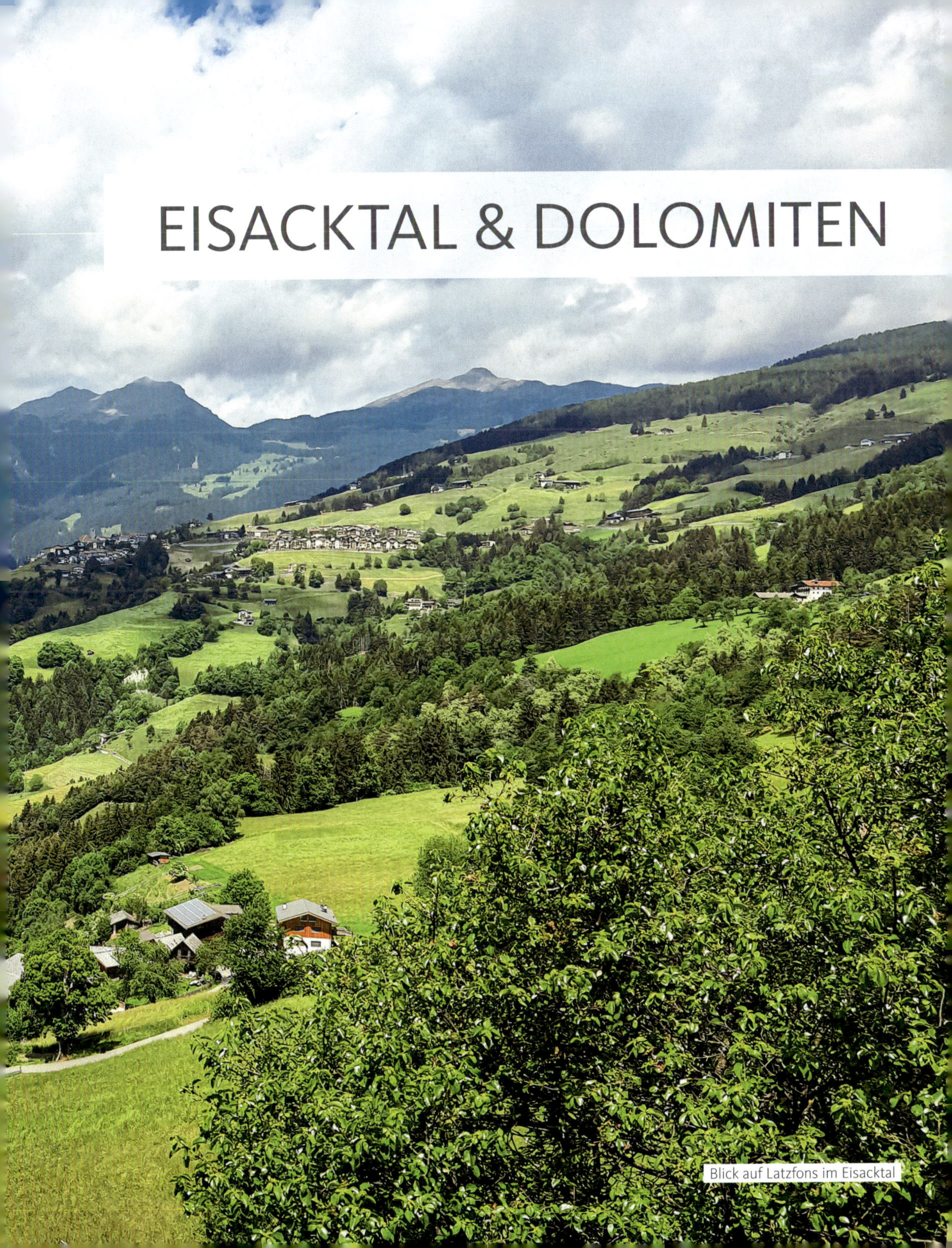

Blick auf Latzfons im Eisacktal

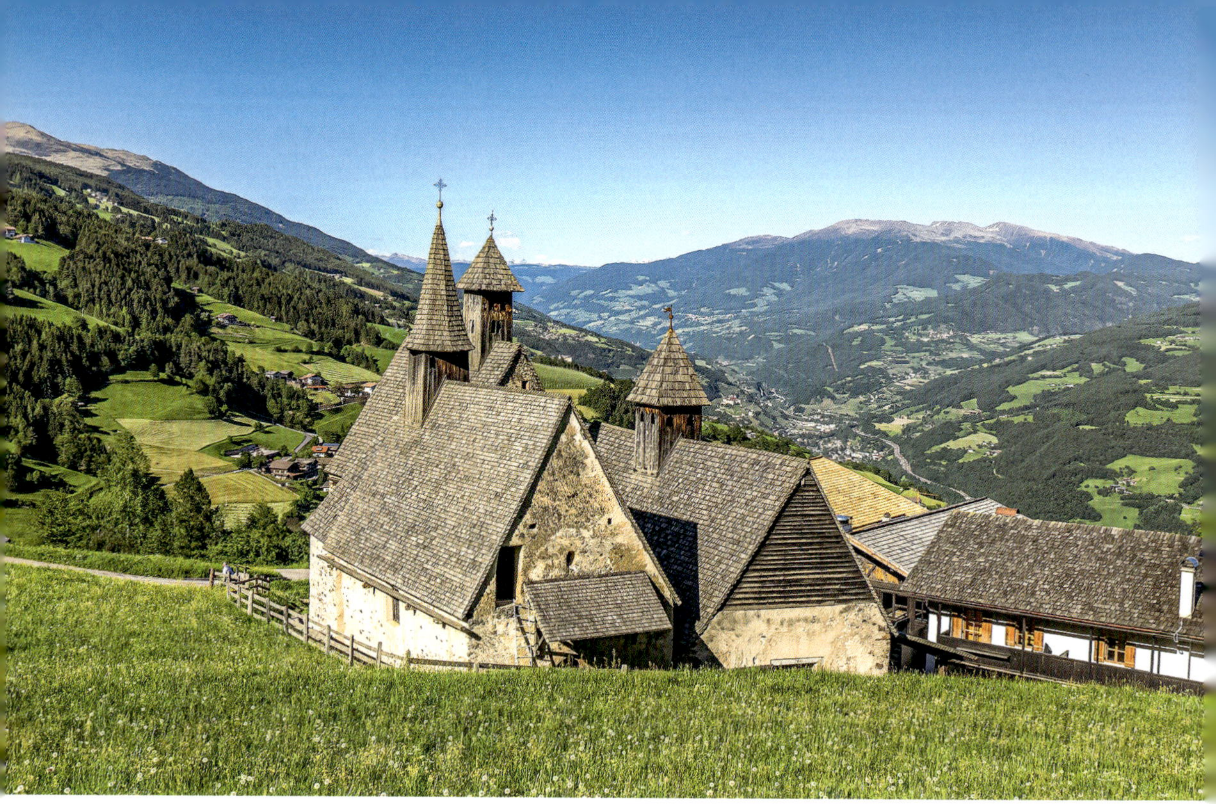

Dreikirchen in Barbian

28

BAD DREIKIRCHEN UND BARBIANER WASSERFÄLLE

Schöne Wanderung zu den drei Kapellen bei Barbian

Gesamtgehzeit
ca. 4 Std.

Höhenunterschied
ca. 600 m

Beste Jahreszeit
Frühjahr bis Herbst

Kartenmaterial
Tabacco 040, Sarntaler Alpen, 1:25.000

Anfahrt
Staatsstraße Bozen–Brixen, von Waidbruck nach Barbian

Ausgangspunkt
Barbian, Dorfzentrum

WEGVERLAUF: Startpunkt dieser etwas anspruchsvolleren Wanderung ist das Dorfzentrum von Barbian. Von der Kirche mit ihrem auffallend schiefen Turm folgt man der Straße etwa 300 Meter nach Süden, biegt bei einem Wegkreuz scharf nach rechts und erreicht den Wasserfallweg. Auf diesem setzt man nach links fort. Zunächst durch Wiesen, dann durch Wald gelangt man zunächst zum Unteren und, etwas anstrengender, in Serpentinen zum Oberen Wasserfall. Kurz nach dem Oberen Fall biegt man nicht auf Markierung Nr. 3 ab, sondern hält sich auf Markierung Nr. 34 rechts; in der Wiese unterhalb eines einsamen

Gehöftes setzt man nun auf Markierung Nr. 27 geradeaus fort (immer wieder prächtiger Blick auf die gegenüberliegenden Dolomiten) und gelangt in kurzer Zeit zu einer wirklichen „Überraschung“: zum architektonisch höchst interessanten Hotel-Gasthof Briol. Durch schütteren Wald geht es nun auf Markierung Nr. 4 (Rundweg Dreikirchen) hinunter zum eigentlichen Tagesziel Dreikirchen. Nach verdienter Rast und Stärkung steigt man auf Markierung Nr. 11 durch Wald ab und gelangt, vorbei an der Sportzone, zurück ins Zentrum von Barbian.

Dreikirchen, ein uraltes Quellheiligtum

Es ist schon ein besonderes Plätzchen, dieses Dreikirchen. Hierher gelangt man nur zu Fuß oder mit dem Geländetaxi, Autolärm gibt es keinen. Dann sind da vor allem die drei namensgebenden Kapellen zu St. Gertraud, St. Nikolaus und St. Magdalena, eng aneinander

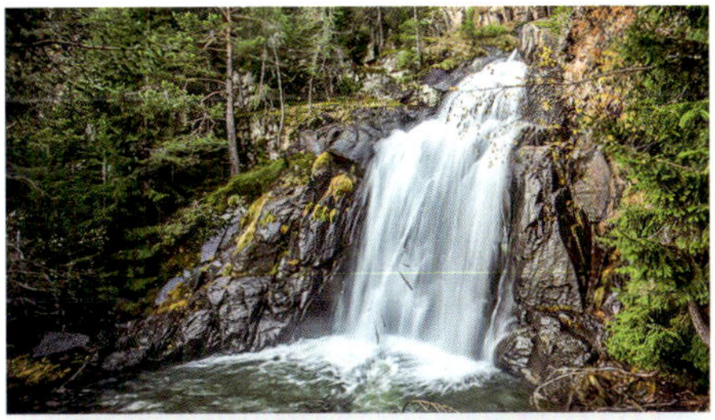

DIE BARBIANER WASSERFÄLLE

Der Ganderbach entspringt am Rittner Horn und stürzt oberhalb Barbian in Kaskaden über eine 200 m hohe Felsstufe im Bozner Quarzporphyr. Besonders zur Zeit der Schneeschmelze – oder nach Starkregen – sind die Fälle auch von der Autobahn aus zu bewundern. Der Untere Wasserfall stürzt über 85 m hinunter, der Obere ca. 45 m. Ein Naturschauspiel!

Weitere Infos unter: www.klausen.it

Tourismusgenossenschaft Klausen, Barbian, Feldthurns, Villanders
I-39043 Klausen (BZ)
Marktplatz 1

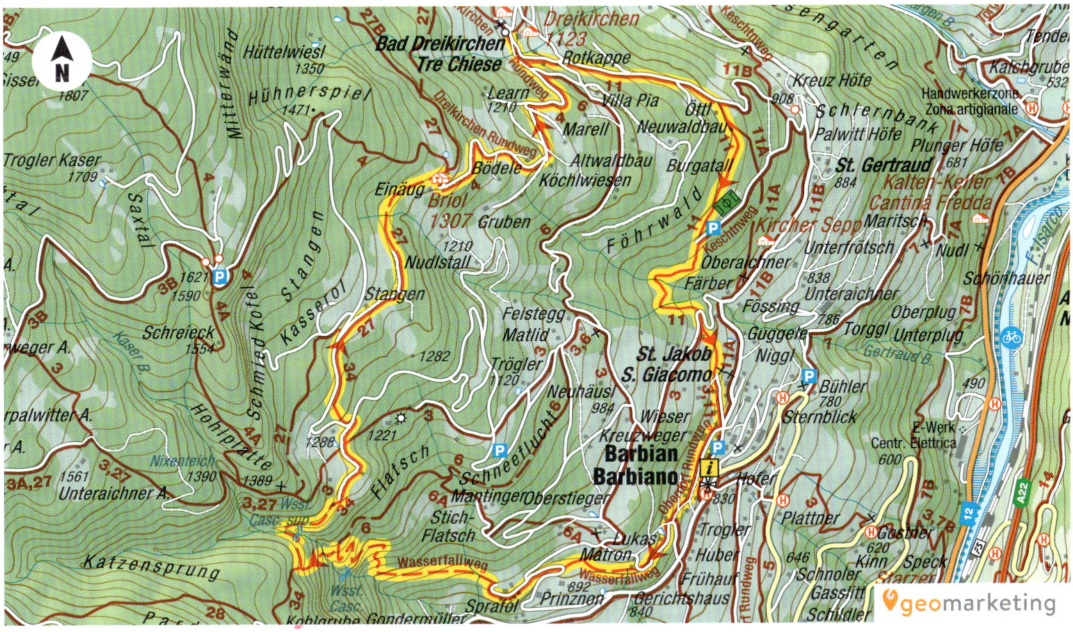

gebaut, beinahe verschachtelt. Ursprünglich standen sie alle drei in einer Reihe, aber eine Mure hat das Antonius-Kirchlein zerstört, dafür wurde das Magdalenen-Kirchlein dahinter neu erbaut.
St. Gertraud und St. Nikolaus zeigen reichen Freskenschmuck, der überlebensgroße Christophorus an der Außenwand des untersten Kirchleins ist ein sicheres Zeichen dafür, dass hier früher einmal viele Wanderer vorbei kamen – ein alter vielbegangener Übergang vom Eisacktal zum Ritten führte hier vorbei. Die sehenswerten Kirchlein sind meist verschlossen, der Schlüssel ist aber im nahe gelegenen Messnerhof erhältlich.

Etwas Besonderes ist auch das frühere Badgasthaus, der Gasthof Bad Dreikirchen, dessen Grundmauern bereits im Jahr 1315 verbürgt sind. Sigmund Freud und der Dichter Christian Morgenstern haben hier bereits ihre Sommerfrische verbracht, Morgenstern hat hier sogar seine spätere Frau kennen und lieben gelernt.
Sellastock, Langkofel und Trabanten präsentieren sich am Horizont, tief unten liegt Klausen ... Das ungemein heimelige Gasthaus und einige der umliegenden Ferienhäuschen sind seit über hundert Jahren in Familienbesitz.

Eine Bozner Kaufmannsgattin war eine begeisterte „Dreikirchnerin", die sich von ihrem wohlhabenden Mann zur Geburt eines jeden Kindes nicht etwa ein Schmuckstück wünschte, sondern jedes Mal ein Grundstück „am Berg": 15 Kinder, 15 Grundstücke, also praktisch „ganz Dreikirchen". So vermachte sie jedem ihrer Kinder ein Haus mit dazugehörigem Grundstück – und drei Auflagen: Den Besitz nur in der Familie weitergeben, keine Zäune errichten, alles im Sinne des Berges erhalten. Das ist bis heute so geblieben.

Der Weg zu den Barbianer Wasserfällen besticht auch mit einem herrlichen Ausblick.

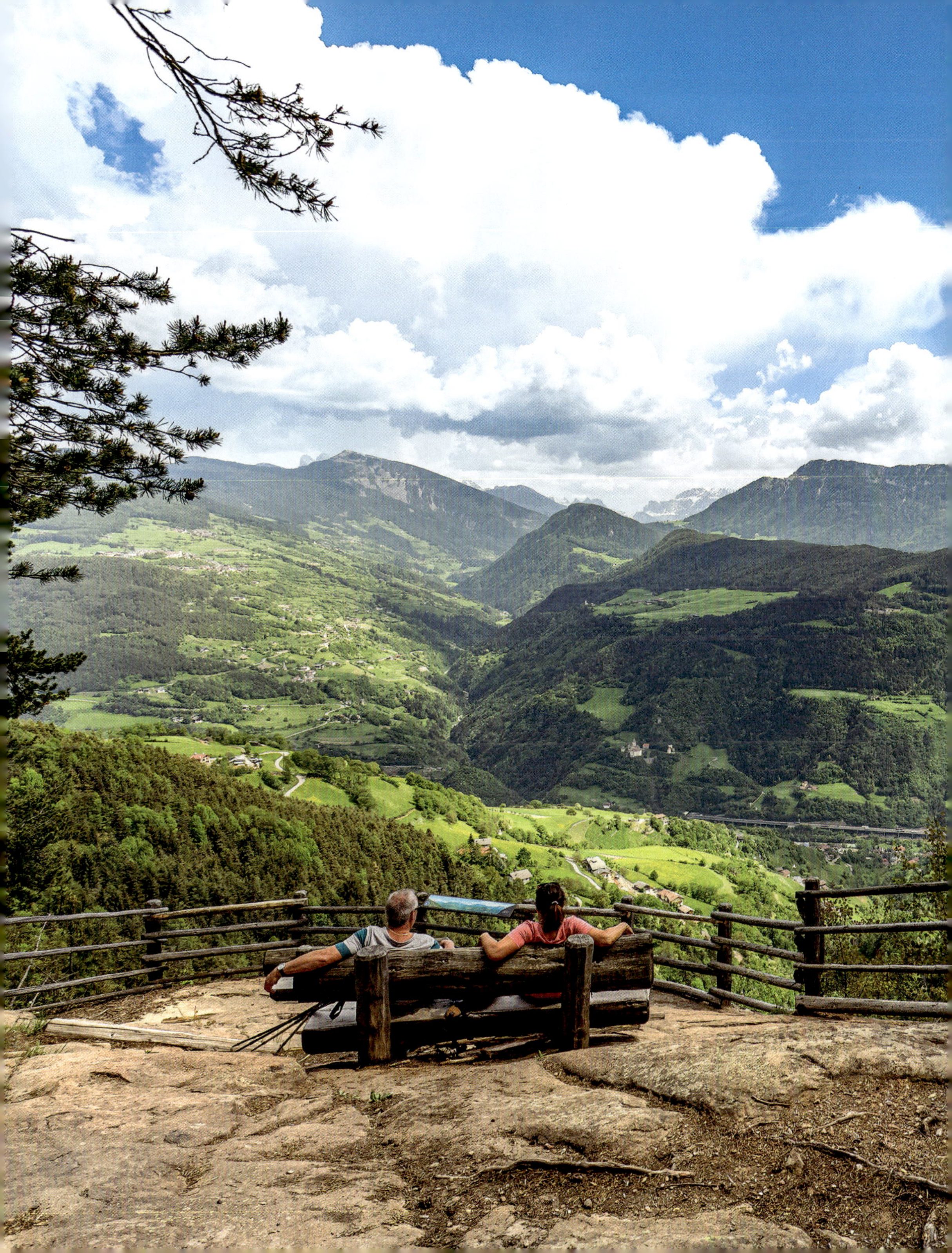

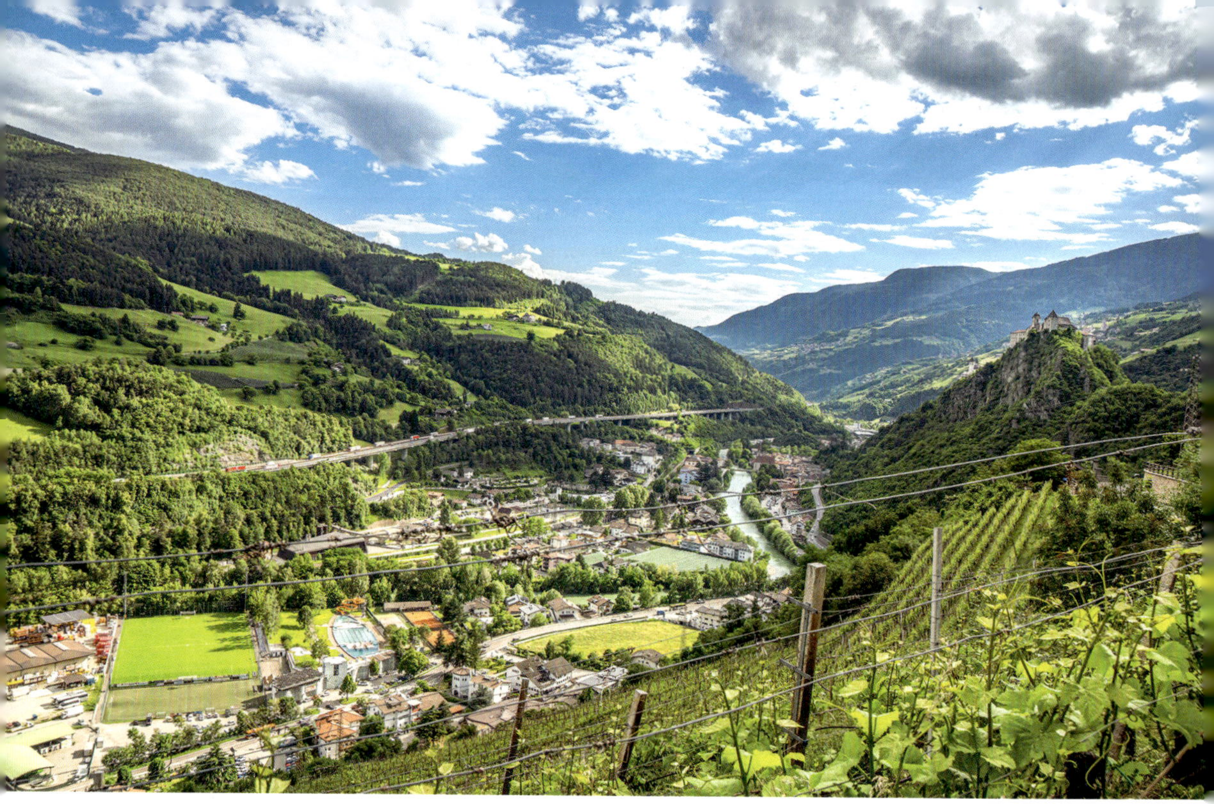

Klausen mit Kloster Säben

29

WEINWANDERWEG KLAUSEN

Einfache Wanderung mit herrlichen Panoramablicken

Gesamtgehzeit
ca. 2 Std.

Höhenunterschied
ca. 220 m

Beste Jahreszeit
Frühjahr bis Spätherbst

Kartenmaterial
Tabacco 030, Brixen – Villnössertal, 1:25.000

Anfahrt
Mit Bus, Zug oder Pkw nach Klausen (Parkplätze nördlich und südlich der Stadt)

Ausgangspunkt
Schwimmbad am nördlichen Stadtrand von Klausen

Der Weinwanderweg Klausen kann natürlich auch selbstständig unternommen werden, aber sehr viel interessanter wird er, wenn man ihn als geführte Wanderung begeht. Der Tourismusverein Klausen bietet Führungen an. Genaue Informationen dazu gibt es unter der Telefonnummer +39 0472 847424. Aber auch ohne Führung ist die Wanderung durch die malerischen Weinberge recht informativ, zahlreiche Schautafeln geben Einblick in die Geschichte des Weinbaus, über die anfallenden Arbeiten sowie über die Tiere und Pflanzen, die die Weinberge und ihre Umgebung bewohnen. Und es wird das besondere Terroir der Eisacktaler Rebsorten thematisiert, die im mittleren Eisacktal insbesondere

Sylvaner, Riesling, Kerner und Veltliner sind, die sich hier ausgesprochen wohl fühlen und beste Voraussetzungen vorfinden. Sozusagen als Draufgabe bietet diese einfache Wanderung herrliche Panoramablicke zu den Geislerspitzen und zum Kloster Säben. Nach der kurzen Wanderung verbleibt bestimmt noch die Zeit, dem hochinteressanten Stadtmuseum Klausen einen Besuch abzustatten.

WEGVERLAUF: Vom Ausgangspunkt am Schwimmbad in Klausen wandert man der Hauptstraße entlang bis zur Kreuzung nach Feldthurns. Hier folgt man der Markierung Weinwanderweg (Weg Nr. 15), zuerst der Straße entlang, dann durch die Leitacher Weinhänge vorbei an verschiedenen Weingütern hoch bis zum Hienghof und von dort (Mark. Nr. 3) wieder zurück zum Schwimmbad.

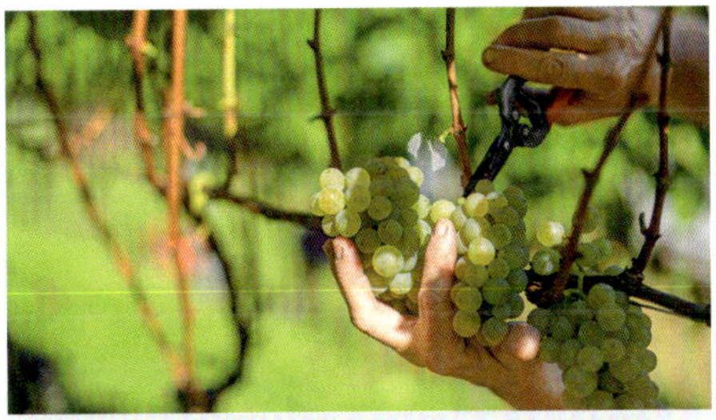

EINMALIGE WEINE

Als nördlichstes Weinbaugebiet in Italien ist das Eisacktal das ideale Terroir für fruchtige, saftige und mineralische Weißweine. Warum unser Wein so besonders ist, lässt sich einfach erklären: Unser Weinbaugebiet ist klein, steil und vielfältig. Wir bauen für Südtirol unübliche Rebsorten an und schaffen so Aromen, welche den Wein einmalig machen.

Weitere Infos unter: www.klausen.it

Tourismusgenossenschaft Klausen, Barbian, Feldthurns, Villanders
I-39043 Klausen (BZ)
Marktplatz 1

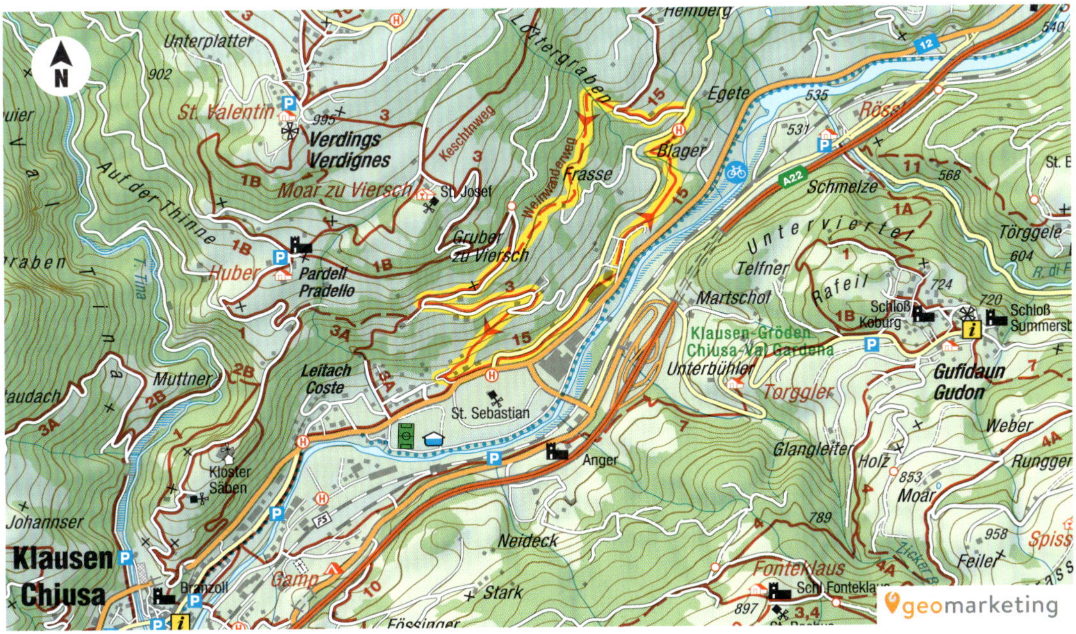

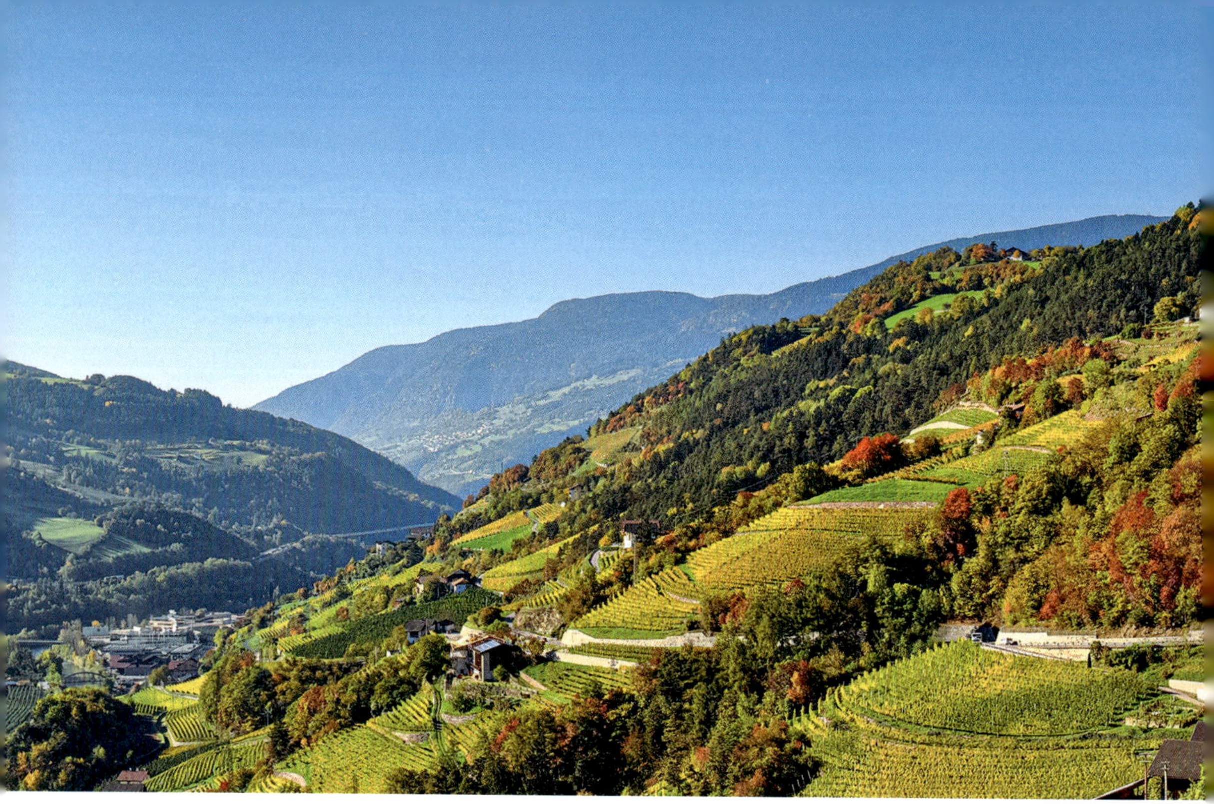

Herbstlandschaft zwischen Klausen und Feldthurns

30

DER KESCHTNWEG VON FELDTHURNS NACH KLAUSEN

Kastanienblüte im Frühjahr plus Säben

Gesamtgehzeit
ca. 2 Std.

Höhenunterschied
ca. 90 m im Aufstieg,
ca. 380 m im Abstieg

Beste Jahreszeit
Frühjahr bis Herbst

Kartenmaterial
Tabacco 030, Brixen – Villnössertal, 1:25.000

Anfahrt
Mit Pkw, Bus oder Zug nach Klausen, dort weiter nach Feldthurns

Ausgangspunkt
Dorfzentrum von Feldthurns

Der „Keschtnweg" ist ein technisch einfacher, mehr als 90 km langer Fernwanderweg, der in einzelne Streckenabschnitte unterteilt werden kann, die auch als Tageswanderungen lohnend sind. Die mehrtägige Wanderroute über die Mittelgebirgsterrassen, auf 700 bis 800 m Meereshöhe, verläuft über Wanderwege, Saumpfade und wenig befahrene Straßen. Der gesamte Streckenverlauf ist mit der Bezeichnung „Keschtnweg" gekennzeichnet.

WEGVERLAUF: Startpunkt für das hier vorgestellte Teilstück ist das Dorfzentrum von Feldthurns, erreichbar mit Pkw oder Bus von Klausen oder Brixen herauf. Diese recht kurze Wanderung wartet

jedoch mit (mindestens) zwei kulturellen Höhepunkten auf, Schloss Velthurns und Kloster Säben, für die es sich sehr wohl lohnt, Zeit zu investieren.
Vom Dorfzentrum führt der Keschtnweg fast eben nach Südwesten, unterhalb von Verdings nach Pardell und weiter auf den Heiligen Berg, von wo man entweder über den (etwas kürzeren) Kreuzweg oder die Promenade absteigt ins Künstlerstädtchen Klausen.

Kastanien, Kultur und Mystik

Der Name sagt es schon: Ein regelrechtes Band von Kastanienbäumen und -hainen zieht sich über die Terrassen und macht den Weg, ganz besonders im Herbst, zu einem unvergleichlichen Farbschauspiel – und zu einem kulinarischen Genuss. Aber nicht nur im Herbst ist der Weg allemal lohnend. Eine Besonderheit ist auch die Kastanienblüte. Auf ein und demselben Baum sind männliche und weibliche Blüten in Form

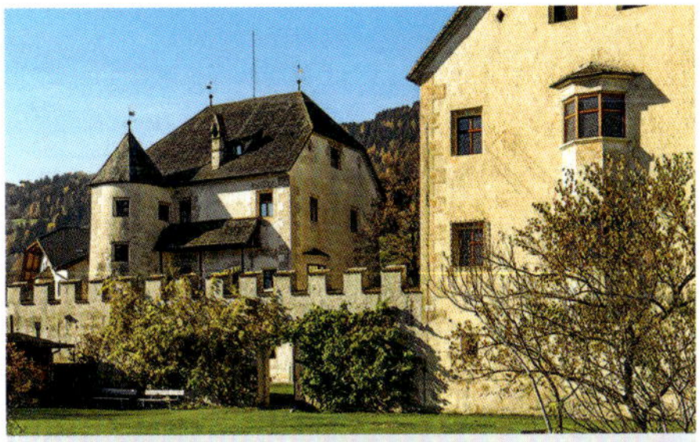

SCHLOSS VELTHURNS

Sommerresidenz der Fürstbischöfe von Brixen und bedeutendes Bauwerk der Renaissance. Ausstellungen und Führungen werden angeboten. Das Schloss ist von April bis November geöffnet. Führungen finden täglich außer montags und dienstags statt. Infos zu Führungen und Preise unter www.schlossvelthurns.it

Weitere Infos unter: www.klausen.it

Tourismusgenossenschaft Klausen, Barbian, Feldthurns, Villanders
I-39043 Klausen (BZ)
Marktplatz 1

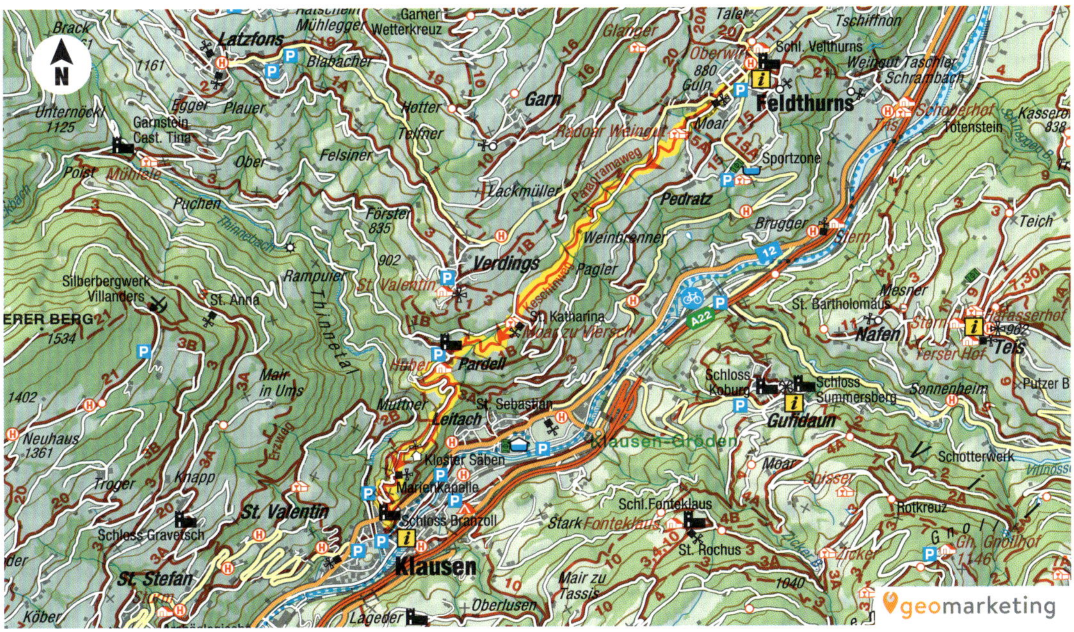

von sogenannten Kätzchen vorhanden. Die männlichen Blüten sind spiralförmig entlang der Achse der Kätzchen angeordnet, bis zu 35 cm lang, mit einem süßen durchdringenden Geruch. Der „Genuss", diesmal olfaktorisch, beginnt also bereits im Frühjahr, nicht erst im Herbst nach der Ernte! Eigentlich ist es viel zu schade, diese wunderbare Wanderung nur im Herbst zu unternehmen.

Kloster Säben

Unübersehbar thront Kloster Säben auf einem ausgedehnten Felssporn, dem „Heiligen Berg", über Klausen. Grabungen belegen, dass dort oben bereits im 4. vorchristlichen Jahrtausend Menschen gesiedelt haben. Viel wichtiger für uns heutige aber ist, dass sich hier vom 6. Jahrhundert bis spätestens 960 der Bischofssitz befand. Nach der Verlegung des Bischofssitzes nach Brixen blieb Säben eine bischöfliche Wehrburg. 1685 entstand das bis heute bestehende Benediktinerinnenkloster, aufgelassen im Jahr 2021.

Besonders interessant und aufschlussreich sind die Kirchen der Anlage, die kostenlos besichtigt werden können. In der Liebfrauenkirche sowie in der Heilig-Kreuz-Kirche liegt jeweils eine archäologische und geschichtliche Dokumentation auf. In der Gnadenkapelle (auch Marienkapelle genannt) befindet sich das „Gnadenbild".

INFOS zu Öffnungszeiten der Kirchen und Führungen unter www.klausen.it oder +39 0472 847 424.

Die Klosterkirche und das Kloster selbst können nicht besichtigt werden.

Eine letzte Information noch: Der Heilige Berg zählt zu den ältesten Wallfahrtsorten Tirols. Selbst aus dem Gadertal (!) pilgerten und pilgern fromme Menschen alle 3 Jahre um Mitte Juni nach Säben, der Kreuzgang ist seit 1503 urkundlich belegt. Aus verschiedensten Orten des Tales geht man betend und singend los, drei Tage lang, über die Jöcher, an die 100 Kilometer Gehstrecke ...

Stolz thront Kloster Säben auf dem Heiligen Berg über Klausen.

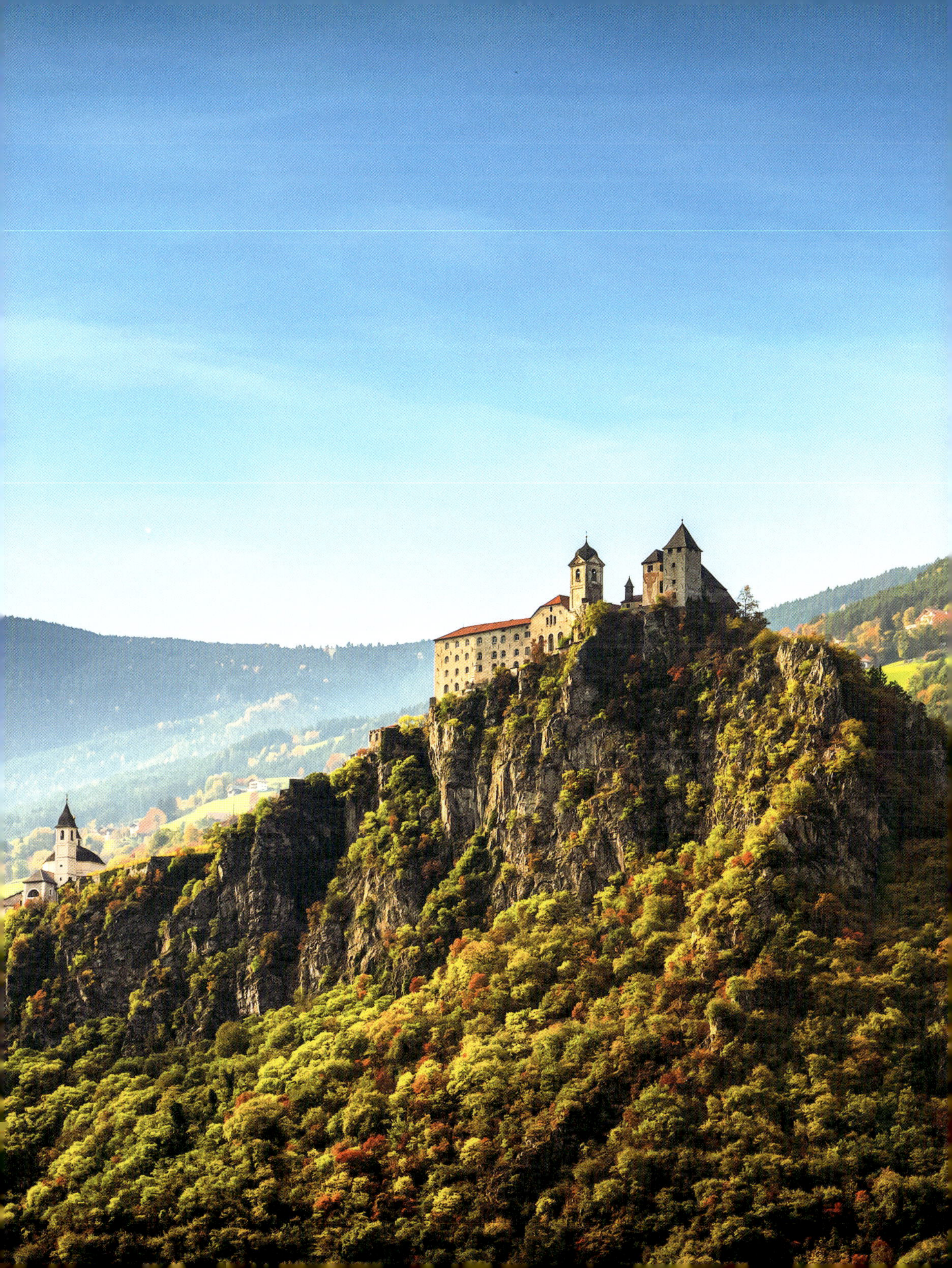

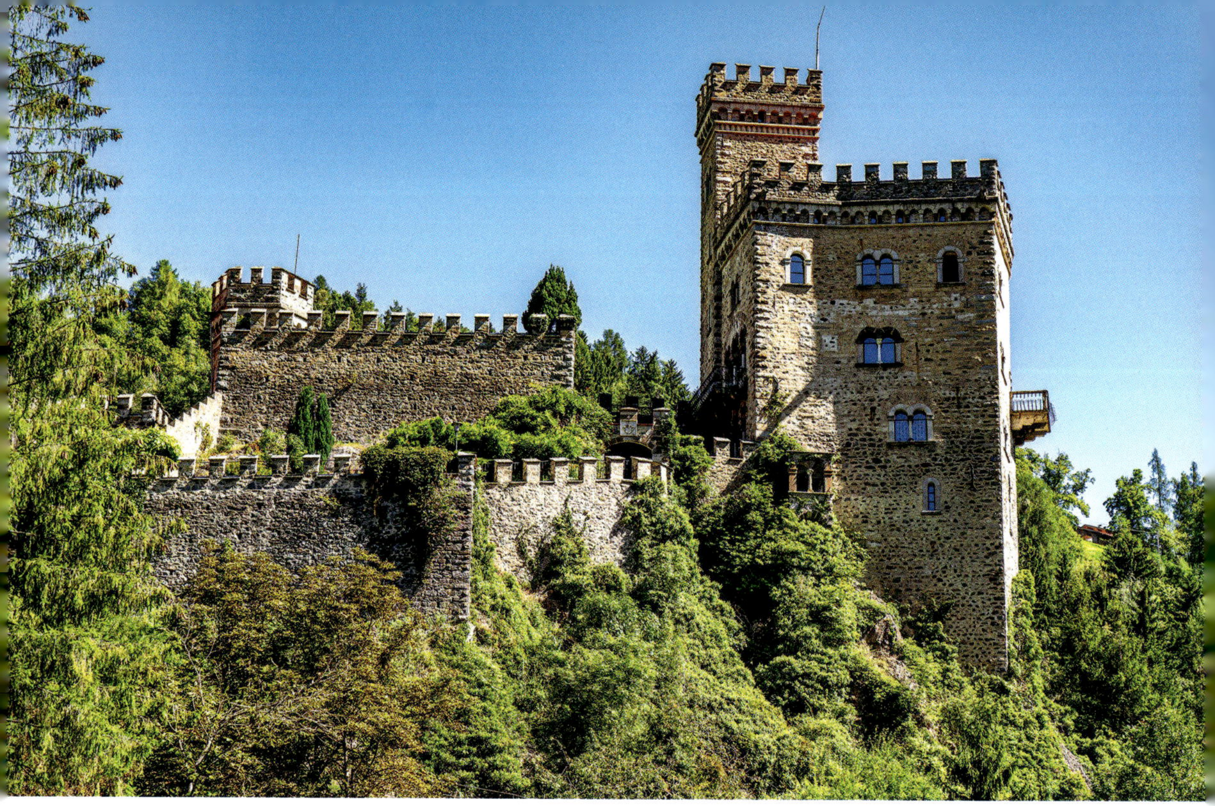

Schloss Garnstein

31

VON VERDINGS NACH LATZFONS

Drei-Dörfer-Runde im Eisacktal

Gesamtgehzeit
ca. 2 Std. 30 Min.

Höhenunterschied
ca. 270 m

Beste Jahreszeit
Frühjahr bis Herbst

Kartenmaterial
Tabacco 030, Brixen – Villnössertal, 1:25.000

Anfahrt
Von Klausen mit Pkw oder Bus nach Verdings

Ausgangspunkt
Dorfzentrum von Verdings

Verdings, Garn und Latzfons sind kleine Perlen, die – zu Unrecht – im Schatten „großer" Ziele wie Klausen oder Kloster Säben stehen.

Beginnen wir mit Verdings. Der Weiler zählt bestimmt zu den schönsten Aussichtspunkten auf der Mittelgebirgsterrasse des Eisacktales. Prächtig der Blick hinunter auf Kloster Säben und über das Eisacktal hinüber auf die Dolomiten. Zu den Sehenswürdigkeiten zählt das hübsche Kirchlein zum heiligen Valentin, das auf dem höchsten Punkt des Felshügels steht.

Garn ist vielen Wanderern (nur) bekannt als Start- und/oder Endpunkt einer Tour auf den Königanger und zum Radlsee. Erwähnenswert ist das nahe gelegene Schloss Garnstein, das ursprünglich den Weg von Brixen nach Süden, vor allem aber den Bergbau im Tinnetal bewachen und schützen sollte. Auch Latzfons verdankt seine „Bekanntheit“ weniger dem Ort selbst, als vielmehr dem Schwarzen Herrgott und als Ausgangspunkt für Wanderungen zur Klausner Hütte, zum Latzfonser Kreuz oder den Königanger. Obwohl, der Ortskern ist wirklich hübsch und die Aussicht auf die gegenüberliegenden Dolomiten ist prächtig.

WEGVERLAUF: Vom Dorfzentrum in Verdings wandert man auf der Markierung Nr. 10 nach Norden und gelangt – teils über die Fahrstraße – in den Weiler Garn. Nahe der Kirche hält man sich dann links und wandert auf Weg Nr. 10 weiter, bis die Markierung Nr. 19 nach schräg links abzweigt. Auf dieser gelangt man nach Latzfons. Dort wählt man die Markierung Nr. 1 A, die – zum Teil auf Höfezufahrten – in sanftem Gefälle zurück nach Verdings führt.

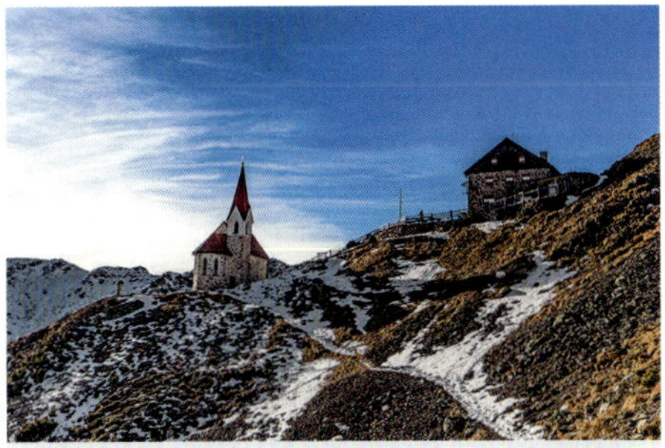

LATZFONSER KREUZ

Das Kirchlein ist die höchstgelegene Wallfahrtskirche Südtirols und zählt zu den höchsten Pilgerstätten Europas. Auf 2311 m unter der „Kassianspitze“ gelegen, zählt das „Latzfonser Kreuz“ zu den schönsten Wanderzielen der „Sarntaler Alpen“.

Weitere Infos unter: www.klausen.it

Tourismusgenossenschaft Klausen, Barbian, Feldthurns, Villanders
I-39043 Klausen (BZ)
Marktplatz 1

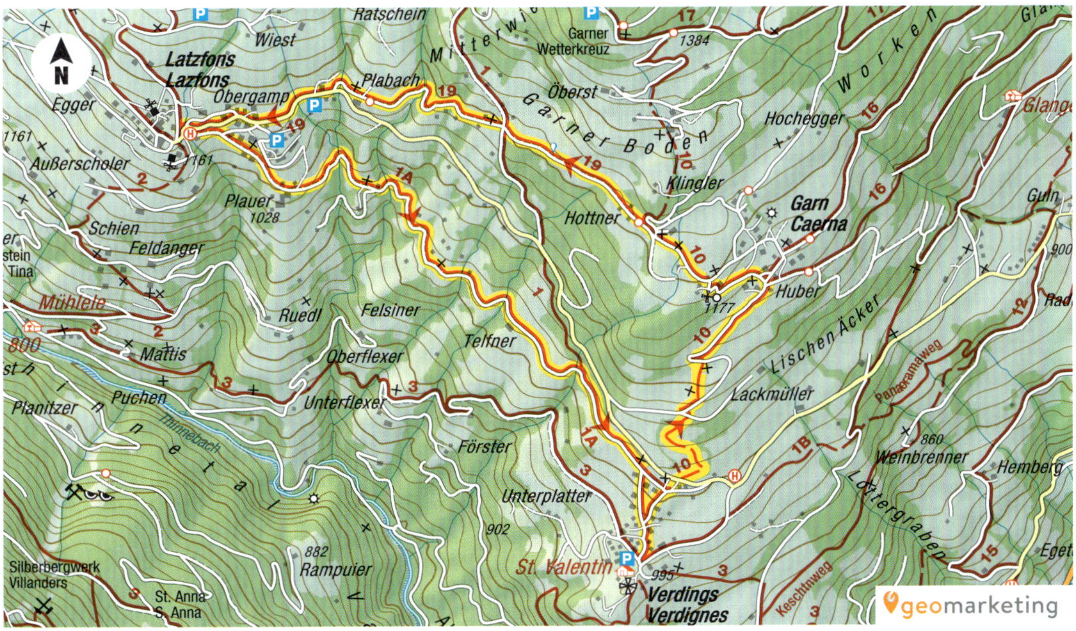

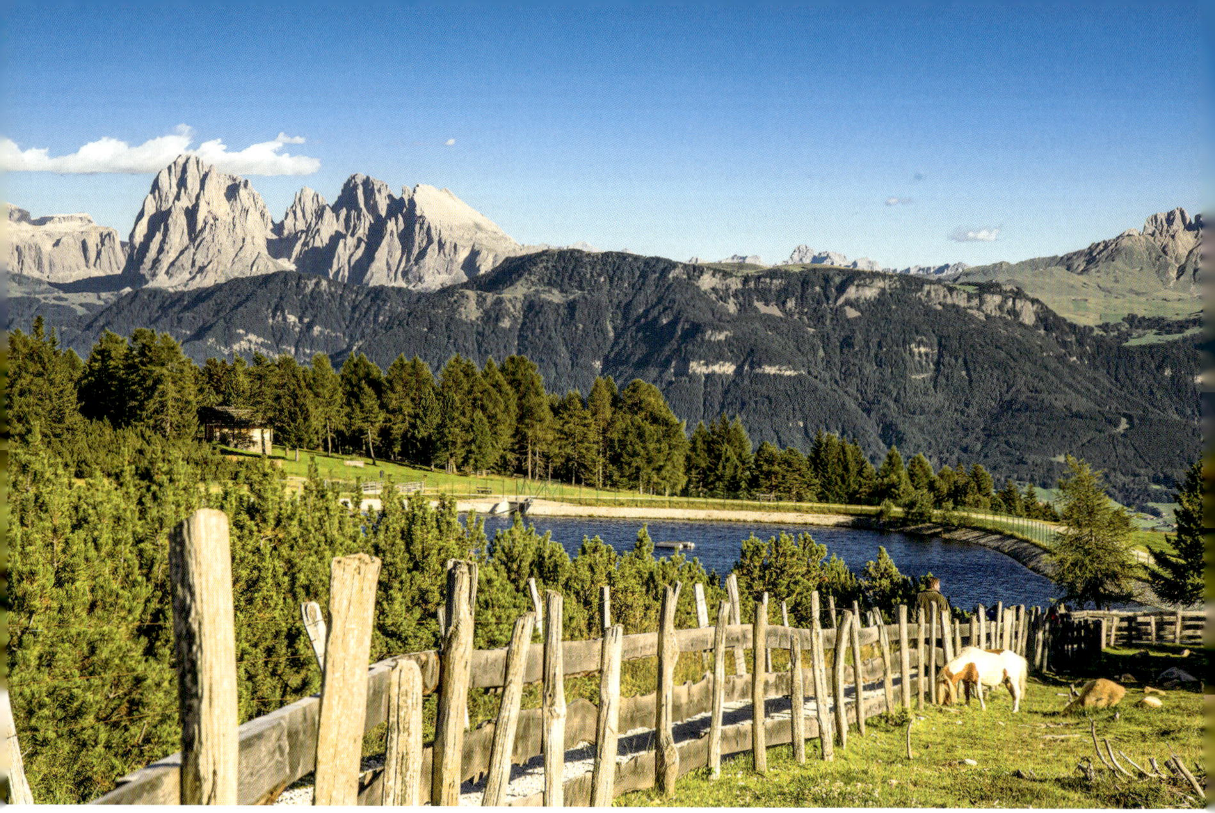

Auf der Villanderer Alm

32

DIE VILLANDERER-ALM-RUNDE

Wanderung auf einem der schönsten Aussichtsplätze Südtirols

Gesamtgehzeit
ca. 2 Std. 30 Min.

Höhenunterschied
ca. 160 m im Aufstieg,
ca. 380 m im Abstieg

Beste Jahreszeit
Sommer bis Herbst

Kartenmaterial
Tabacco 030, Brixen – Villnössertal, 1:25.000

Anfahrt
Ins Eisacktal, Ausfahrt Klausen, hier gibt es einen kostenpflichtigen „Wanderbus" hinauf zum Startpunkt Parkplatz Kaseregg.

Ausgangspunkt
Parkplatz Kaseregg

Es soll hier eine eher „ungewöhnliche" Wanderung vorgestellt werden. Ungewöhnlich wegen der prächtigen Aus- und Fernsicht, ungewöhnlich auch, weil Ausgangs- und Endpunkt nicht übereinstimmen. Aber keine Sorge: Der Tourismusverein Klausen hat für die perfekte Lösung gesorgt. Von Klausen gibt es einen kostenpflichtigen „Wanderbus" hinauf zum Startpunkt Parkplatz Kaseregg. Die Wanderung führt über die Stöfflhütte zur Gasserhütte, von wo einen der Linienbus zurückbringt nach Klausen. Bei Drucklegung war der Wanderbus zum Kaseregg mehrmals wöchentlich geplant, aus verständlichen Gründen ist eine Anmeldung bei der Tourist Info Klausen (www.klausen.it) erforderlich.

WEGVERLAUF: Vom Parkplatz bzw. von der Endhaltestelle des Wandertaxis in Kaseregg folgt man dem Weg mit der Markierung Nr. 15 nur mäßig steil hinüber zur Jochalm. Bei der nächsten Wegverzweigung hält man sich links, immer auf dem Weg mit Markierung Nr. 15, und wandert auf fast ebenem Steig hinüber zur Stöfflhütte, dem höchsten Punkt des Tages. Von dort geht es ganz gemächlich in leichtem Gefälle über die weite Hochfläche hinunter zur Gasserhütte.

Der Latschenweg

Schöner Wanderweg mit Schauftafeln entlang von Latschenhainen auf der Villanderer Alm (ca. 2½ Std.). Mögliche Besichtigung einer Latschenbrennerei.
Infos unter www.klausen.it

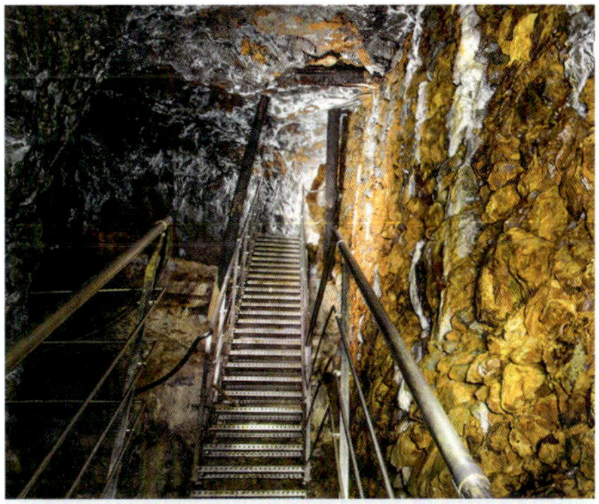

ERLEBNISBERGWERK VILLANDERS

Das Bergwerk oberhalb von Villanders war eines der ertragsreichsten des Landes. Seit 1940 wurde der Bergbau eingestellt.

Weitere Infos unter: www.klausen.it

Tourismusgenossenschaft Klausen, Barbian, Feldthurns, Villanders
I-39043 Klausen (BZ)
Marktplatz 1

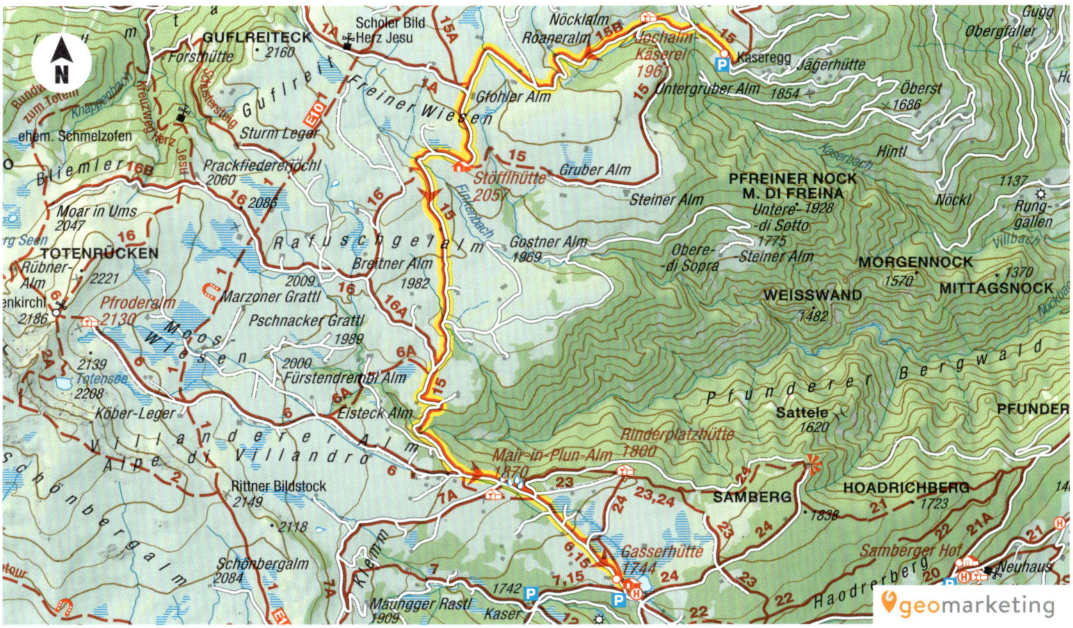

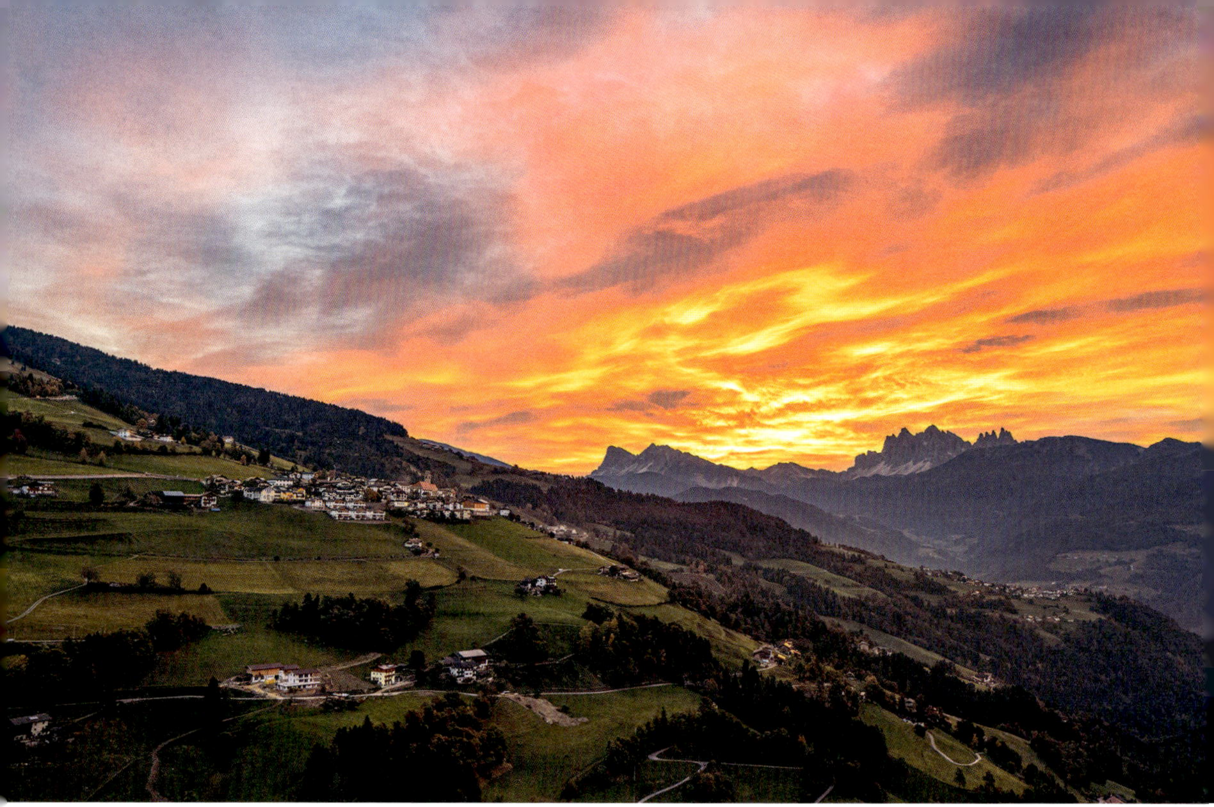

Sonnenaufgang in Latzfons

33

Gesamtgehzeit
ca. 2 Std. 30 Min.

Höhenunterschied
ca. 380 m

Beste Jahreszeit
Frühsommer bis Herbst

Kartenmaterial
Tabacco 030, Brixen – Villnössertal, 1:25.000

Anfahrt
Ins Eisacktal, Ausfahrt Klausen, weiter nach Feldthurns und Latzfons zum Kühhof

Ausgangspunkt
Parkplatz am Kühhof, Latzfons

ZUR KLAUSNER HÜTTE AUF DER LATZFONSER ALM

Zwei Hütten und ein Gnadenbild

Die Klausner Hütte in den südöstlichen Sarntaler Alpen ist ein ausgesprochen beliebtes Wanderziel. Die Aussicht von der Sonnenterrasse auf die gegenüberliegende Dolomitenwelt ist beeindruckend: Geislerspitzen, Langkofel, Plattkofel, Rosengarten, Schlern und Latemar, Schwarz- und Weißhorn präsentieren sich von ihrer schönsten Seite, aber in der Ferne sind auch Marmolata und Palagruppe zu erkennen. Oberhalb der Hütte breitet sich ein lichter Zirbenwald aus, in dem man leicht einen der zahlreichen Tannenhäher zu Gesicht bekommt.
Eine Sonderstellung nimmt das Schutzhaus Latzfonser Kreuz mit seinem hübschen Höhenkirchlein ein, das als höchster Wall-

fahrtsort Europas (2311 m) gilt. Das Gnadenbild des Kirchleins ist der „Schwarze Herrgott", eine gotische Skulptur des Kruzifixus.

WEGVERLAUF: Zum Kühhof gelangt man am besten mit dem Pkw, für den Zustieg von Latzfons müsste man mit etwa einer Stunde rechnen. Vom Parkplatz folgt man dem Zufahrtsweg (Mark. Nr. 1) zuerst durch Wald, danach durch schönes offenes Almgelände und gelangt zur Klausner Hütte.
Rückweg wie Hinweg.

VARIANTE: Gehfreudige setzen den Aufstieg durch lichten Zirbenbestand auf dem Kreuzweg – weiterhin auf Markierung Nr. 1 – fort bis zum bekannten Schutzhaus Latzfonser Kreuz. Für Hin und Zurück berechnet man etwa 2 Stunden und 400 zusätzliche Höhenmeter.

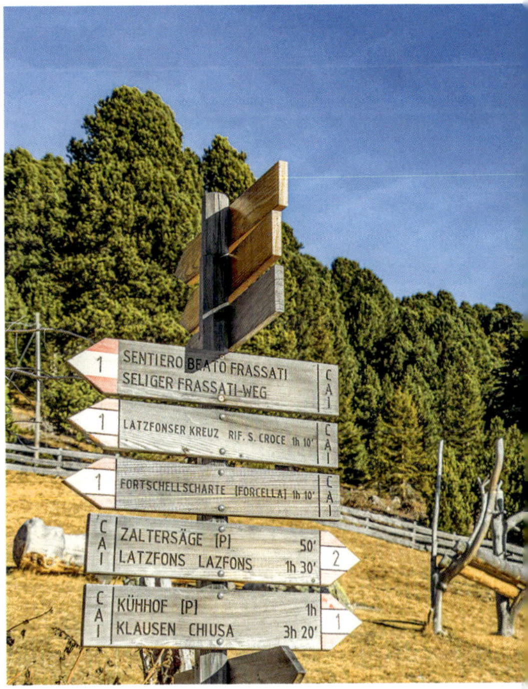

Wegweiser auf der Latzfonser Alm

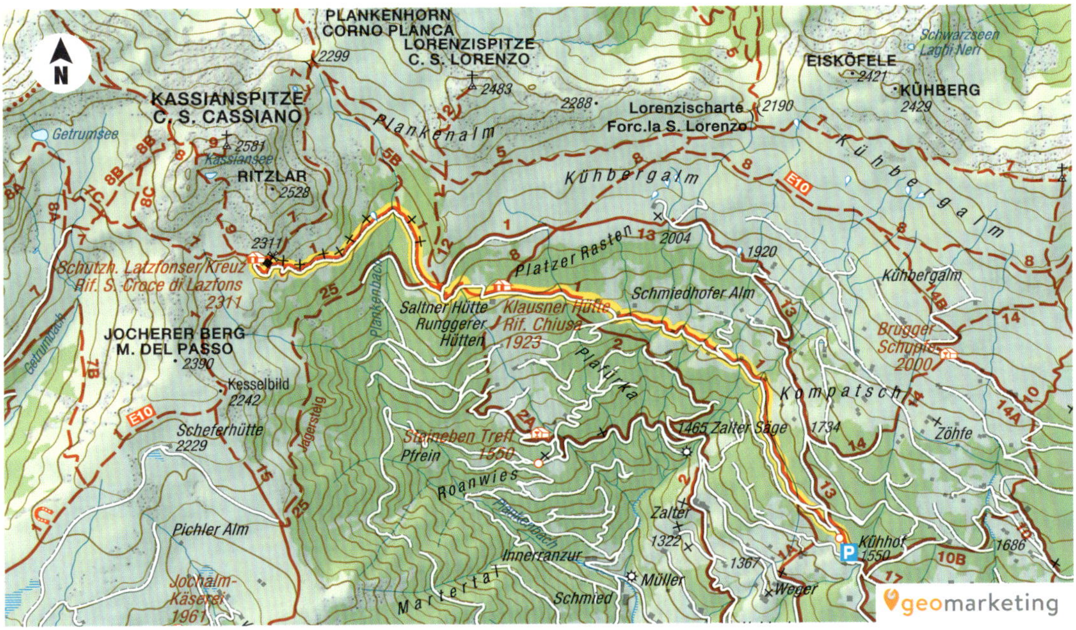

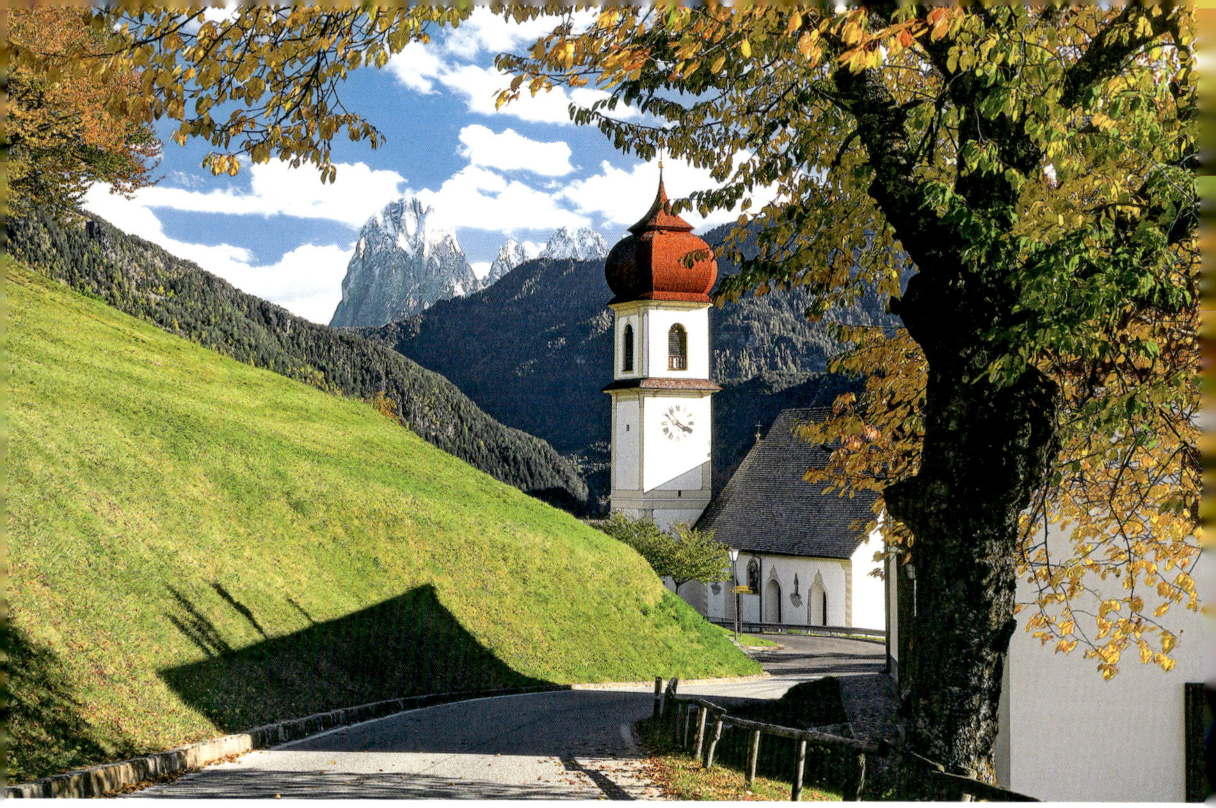

St. Peter mit dem Langkofel

34

DER POSTSTEIG NACH ST. PETER

Lajen und seine Umgebung als uraltes Siedlungsgebiet

Gesamtgehzeit
ca. 3 Std.

Höhenunterschied
ca. 280 m

Beste Jahreszeit
Frühjahr bis Spätherbst

Kartenmaterial
Tabacco 030, Brixen – Villnössertal, 1:25.000

Anfahrt
Von Klausen oder Waidbruck mit Pkw oder Bus nach Lajen

Ausgangspunkt
Lajen, Dorfzentrum

Hier auf der Sonnenterrasse am Eingang des Grödner Tales kann man die Besiedelung bis in die Steinzeit zurückverfolgen. So ist etwa auf dem Hausberg von Lajen, der Raschötz, ein Jägerrastplatz aus dieser Zeit nachgewiesen, aber auch ein Menhir sowie Funde aus der Bronze- und Eisenzeit belegen frühe Siedlungen. Alte, geheimnisvolle Namen begegnen dem Wanderer hier heroben: Tschöfas, Tanirz, Ranatsch ... Erinnerung an die rätische Zeit. Auf eine Besonderheit muss noch unbedingt hingewiesen werden, auch wenn die vorgeschlagene Wanderung nicht zu diesem Ort führt. Walther von der Vogelweide gilt als einer der bedeutendsten Lyriker und Minnesänger des Mittelalters. Es ist zwar nicht genau bekannt, woher er stammt, aber als einer der möglichen Herkunftsorte gilt der Innervogelweiderhof im Lajener Ried. Zum Thema Walther von der Vogelweide wurde im letzten Jahr das Minnehus – Besucherzentrum und multisensorisches Erlebnis – eröffnet. Es befindet sich direkt am Hauptplatz in Lajen und ist Walther und dem Minnesang gewidmet.

WEGVERLAUF: Im Zentrum ist der „Poststeig" bereits angeschildert; er führt mitten durch gepflegte Felder über den Weiler Tschöfas, ohne großen Höhenunterschied in etwas mehr als einer Stunde zum Weiler St. Peter. Von der Terrasse des Restaurants Überbacher in St. Peter genießt man einen geradezu umwerfenden Blick auf den Langkofel. Als Rückweg empfiehlt sich die Wanderung auf dem Mitterweg. Man kehrt ein Stück auf dem Hinweg zurück, bis die Markierung Nr. 34 A (nach Tanirz) nach links abzweigt. Dem Mitterweg folgt man in durchwegs offenem Gelände zurück nach Lajen.

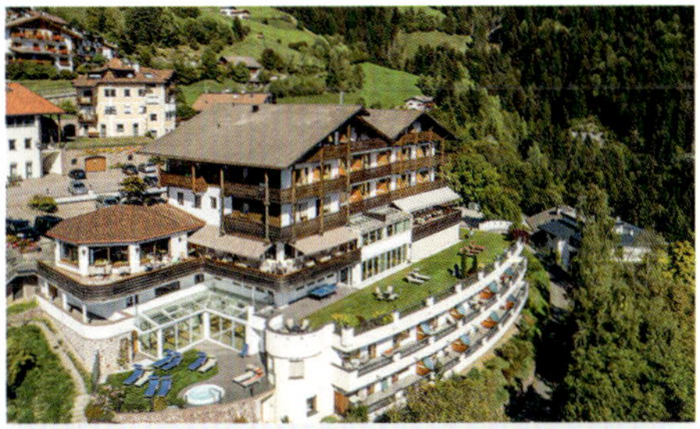

HOTEL RESTAURANT ÜBERBACHER

Das Restaurant mit Panoramaterrasse und Zirbelstube bietet einheimische Kost aus frischen Südtiroler Produkten und eine große Auswahl an Südtiroler Weinen. Das Hallenbad, mehrere Saunen und Panorama-Whirlpool mit Blick auf den „Langkofel" laden zum Entspannen ein.

St. Peter 6 – I-39040 Lajen
T +39 0471 655639
www.ueberbacher.com
info@ueberbacher.com

Ganzjährig geöffnet; Montag Ruhetag

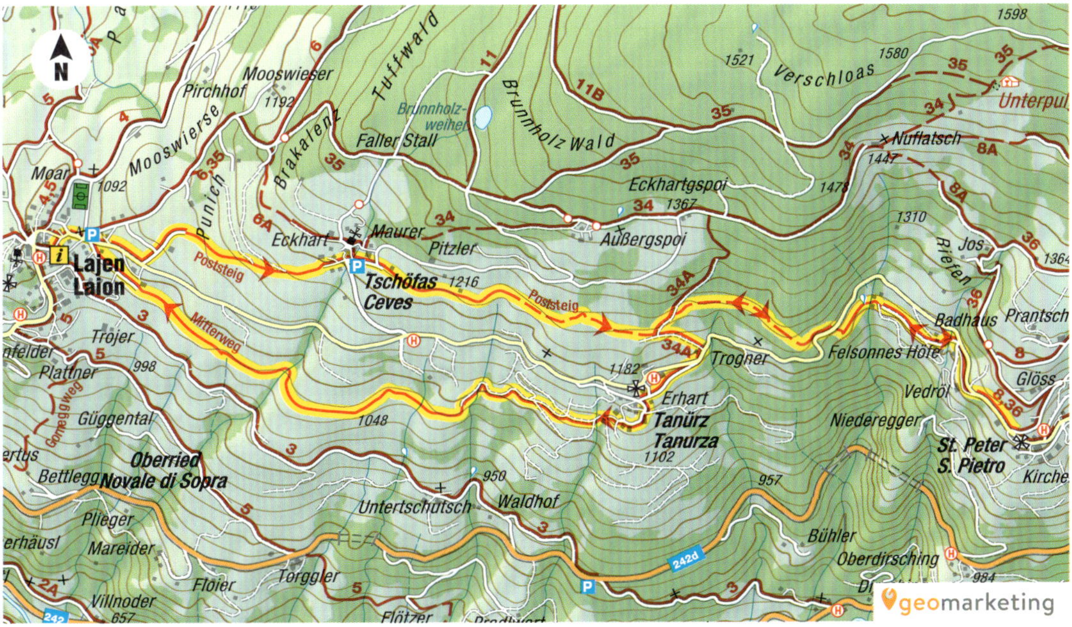

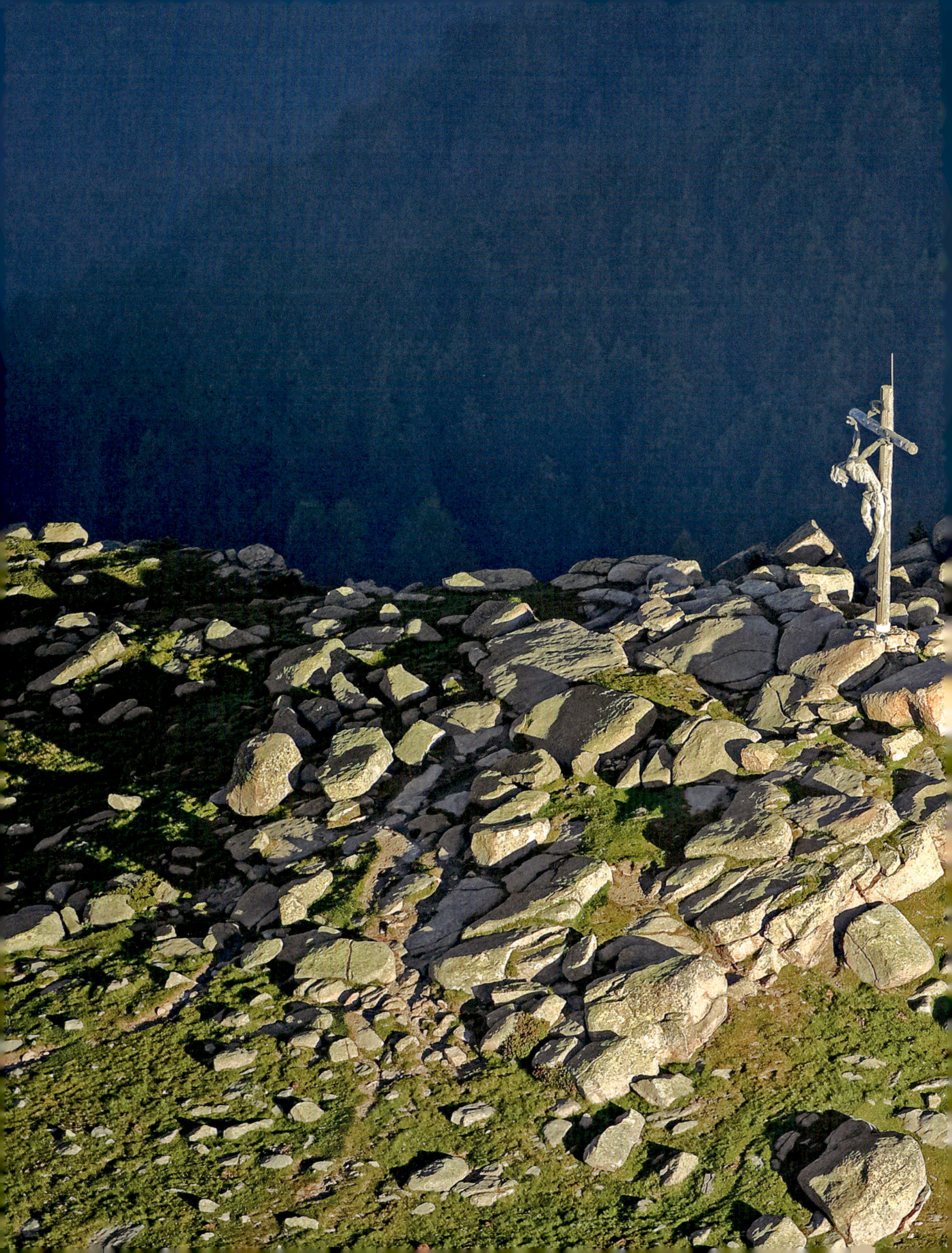

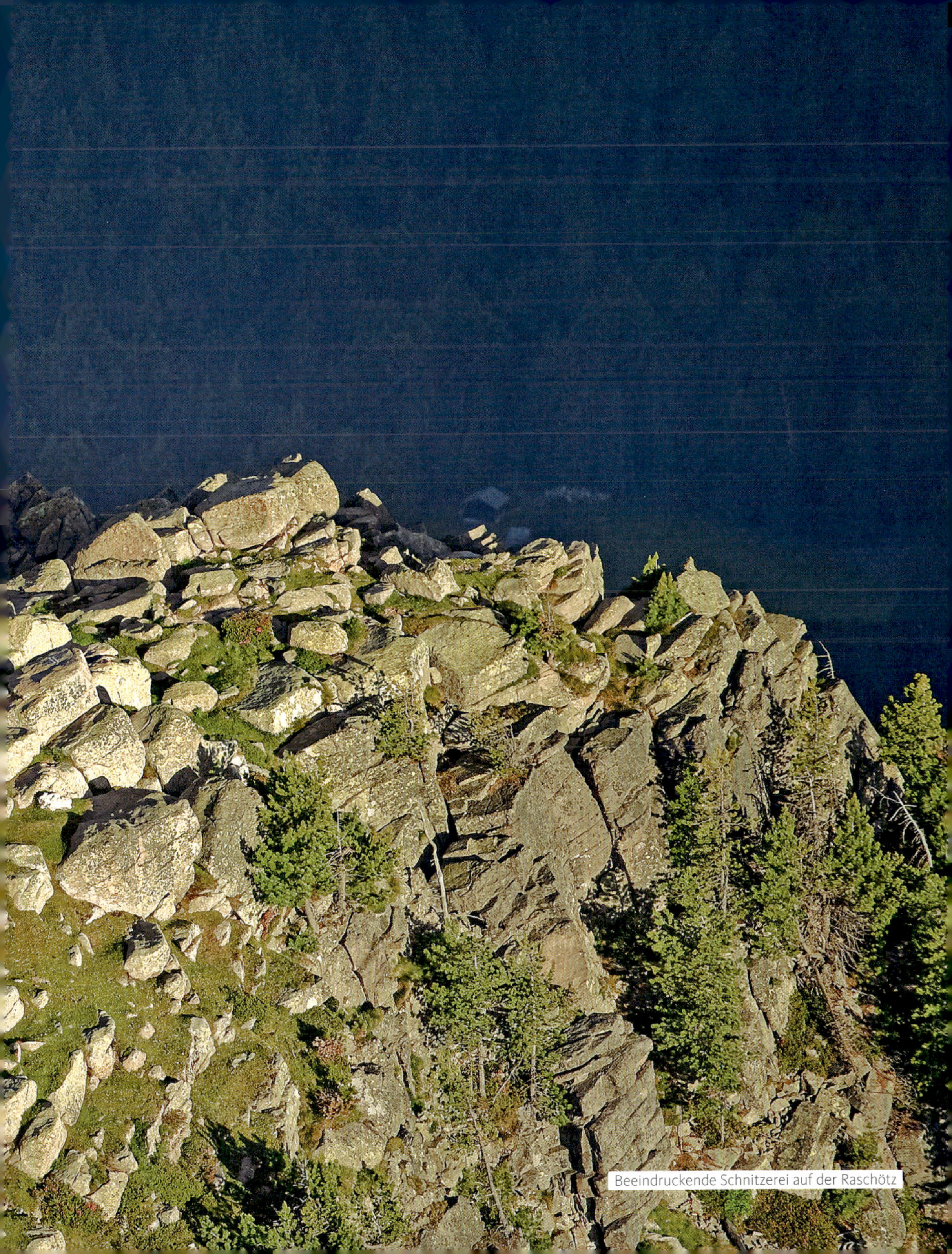

Beeindruckende Schnitzerei auf der Raschötz

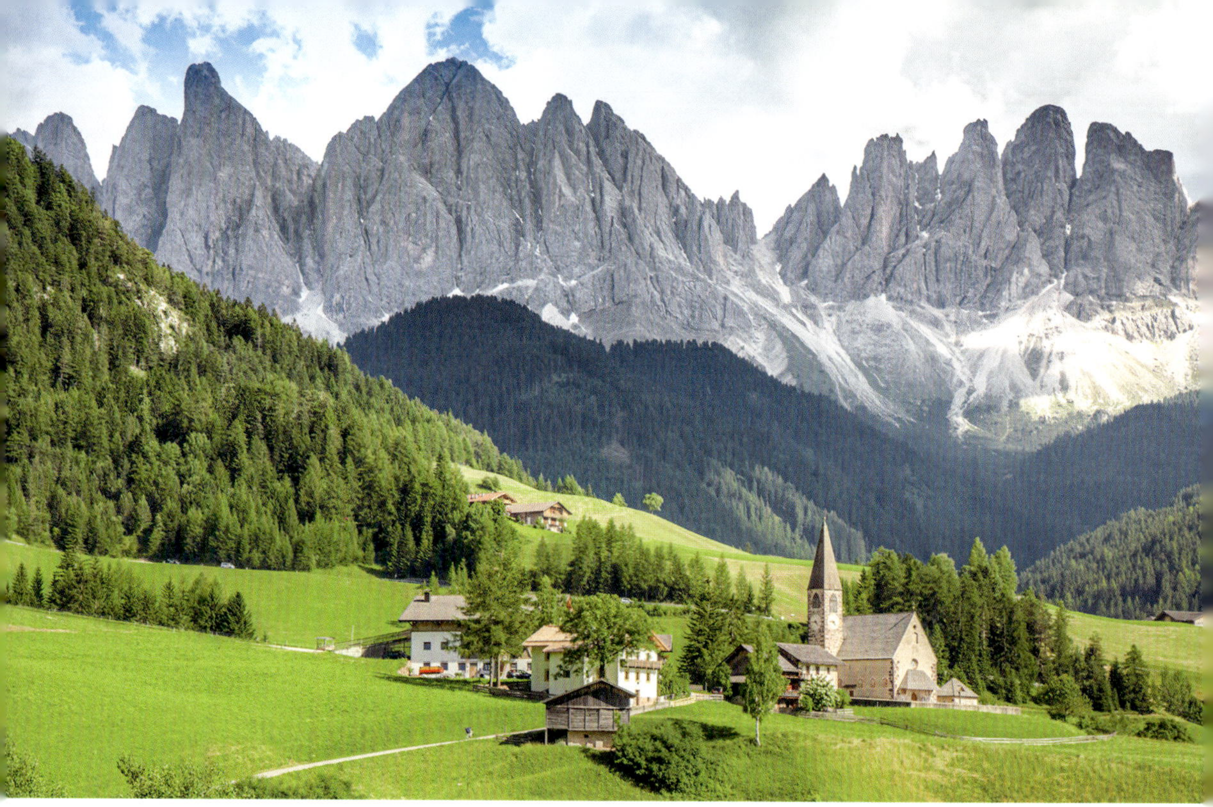

Im Dolomitental Villnöß mit den Geislerspitzen im Hintergrund

35

Gesamtgehzeit
Geopfad 1: ca. 50 Min.
Geopfad 2: ca. 20 Min.
Geopfad 3: ca. 20 Min.

Höhenunterschied
Geopfad 1: ca. 80 m
Geopfad 2 und 3: unbedeutend

Beste Jahreszeit
Sommer bis Herbst

Kartenmaterial
Tabacco 030, Brixen – Villnössertal, 1:25.000

Anfahrt
Ins Eisacktal, Ausfahrt Klausen; nördlich von Klausen weiter nach Villnöß; weiter bis Mittermühl, dort links abbiegen

Ausgangspunkt
Ortszentrum Teis

DIE BEKANNTEN TEISER KUGELN: WUNDERWERKE DER NATUR

Die Teiser-Kugel-Geopfade

Es sei an dieser Stelle ausdrücklich darauf hingewiesen, dass es sich bei den angegebenen Gehzeiten wirklich um reine Gehzeit handelt und die Zeit zum Schauen, Bewundern, Experimentieren nicht einschließt.

GEOPFAD 1: Von der Schautafel vor dem Mineralienmuseum folgt man fast eben der Markierung Nr. 11 nach Osten gegen Villnöß bis zum Rastplatz mit dem Schürfstollen. Summ- und Klangsteine sowie Informationstafeln zu Geologie und Botanik säumen den Weg. Rückweg wie Hinweg.

GEOPFAD 2: Über die Brunnengasse (Brunnen aus einem eiszeitlichen Granitfindling) wandert man auf Markierung Nr. 9 nordwärts bis zum Beregnungsteich. Am Rundweg um das Gewässer laden Bänke zum Verweilen ein, Gesteinsbrocken an der Ostseite erzählen von der Geologie des Gebietes. Rückweg wie Hinweg.

GEOPFAD 3: Vom Dorfzentrum wandert man zur Schautafel am Ortseingang und folgt dort der Beschilderung zum Heilig-Grab-Hügel. Dort ist nicht nur der schönste Aussichtspunkt des Dorfes (von den Geislerspitzen über Raschötz, Rittner Horn, Latzfonser Kreuz bis zu den Zillertaler Alpen), sondern neben Info-Tafeln zu den umliegenden Ortschaften, den Bergen und zur geologischen Beschaffenheit der Umgebung, finden sich auch noch Schützengräben und ein Felsenbunker aus dem Ersten Weltkrieg, die für Kinder zum Abenteuerspielplatz werden.

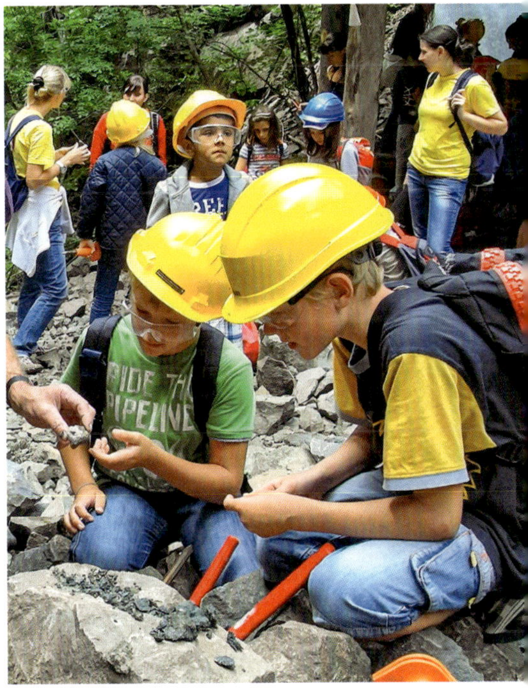

Spannende Mineraliensuche

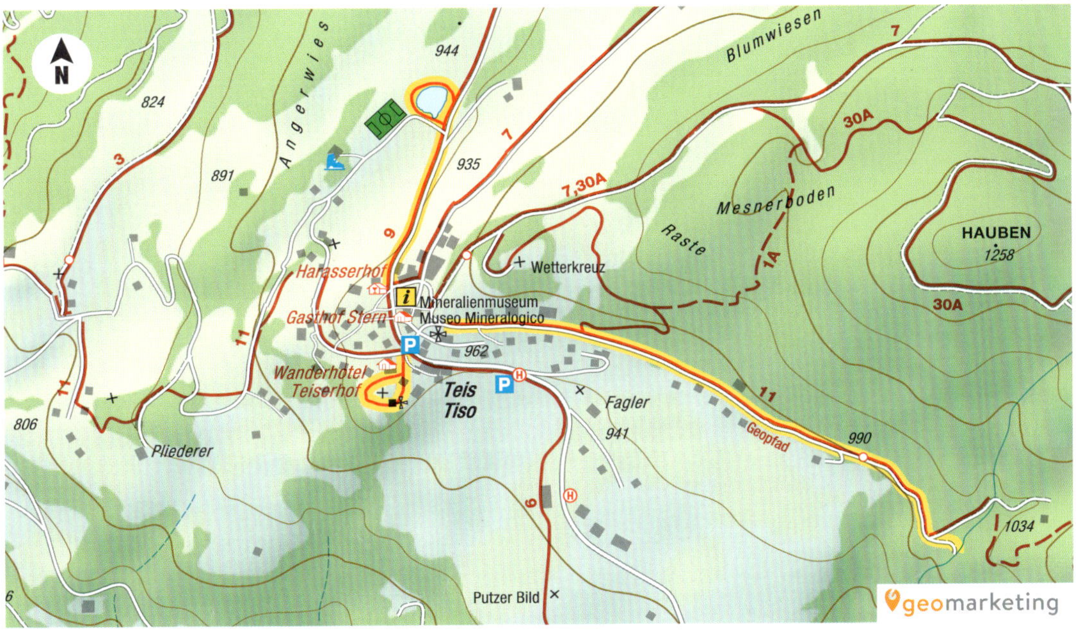

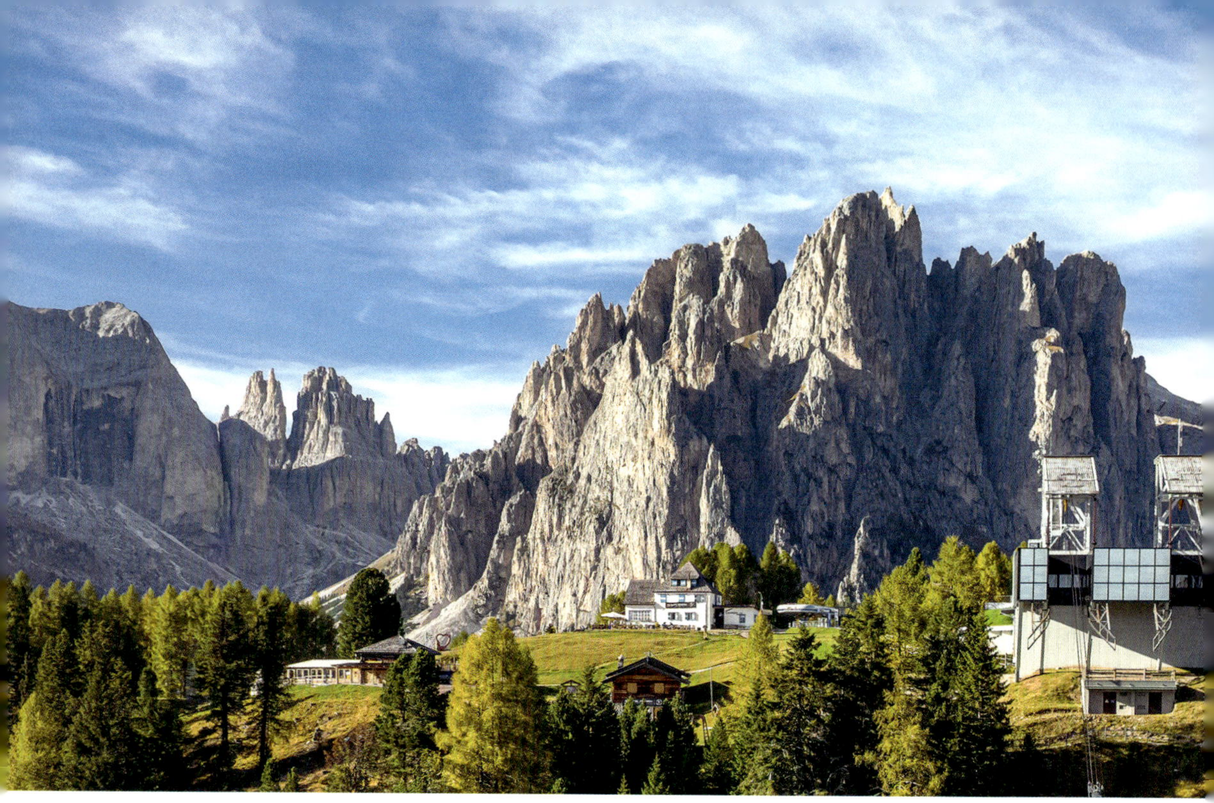

Bergstation der Seilbahn Vigo-Ciampedie,
dahinter die Vaiolettürme und Larséc-Spitzen

36

Gesamtgehzeit
ca. 2 Std.

Höhenunterschied
ca. 140 m

Beste Jahreszeit
Sommer bis Herbst

Kartenmaterial
Tabacco 06, Val di Fassa e Dolomiti Fassane, 1:25.000

Anfahrt

Vigo di Fassa erreicht man am besten aus dem Eggental über den Karerpass, aber auch von Gröden aus über das Sellajoch.

Ausgangspunkt

Talstation der Seilbahn Ciampedie in Vigo di Fassa

DER „SENTIERO DELLA FORESTA" AUF CIAMPEDIE

Einfache Wanderung im Herzen der Dolomiten

Eine gemächliche Wanderung mitten hinein ins Herz der Dolomiten, und doch ohne große Anstrengung machbar. Auch dieser Spaziergang ist bestens mit Kindern zu bewältigen; zahlreiche Informationstafeln auf dem Hinweg erzählen über die Natur im Hochgebirge.

Für den Rückweg empfiehlt sich der „Sentiero delle Leggende", der Sagenweg. Es ist kein Umweg und auch hier finden sich zahlreiche Schautafeln, diesmal mit den schönsten Dolomitensagen. Großeltern (Senioren) kommen da ganz schön ins Schwitzen, nicht weil der Weg so anstrengend wäre, sondern weil die kleinen Rabauken mit der Fragerei nicht mehr aufhören.

WEGVERLAUF: Nach der Bergfahrt mit der Seilbahn hält man sich links auf Markierung Nr. 540 und steigt leicht abwärts in die weite Senke von Ciampedìe. Besonders im Hochsommer ist der Spaziergang durch die Zirbelkiefern ausgesprochen angenehm. Links ragen die Felsen des Rosengartens empor, rechts dominieren die „wilden“ Gipfel von Larséc. In leichtem Auf und Ab geht es durch die weite Senke zum Rifugio Gardeccia.

Nach einer kleinen Stärkung folgt man dem Almweg mit der Markierung 2-3 mit der Bezeichnung „Sentiero delle Leggende“ wieder nach Südosten und entscheidet sich kurz vor Pian Pecei, ob man nach rechts abbiegt und aufsteigt zum Ausgangspunkt, oder ob man es ganz bequem haben will und von Pian Pecei die rund 100 Höhenmeter mit dem Sessellift hinauf schwebt zur Bergstation der Seilbahn.

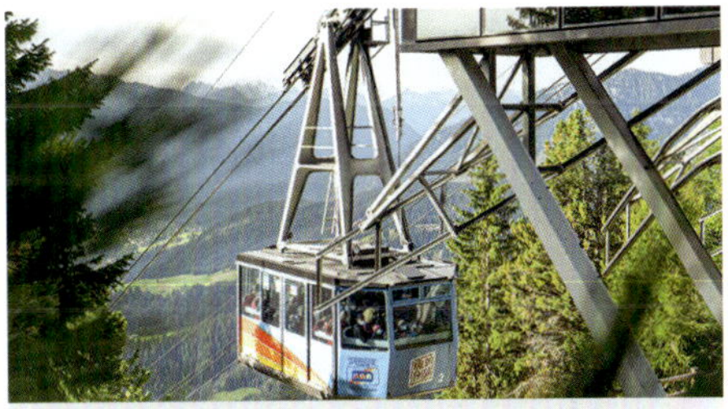

AUFSTIEGSANLAGEN CATINACCIO IMPIANTI A FUNE, 1400–2000 m

Die natürliche Panoramaterrasse Ciampedie, wörtlich „Gottesfeld“ bietet herrliche Ausblicke auf das Fassatal und die Dolomiten und ist per Seilbahn aus Vigo oder Sessellift aus Pera di Fassa bequem erreichbar.

Strada de Col de Me 10
I-38039 Vigo di Fassa San Giovanni di Fassa (TN)
T +39 0462 763242
info@catinacciodolomiti.it
www.catinacciodolomiti.it

Öffnungszeiten: Dezember bis Ostern und Juni bis Oktober

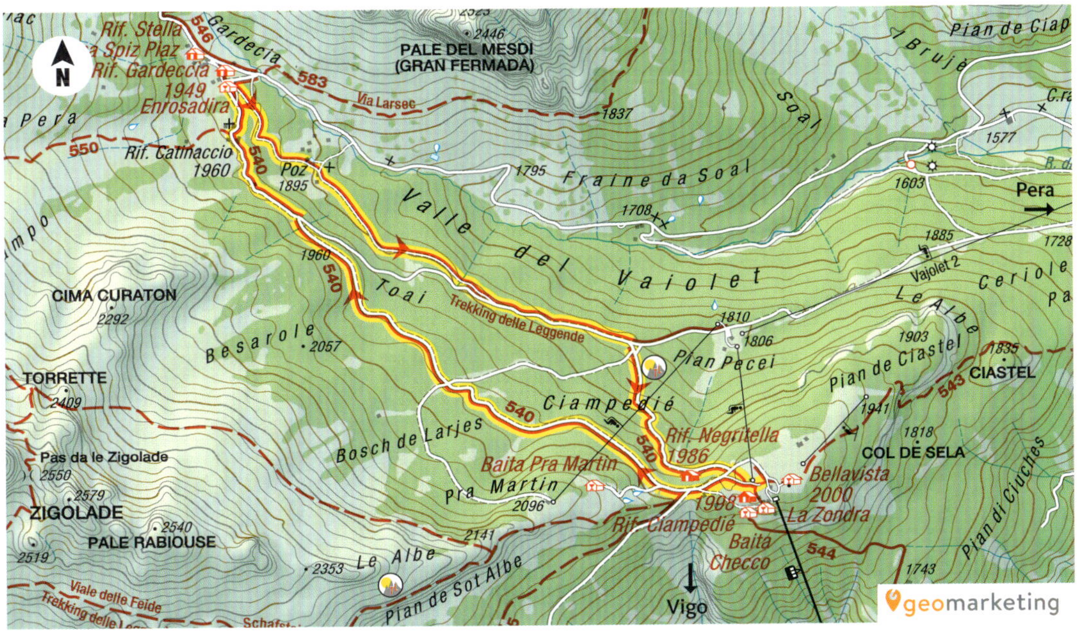

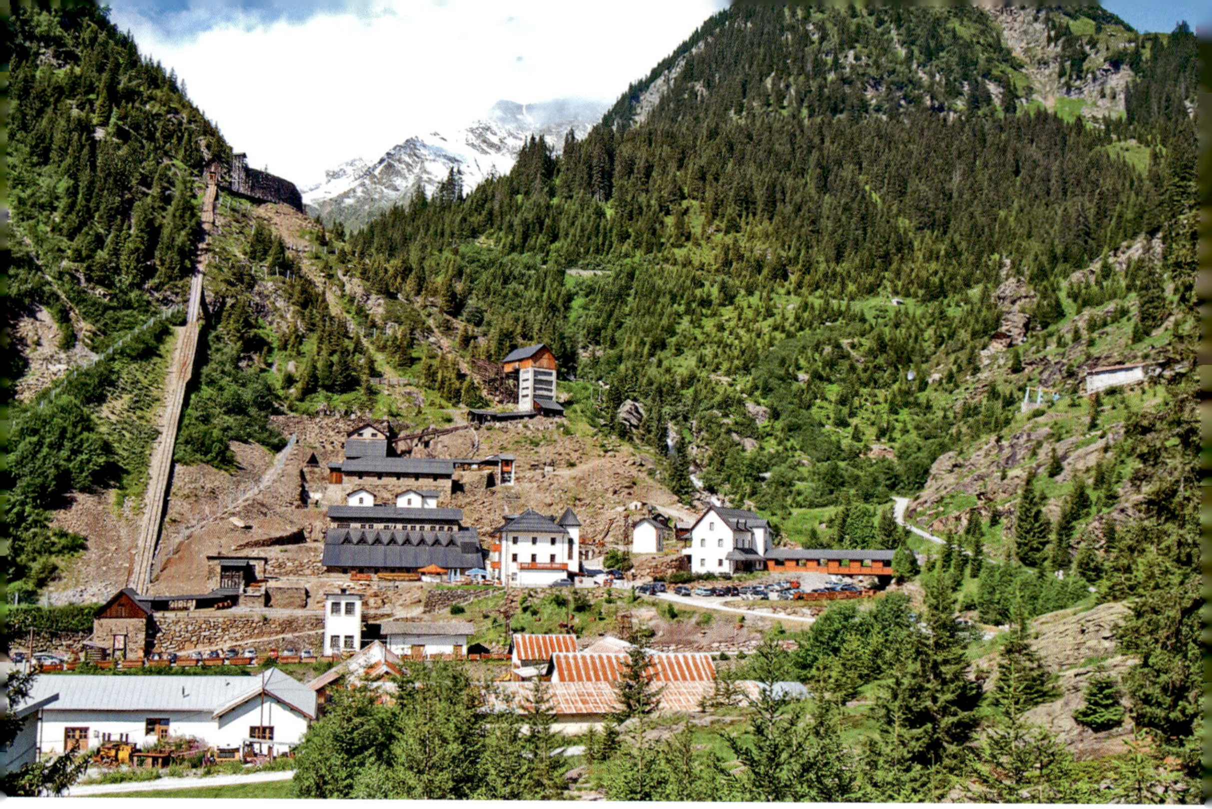

Hier wurde das Erz zu Tal befördert.

37

GEMÜTLICHE WALDWANDERUNG MIT HERRLICHEM PANORAMABLICK

Die Erzstraße und das Landesbergbaumuseum Ridnaun

Gesamtgehzeit
ca. 3 Std.

Höhenunterschied
ca. 90 m

Beste Jahreszeit
Sommer bis Herbst

Kartenmaterial
Tabacco 038, Sterzing – Stubaier Alpen, 1:25.000

Anfahrt
Über Sterzing nach Mareit und weiter nach Ridnaun bis zum Vereinshaus

Ausgangspunkt
Parkplatz am Vereinshaus in Ridnaun bzw. Bushaltestelle Ridnaun-Dorf

WEGVERLAUF: Vom Parkplatz beim Vereinshaus bzw. von der Bushaltestelle folgt man immer auf bestens präpariertem Weg, auf der „Oberen Erzstraße" der Beschilderung zum Bergbaumuseum taleinwärts. Wie der Name schon sagt, wurde hier über Jahrhunderte Erz vom Schneeberg zunächst gesäumt, dann mit Karren transportiert. Der Weg ist also sehr flach und kann auch mit Rollstuhl oder Kinderwagen befahren werden. Das gilt allerdings nicht für den vorgeschlagenen Rundweg mit gegenüberliegender Talseite. Der Weg führt zum größeren Teil durch Wald und ist daher besonders im Hochsommer sehr angenehm zu begehen, gibt aber

immer wieder einen schönen Blick über das Tal frei. Nach etwa 1½ Stunden hat man das Bergbaumuseum samt Bushaltestelle erreicht, von hier könnte man also auch bequem zurückkutschieren.
Rückweg wie Hinweg oder beim Parkplatz über die Brücke und zum größten Teil auf Höfe-Zufahrtswegen auf der Sonnenseite wieder talauswärts. Auf der Höhe von Ridnaun-Dorf überquert man erneut den Bach und erreicht wieder den Ausgangspunkt.

(TIPP!) Im Bergbaumuseum Ridnaun gibt es eine Entdeckertour für Jung und Alt: 7 Stunden Bergbau hautnah. Die Grubenbahn bringt die Teilnehmer in die Nähe der Erzlager. Über einen Schrägschacht mit fast 300 Stufen steigen die Teilnehmer gesichert wieder in den Poschhausstollen ab, wo sie sich an den noch vorhandenen Erzadern als Knappen versuchen können.

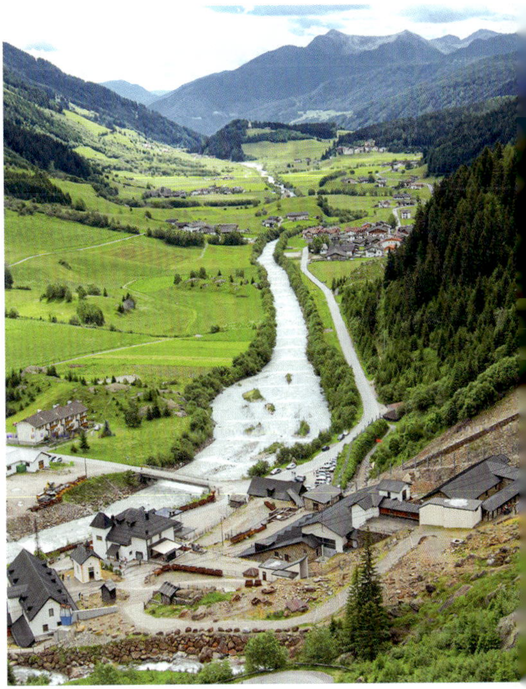
Das Bergwerk Ridnaun

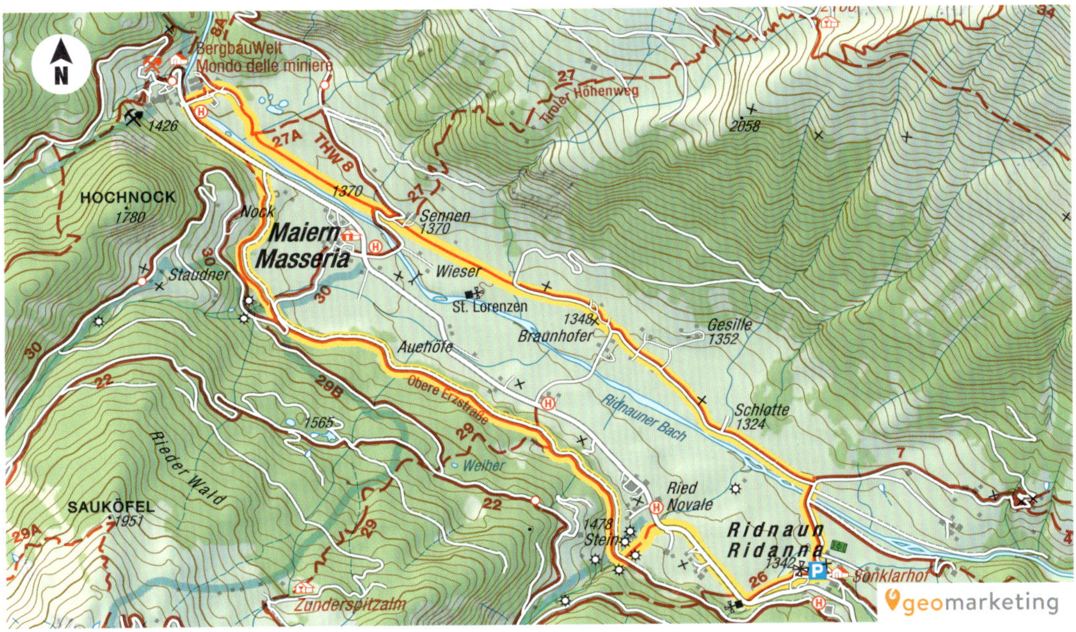

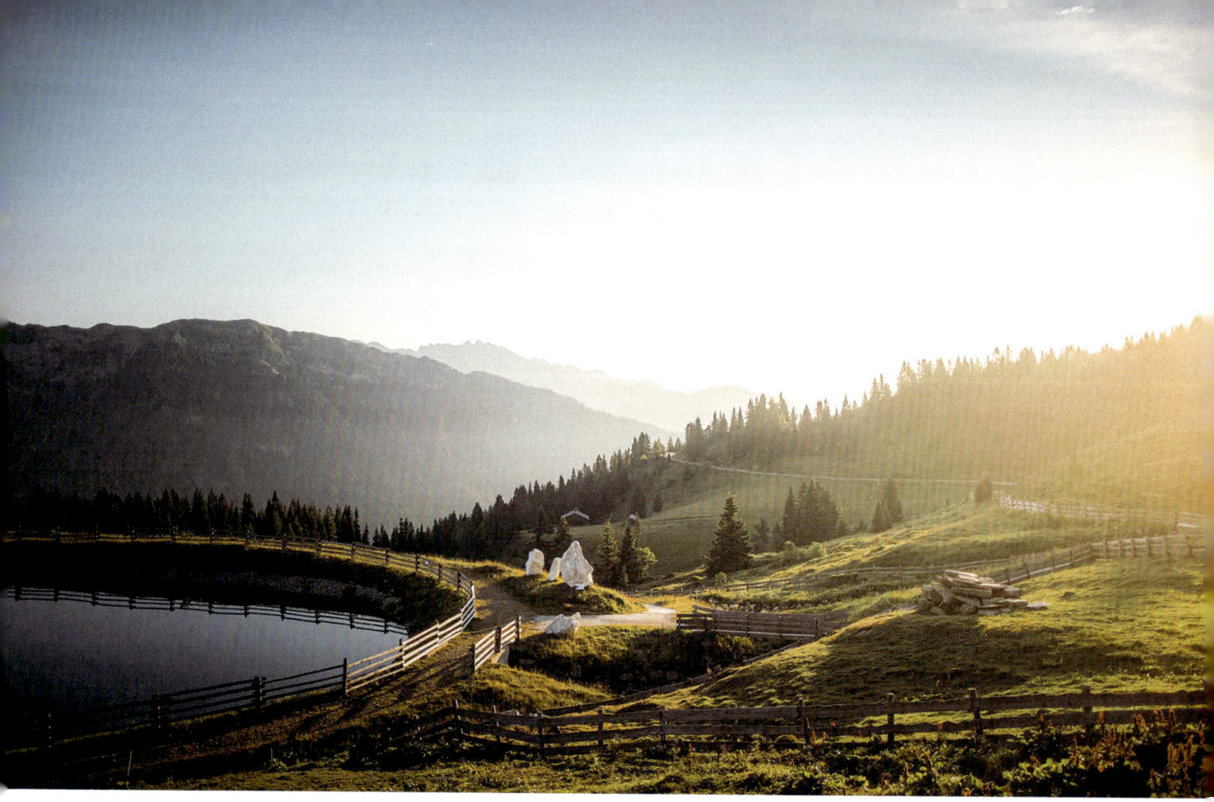

Entlang des künstlich angelegten Speicherbeckens kann eine prächtige Fernsicht genossen werden.

38

PANORAMAWEG IN RATSCHINGS

Einfache Wanderung oberhalb der Waldgrenze mit prächtiger Fernsicht

Gesamtgehzeit
ca. 1 Std. 30 Min.

Höhenunterschied
ca. 200 m

Beste Jahreszeit
Sommer bis Herbst

Kartenmaterial
Tabacco 039, Passeiertal, 1:25.000

Anfahrt
Über Sterzing ins Ratschingstal bis nach Bichl

Ausgangspunkt
Talstation Kabinenbahn Ratschings-Jaufen

Der Panoramarundweg ist eine tatsächlich gemächlich zu bewältigende kurze Wanderung oberhalb von Ratschings. Sie führt oberhalb der Waldgrenze durch weites Almgelände und bietet in jeder Gehrichtung prächtige Fernsicht. Mit dem Aufstieg zum Rinnersattel erreicht man den höchsten Punkt und gelangt an die hier flache Wasserscheide zwischen Ratschings und Passeier. Hatte man bisher freie Sicht auf die Stubaier Alpen und vor allem auf „seine Majestät", den Tribulaun (eigentlich Pflerscher Tribulaun), so tut sich am Sattel der Panoramablick weit nach Süden über das Passeiertal und weiter zur Ortlergruppe, zum markanten Laugen, zur Brenta usw. auf.

WEGVERLAUF: Nach der Auffahrt zur Bergstation wandert man auf Markierung 19 B (blaue Markierung 1 Panoramarundweg) nach links und erreicht in sehr sanfter Steigung oberhalb des Teichs die eigentliche Rinneralm. Hier biegt die Markierung Nr. 19 B scharf nach rechts ab auf Markierung Nr. 13 B und führt, immer in sanfter Steigung, hinauf zu den beiden kleinen Wasserfaller Seen in der Senke und schließlich zum Rinnersattel.

Auf dem selben Weg geht es gut 100 m zurück, bis der Steig (Mark. 19) nach links abzweigt zur Wasserfaller Alm. Hier entscheidet man sich, ob man auf dem Ratschinger Almenweg zurückwandert zur Rinneralm und schließlich zur Bergstation der Seilbahn, oder vielleicht besser von der Wasserfaller Alm auf dem Zufahrtsweg hinunter zur Bergstation der Seilbahn.

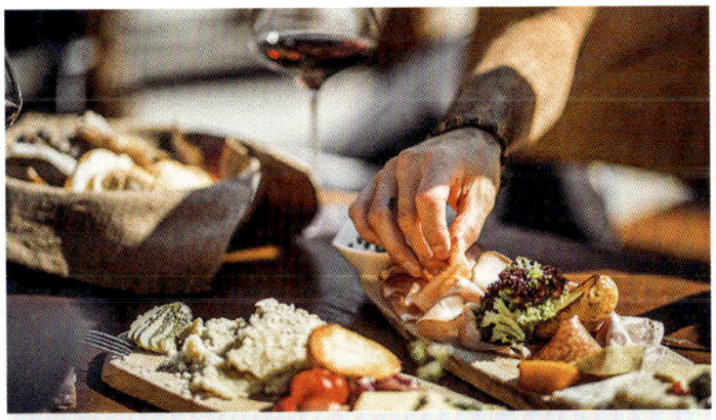

BERGRESTAURANT RINNERALM, 1830 m

Das Bergrestaurant Rinneralm liegt an der Bergstation der Kabinenbahn Ratschings-Jaufen. Im großen Speisesaal hinter den Panoramafenstern oder auf der Panoramaterrasse werden typische Gerichte aus der traditionsreichen Tiroler Küche serviert.

M +39 334 7771276
info@ratschings-jaufen.it
www.ratschings-jaufen.it

Öffnungszeiten: wegen Umbauarbeiten im Sommer 2024 geschlossen, Neueröffnung Dezember 2024

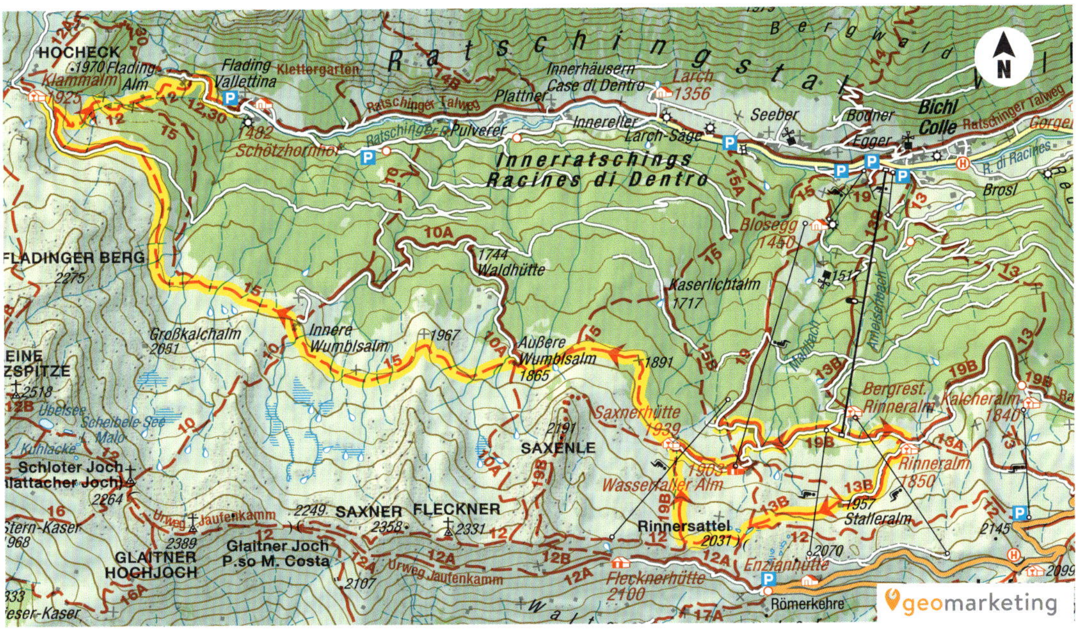

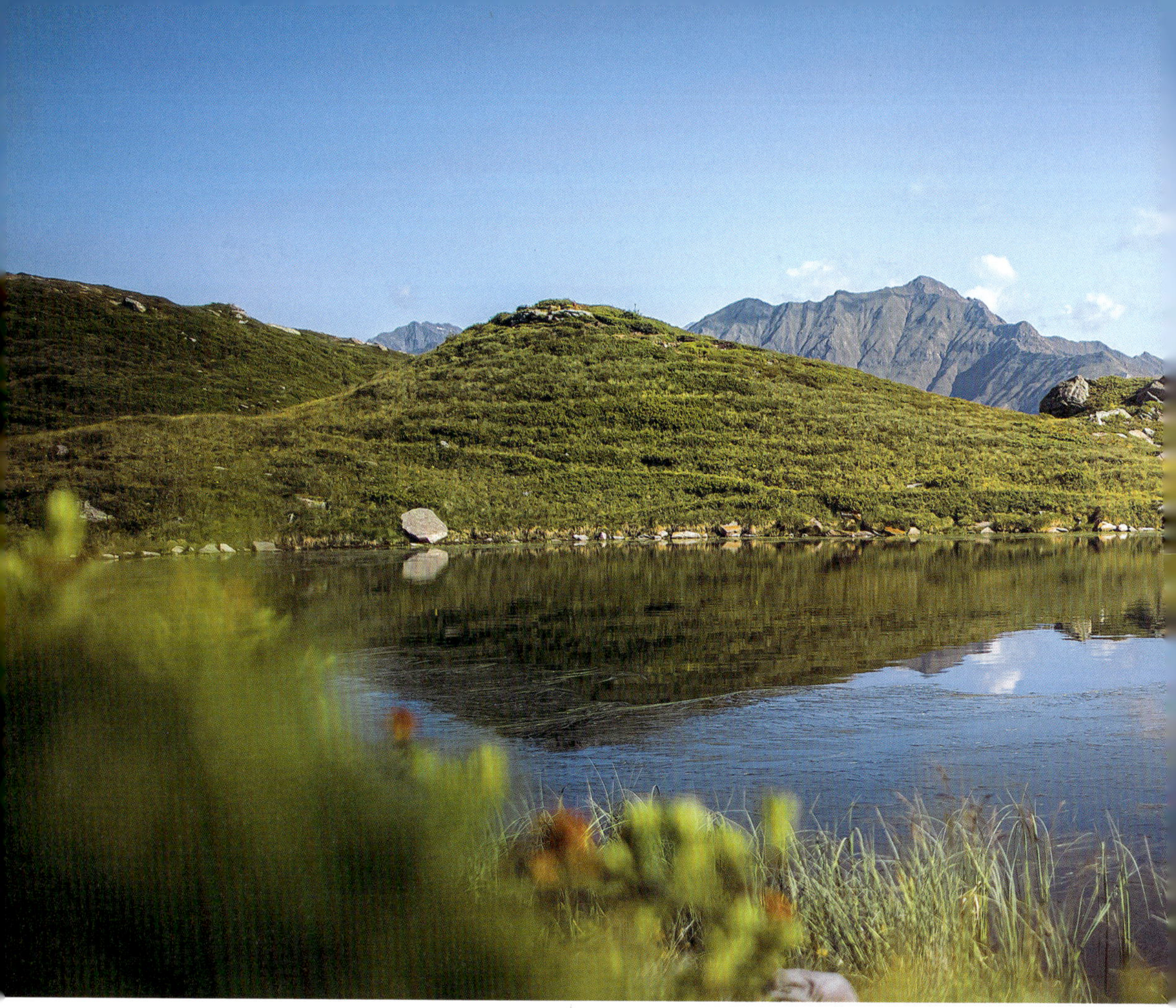

Der Ratschinger Almenweg

Viele Seniorinnen und Senioren sind körperlich so fit, dass 1½ Stunden Gehzeit nur ein mildes Lächeln entlocken. Da empfiehlt der Autor den Ratschinger Almenweg, immer ausgehend von der Bergstation der Seilbahn.

Von dort wandert man auf Markierung Nr. 19 B taleinwärts und bewältigt kurz nach dem Start den kurzen Aufstieg zur Wasserfaller Alm. Der Weg führt weiter zur Saxner Hütte, von wo man der Markierung Nr. 15 folgt. Immer wieder bieten sich prächtige Fernblicke auf die gegenüberliegende Bergwelt. Über die Äußere

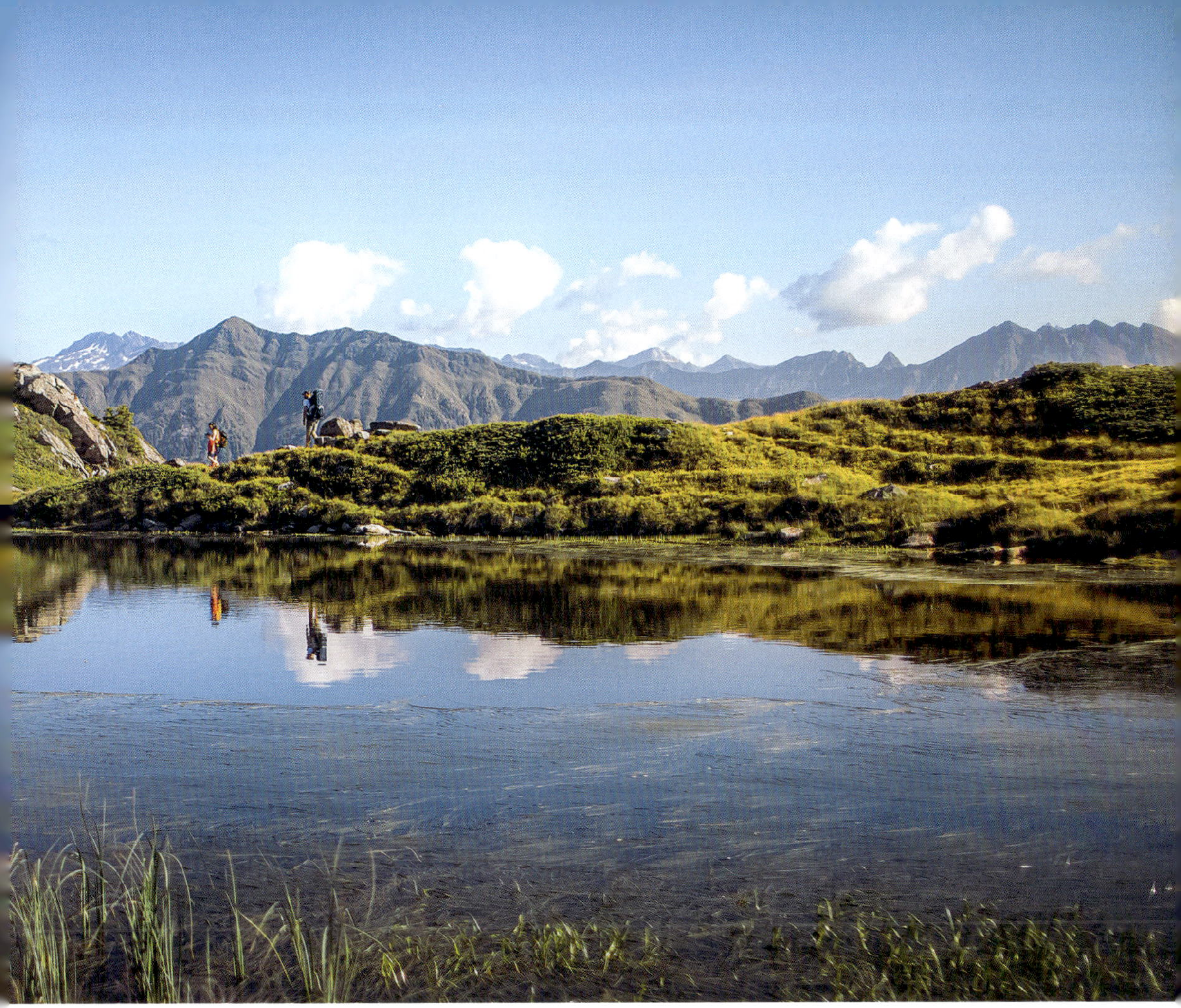

Der „Wasserfaller See“ ist ein natürlicher Bergsee umrahmt von einer herrlichen Flora und Fauna.

und Innere Wumblsalm gelangt man schließlich zu einer Wegverzweigung, wo man die Markierung Nr. 15 verlässt und nach links zur Klammalm fortsetzt. Von dieser führt die Markierung Nr. 12/12 A relativ steil hinunter nach Flading, von wo man mit dem öffentlichen Bus zurückkehrt. Im Lauf der Wanderung bietet sich immer wieder die Möglichkeit, abzukürzen und ins Tal abzusteigen, so etwa von der Saxner Hütte über die Kaserlichtalm, von der Äußeren und der Inneren Wumblsalm. Eine Wanderkarte (die man sowieso immer bei sich hat) leistet hier sehr gute Dienste.

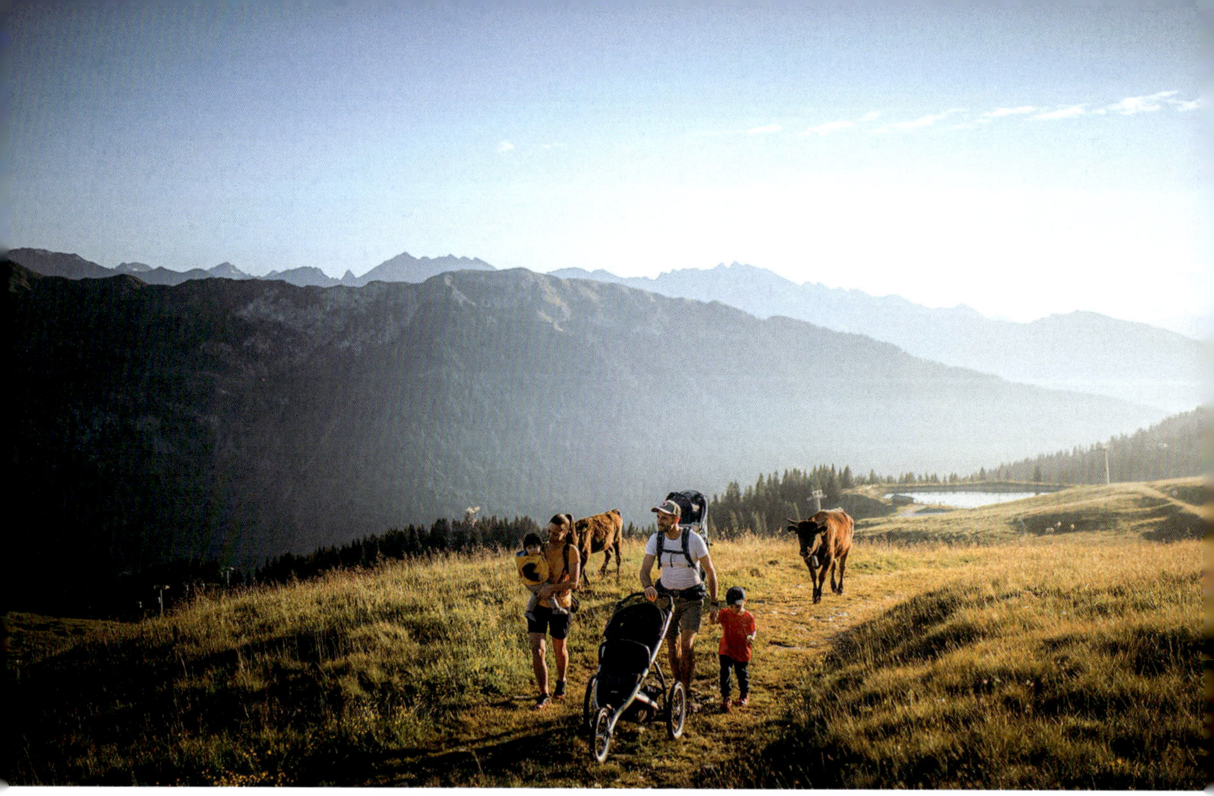

Die Wanderwege sind sehr familienfreundlich gestaltet und können problemlos mit Kinderwagen bewältigt werden.

39

BERGERLEBNISWELT IN RATSCHINGS

Ein tolles Familienabenteuer für Groß und Klein!

Gesamtgehzeit
ca. 45 Min.

Höhenunterschied
ca. 70 m

Beste Jahreszeit
Sommer bis Herbst

Kartenmaterial
Tabacco 039, Passeiertal, 1:25.000

Anfahrt
Über Sterzing ins Ratschingstal bis nach Bichl

Ausgangspunkt
Talstation Kabinenbahn Ratschings-Jaufen

Auf dem Spaziergang „Bergerlebniswelt" wird auch kleinen Kindern auf spielerische Art viel Wissenswertes über das Leben der lokalen Flora und Fauna am Berg vermittelt. Die Welt der Ameisen, Wasserspiele, ein Kneipp-Parcours, der Murmeltier-Bau und vieles mehr gibt es hier zu erkunden. Aber es finden sich auch ein Kuschelzoo, eine Riesenrutsche und Klettergerüste. Die angegebene Gehzeit ist daher wirklich reine Gehzeit, man wird wohl einen Nachmittag brauchen, um den gesamten Weg mit allen Stationen zu bewältigen. Der Weg ist übrigens durchgängig kinderwagentauglich. Und der Blick auf die Ötztaler und Zillertaler Alpen ist einfach prächtig.

WEGVERLAUF: Der Spaziergang beginnt an der Bergstation der Kabinenbahn Ratschings-Jaufen und durchquert die herrliche Almen- und Waldlandschaft auf dem Hochplateau. Man hält sich auf dem Ratschinger Almenweg (Mark. 19 B) links und folgt der Beschilderung bzw. gelangt zu den einzelnen Stationen. Nach wenigen hundert Metern, nach dem Speicherbecken, verlässt man den Almenweg und steigt ab zum „Ameisenhügel". Der Verlauf ist insgesamt so klar, dass der Weg nicht zu verfehlen ist.

KURZE, ABER LOHNENDE VARIANTE: Gleich hinter dem kleinen Teich setzt man auf Markierung Nr. 19 B fort bis zur Kalcher Alm, biegt dort nach rechts ab auf Weg Nr. 13; bei der nächsten Wegverzweigung wieder nach rechts auf Markierung Nr. 13 A und man erreicht das erwähnte Speicherbecken. Von dort wie oben beschrieben zurück zum Ausgangspunkt.

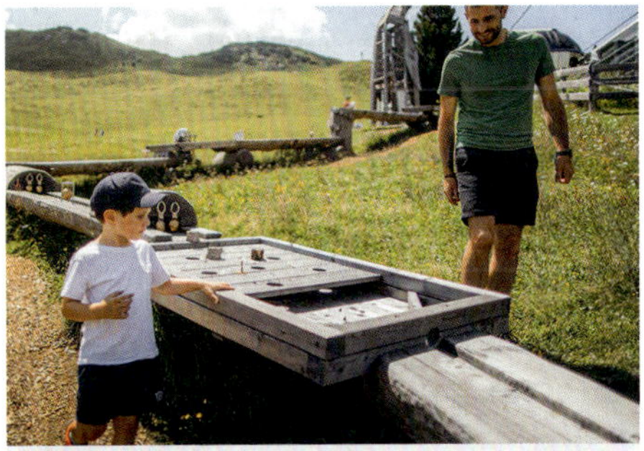

BERGERLEBNISWELT

Auf spannende und lehrreiche Weise die Natur entdecken!
Der Wanderweg führt in die Ameisen- und Murmeltierwelt, über spannende Aussichtsbrücken und abwechslungsreiche Klettergerüste. Lustige Wasserspiele, Streichelzoo und die Holzkugelbahn runden das Angebot aus.

T +39 0472 659153
info@ratschings-jaufen.it
www.ratschings-jaufen.it

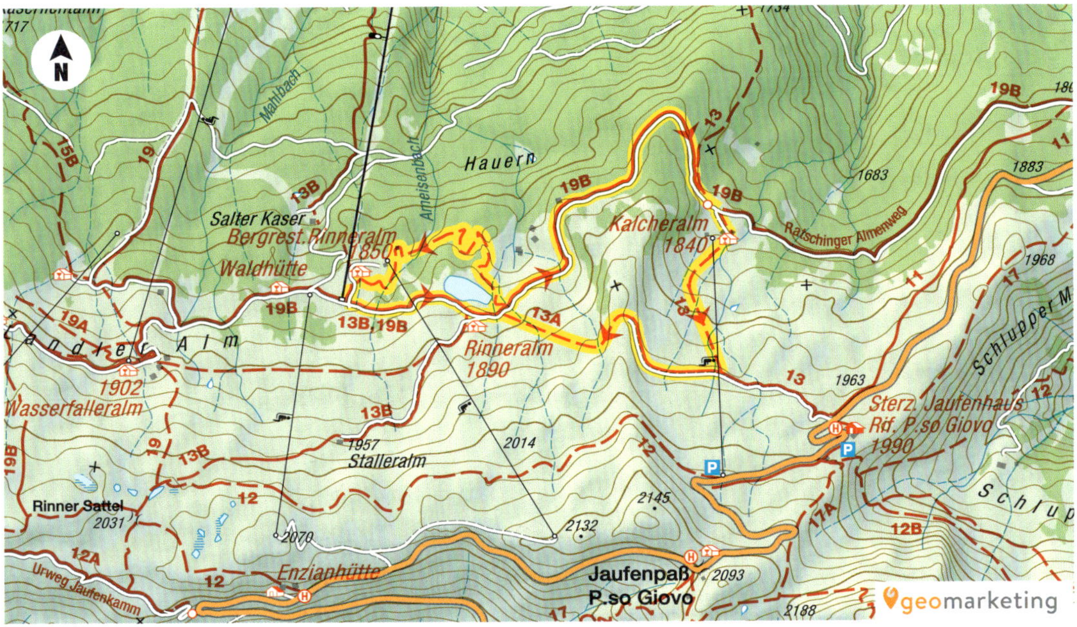

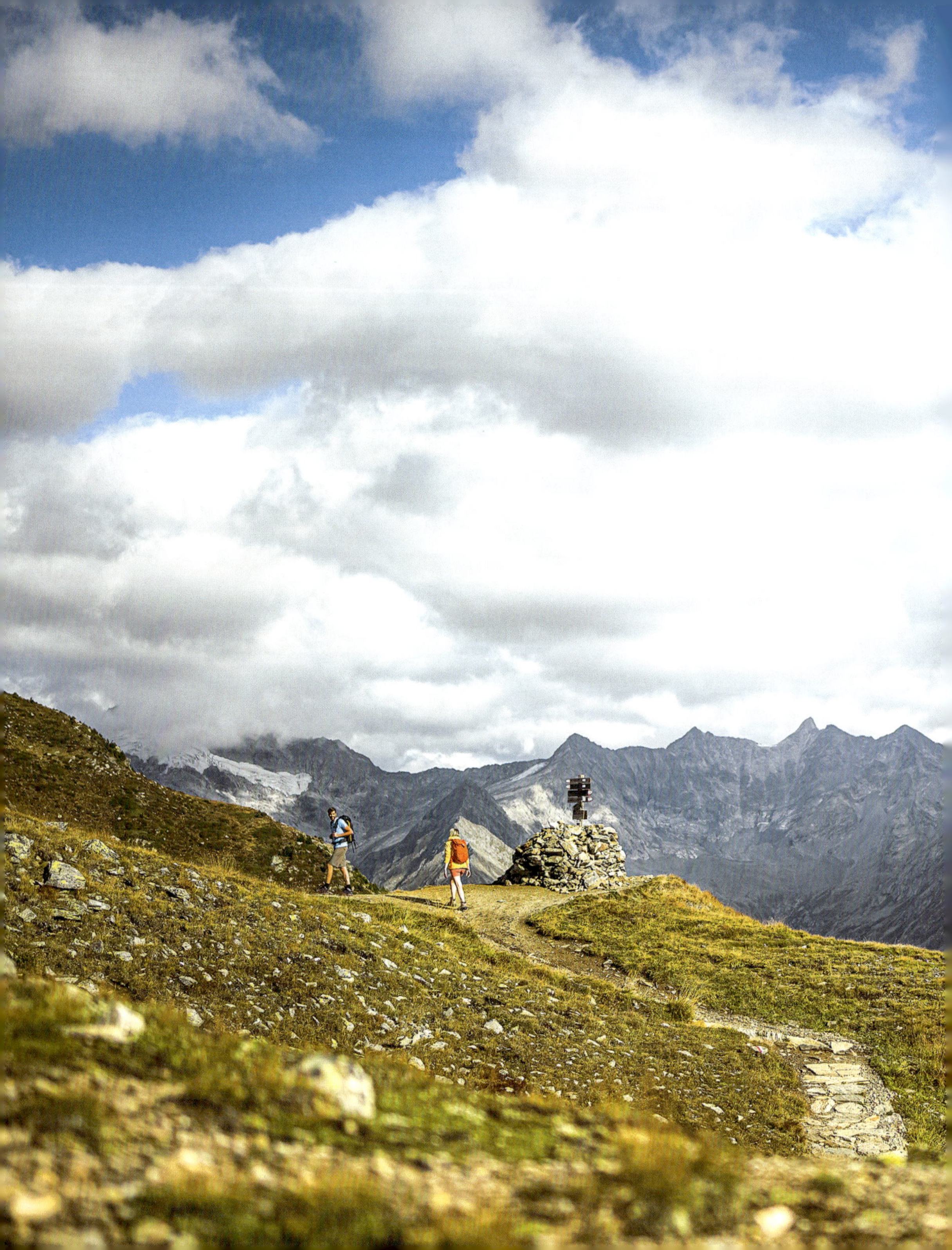

PUSTERTAL & DOLOMITEN

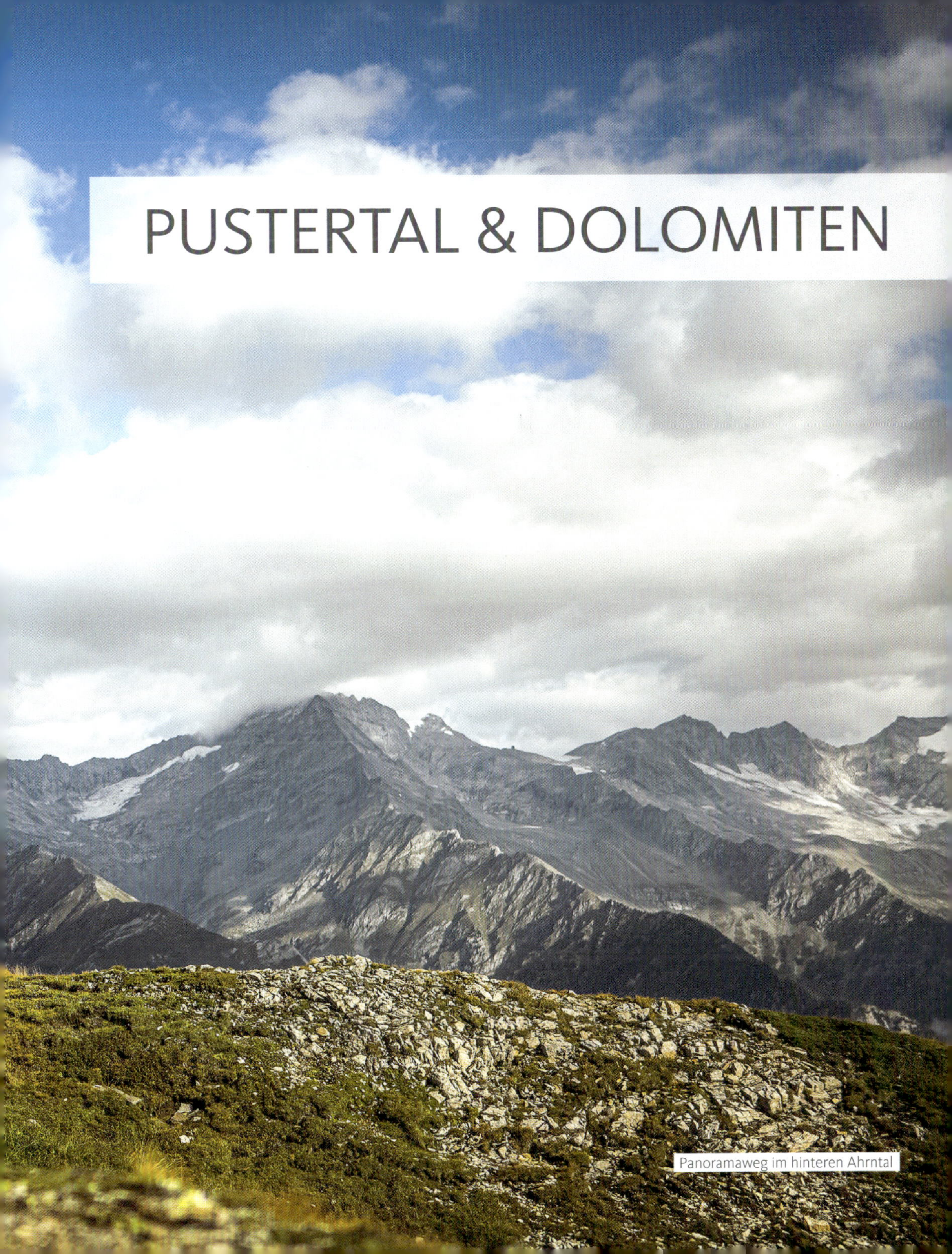

Panoramaweg im hinteren Ahrntal

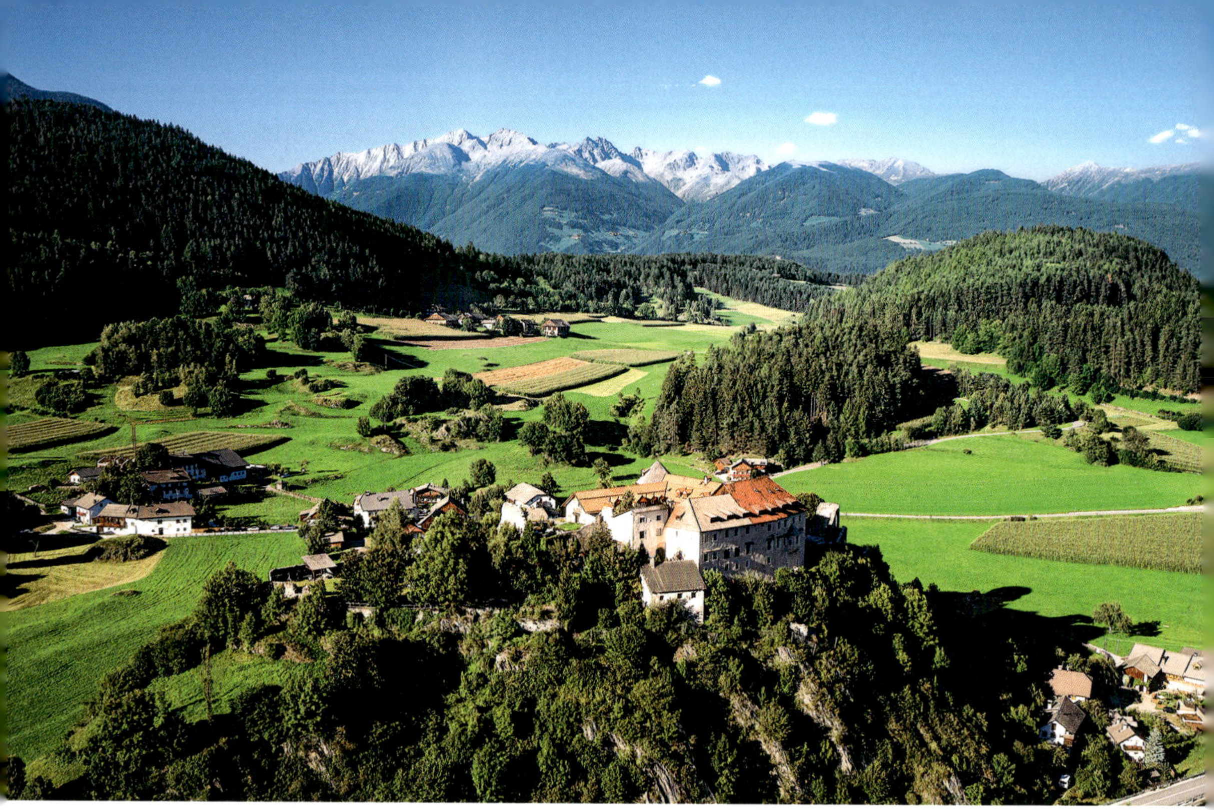

Die Sonnenburg

40

Gesamtgehzeit
Archäologische Wanderung: ca. 2 Std.
Sagenweg: ca. 1 Std.

Höhenunterschied
Archäologische Wanderung: ca. 180 m
Sagenweg: ca. 110 m

Beste Jahreszeit
Frühsommer bis Herbst

Kartenmaterial
Tabacco 033, Pustertal – Bruneck, 1 : 25.000

Anfahrt
Über das Pustertal nach St. Lorenzen

Ausgangspunkt
Parkplätze/Bushaltestelle/Bahnhof in St. Lorenzen

ARCHÄOLOGISCHER PANORAMAWEG UND SAGENWEG

Ein Dorf atmet Geschichte

WEGVERLAUF: Für die Begehung des Archäologischen Panoramaweges wandert man vom Parkplatz Zugbahnhof bzw. Dorfzentrum an der Rienz aufwärts bis zur sogenannten Peintner Brücke, unterquert diese und gelangt über eine Fußgängerbrücke bis zum Beginn des Panoramaweges. Man folgt der Markierung Nr. 5 bis zur Abzweigung „Archäologischer Panoramaweg". Immer dem Hinweis „ARCHEO" folgend gelangt man zuerst auf einen etwas steilen, kurzen Pfad, dann flach und schließlich leicht aufwärts bis zum Sonnenburger Kopf, dem höchsten Punkt der Wanderung. Entlang verschiedener Schautafeln geht es immer der Beschilderung „ARCHEO" folgend großteils durch Wald abwärts Richtung

Sonnenburg. Schließlich erreicht man die Fassinger Straße. Hier trifft man auf die Markierung Nr. 17, die zum Ausgangspunkt ins Dorfzentrum zurückführt.

Der **SAGENWEG** ist ein hübscher Spaziergang durch weitgehend freies Gelände, der nur einmal eine etwas steilere Stelle aufweist. Man beginnt die Begehung am Bahnhof von St. Lorenzen; wenn man mit dem Pkw anreist, wählt man am besten den großen Parkplatz bei der Markthalle. Man folgt zunächst der Markierung Nr. 1A entlang der Eisenbahn Richtung Bruneck und dann über einen Feldweg bis zur Unterführung der Südumfahrung von Bruneck. Nun biegt man nach rechts auf Markierung Nr. 12 ab. Durch Wald geht es kurz hinauf zum höchsten Punkt und dann wieder hinunter ins freie Gelände. Auf der alten Stefansdorfer Straße (Mark. Nr. 4) geht es wieder zurück zum Ausgangspunkt.

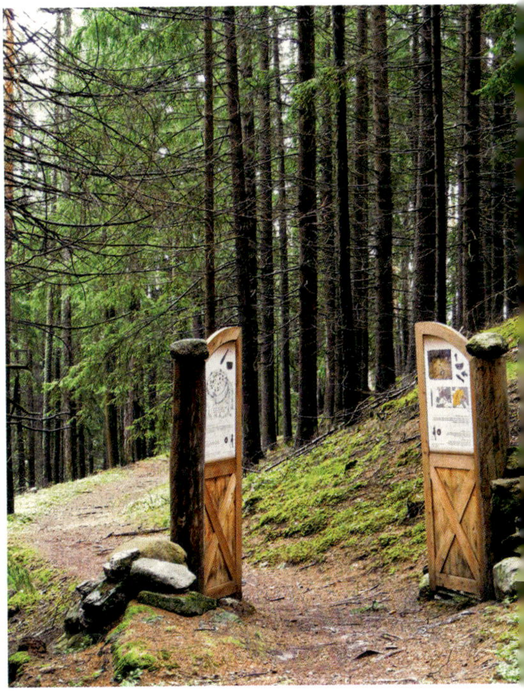

Schautafeln am Sagenweg

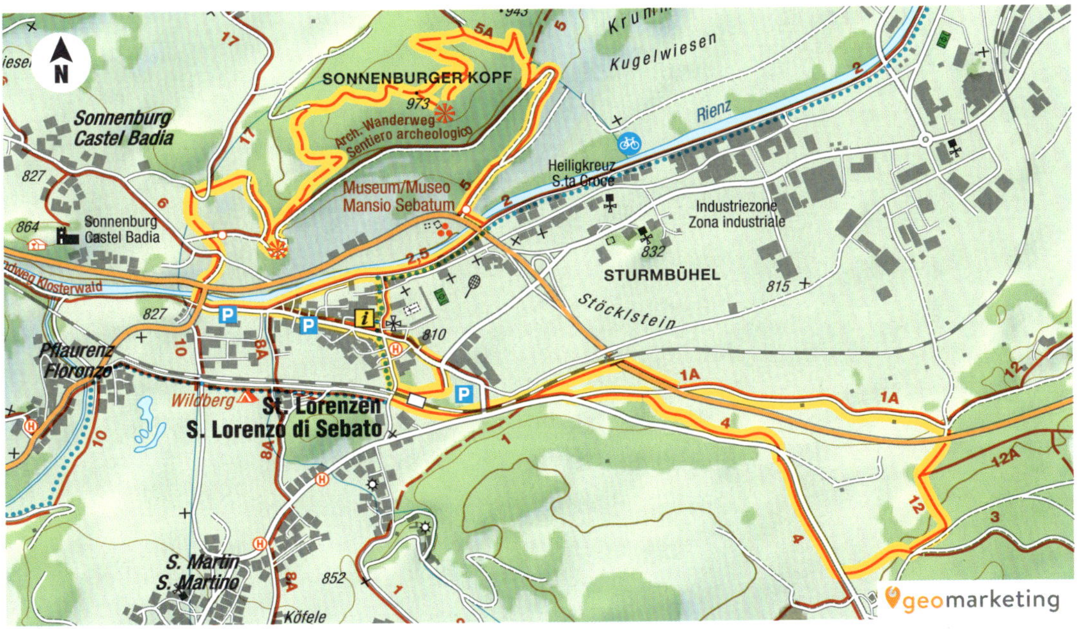

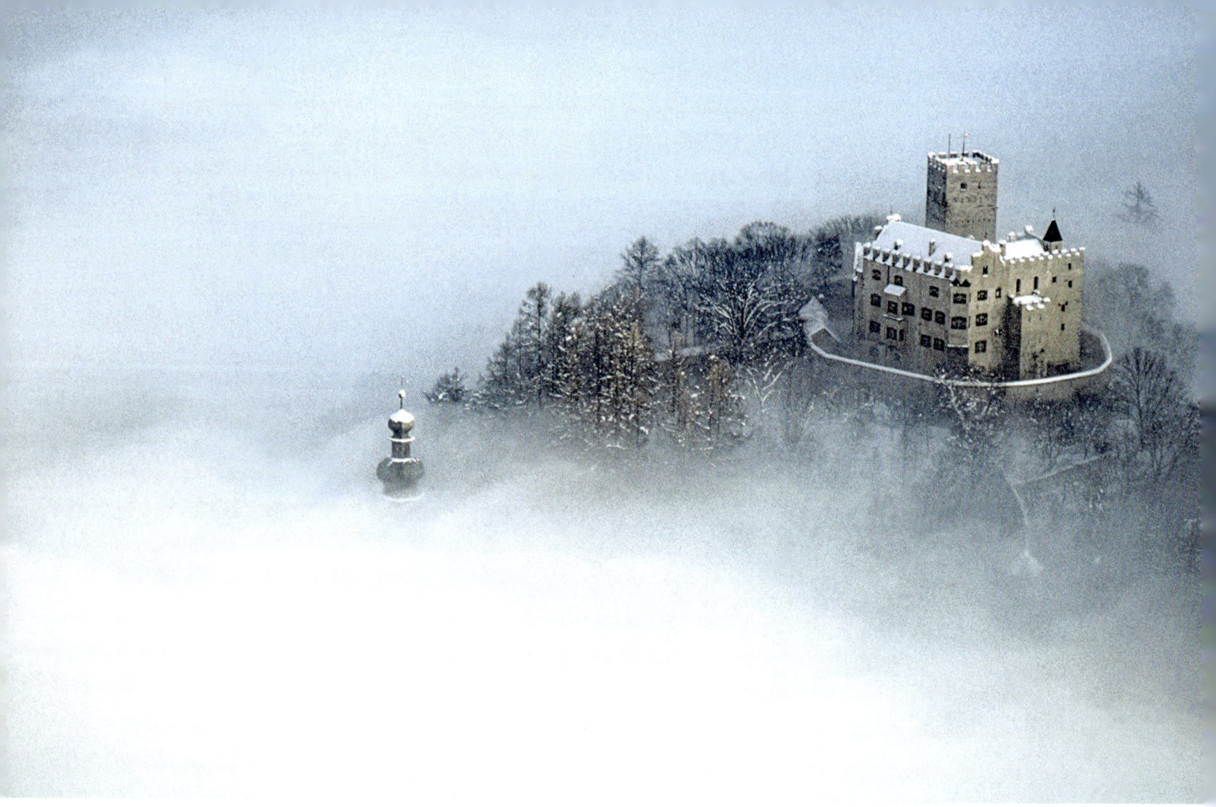

Schloss Bruneck

41

STADTWANDERUNG IN BRUNECK

Ein mittelalterliches Schloss wird zum MMM Ripa

Gesamtgehzeit
ca. 40 Min.

Höhenunterschied
ca. 50 m

Beste Jahreszeit
ganzjährig

Kartenmaterial
Tabacco 033, Pustertal – Bruneck, 1:25.000

Anfahrt
Über das Pustertal nach Bruneck. Mit dem Pkw mehrere gebührenpflichtige Parkplätze im Bereich der Altstadt; ansonsten Bus oder Bahn

Ausgangspunkt
Bruneck, Altstadt

WEGVERLAUF: Zu einem hübschen Rund-Spaziergang wird die Besichtigung, wenn man die Altstadt beim Ursulinentor (westliches Ende) betritt und gleich rechts auf den Rainweg abbiegt; auf diesem steigt man auf bis zur hübsch gelegenen Rainkirche, von wo der Naturlehrpfad rechts hinauf zum Schloss führt. Der Abstieg erfolgt gegen den Uhrzeigersinn über den Schlossweg hinunter nach Oberragen, nach links durch das Ragentor und schon bald nach rechts durch das Rienztor und über die Brücke. Gut aufgehoben ist man nach der kulturellen Vielfalt des MMMs in einem echten Südtiroler Traditionsbetrieb, z. B. dem Weißen Lamm in der Stuckgasse, zu dem man direkt gelangt.

Schloss Bruneck und MMM Ripa

Schloss Bruneck wurde im Jahr 1250 vom Brixner Fürstbischof Bruno von Kirchberg erbaut. Ab der zweiten Hälfte des 13. Jahrhunderts wurde dann zu Füßen des „Castrum Bruneke" die Stadt Bruneck erbaut, die 1333 erstmals als Stadt bezeichnet wird. Unter Fürstbischof Albert von Enn (1324–1336) wurden das Schloss und die Befestigungsanlagen der Stadt stark ausgebaut und miteinander verbunden. Vier Stadttore, die Stadtmauer und der Graben sind um diese Zeit entstanden. Nach verschiedenen Zeitläuften wurde das Schloss Ende des 19. Jahrhunderts gründlich restauriert. 2004 schließlich kaufte die Stiftung Südtiroler Sparkasse den mittelalterlichen Bau und überließ ihn zur Nutzung der Stadtgemeinde Bruneck.

Hier nun hat Reinhold Messner die fünfte seiner Begegnungsstätten zum Thema Berg untergebracht: das M(essner)M(ountain)M(useum) Ripa (Tibetisch: ri = Berg; pa = Mensch). Seit mehr als 10.000 Jahren leben Menschen im Gebirge, sie haben zwischen Talböden und Sommerweiden eine eigene Überlebenskunst entwickelt und eine eigene Bergkultur aufgebaut, die auf Eigenverantwortung, Konsumverzicht und Nachbarschaftshilfe aufbaut. Diesen Lebensweisen – in Asien, Afrika, Südamerika und Europa verschieden – widmet Reinhold Messner das MMM Ripa. Die Dauerausstellungen sind auf fünf Etagen untergebracht, der Bergfried ist dem Tourismus in den Bergregionen gewidmet, den Reinhold Messner ja ebenfalls bestens kennt. Neben den Dauerausstellungen gibt es immer wieder Sonderveranstaltungen verschiedenster Art.

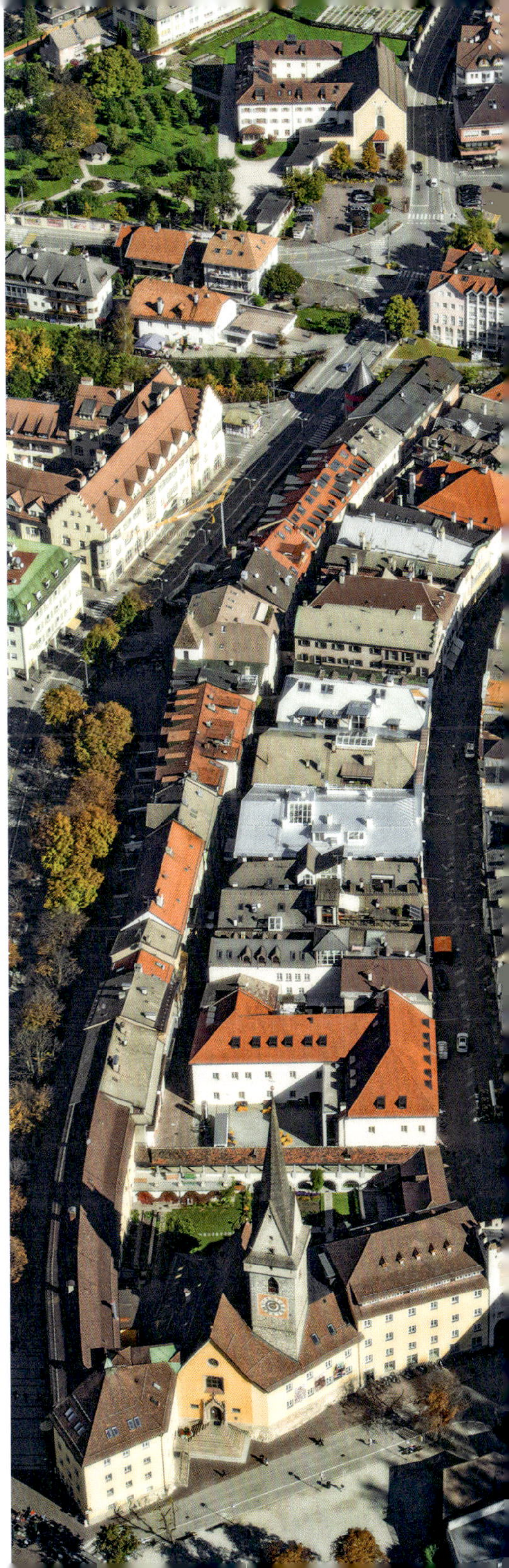

Die Altstadt von Bruneck

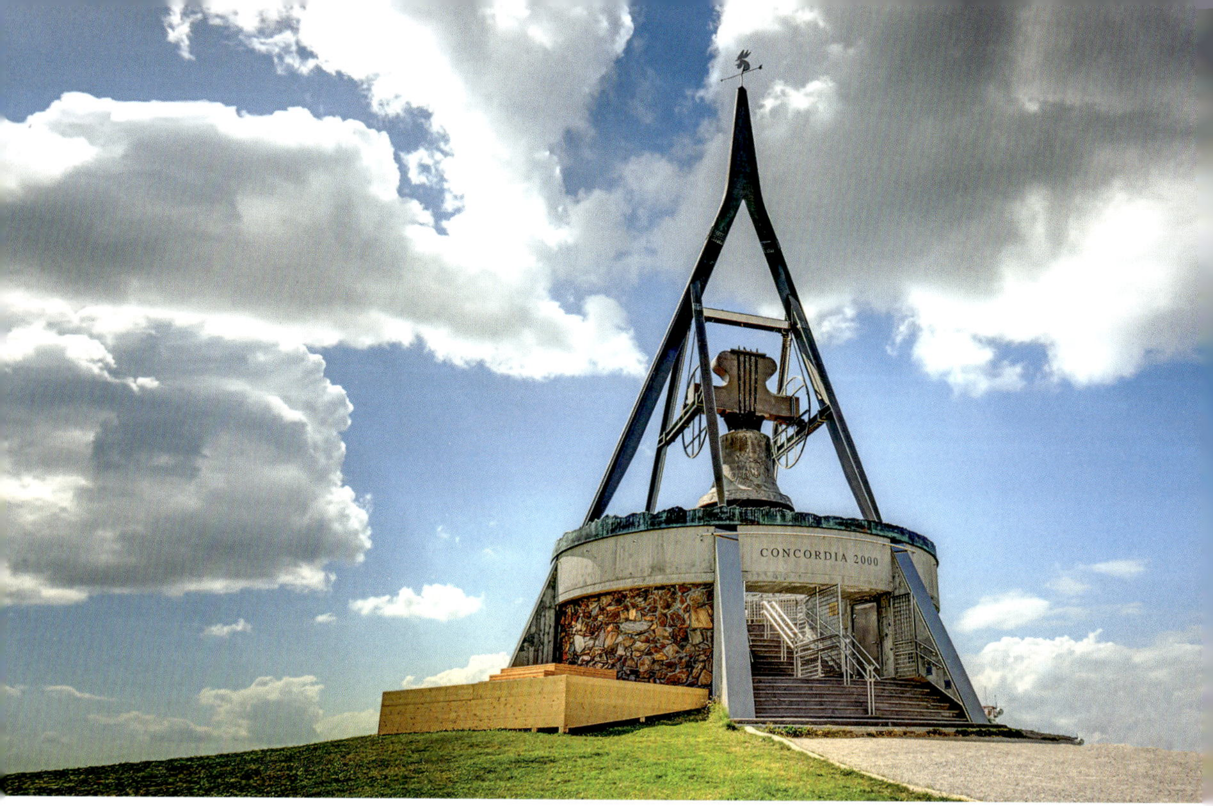

Die Friedensglocke Concordia 2000 auf dem Gipfel des Kronplatzes

42

Gesamtgehzeit
ca. 1 Std. 15 Min.

Höhenunterschied
ca. 200 m

Beste Jahreszeit
Sommer bis Herbst

Kartenmaterial
Tabacco 033, Pustertal – Bruneck, 1:25.000

Anfahrt
Über das Pustertal nach Bruneck, dort Richtung Reischach und der Beschilderung zur Kronplatz-Seilbahn folgen

Ausgangspunkt
Talstation der Seilbahn Kronplatz, Reischach

GEMÜTLICHE WANDERUNG AUF DEM KRONPLATZ

Futuristische Linien vor den Dolomiten

Der Kronplatz ist vor allem bei Wintersportlern ein wahres Zauberwort. Aber auch der Sommer bietet auf dem flachen Gipfelplateau ein wahres Wanderparadies. Zu erwähnen ist vor allem aber die grandiose Aussicht: Rundherum gibt es keine anderen Gipfel, der Blick schweift also frei von den zum Greifen nahen Dolomiten über das Pustertal und das Ahrntal bis zu den Zillertaler Alpen.

WEGVERLAUF: Auffahrt von Reischach mit der Seilbahn. Von der Bergstation spaziert man kurz in Fahrtrichtung zurück und trifft an der Ferienwohnungsanlage auf den „Panoramaweg

Concordia", dem man nach rechts folgt. In der Kehre des breiten Weges hält man sich rechts auf dem Panoramaweg und quert leicht abwärts den Hang. Bei der folgenden Weggabelung verlässt man den Panoramaweg und setzt geradeaus auf der Markierung Nr. 1A fort. Nun folgt man dem Güterweg bis zur Geiselsberger Hütte. Von dort geht's oberhalb der Hütte ohne Markierung auf dem Güterweg weiter, bis die Markierung Nr. 4 über die Wiese rechts aufwärts führt. Oben angelangt folgt man dem markierten Steig nach links und erreicht nach wenigen Metern wieder den Panoramaweg, der – vorbei an mehreren Aufstiegsanlagen – zu einem Wetterkreuz führt (sehr schöner Aussichtspunkt). Dort wendet sich der Weg nach Norden und führt in etwa einer Viertelstunde zurück zur Bergstation der Seilbahn.

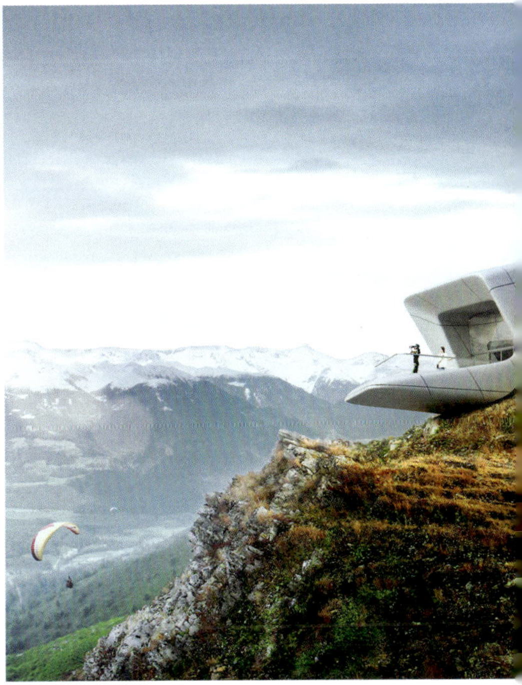

Messner Mountain Museum Corones

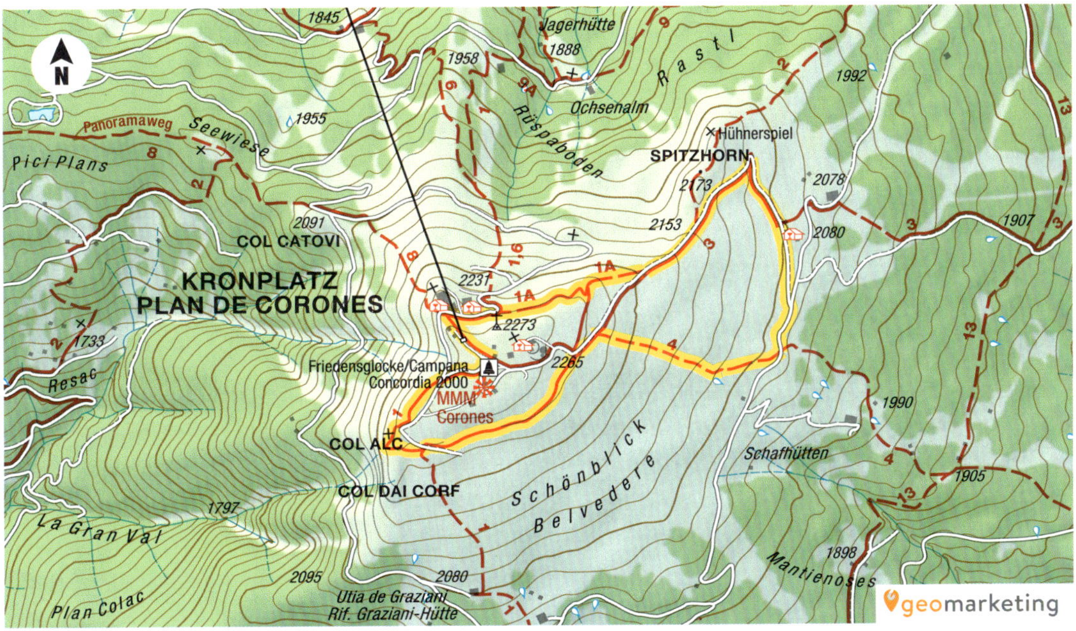

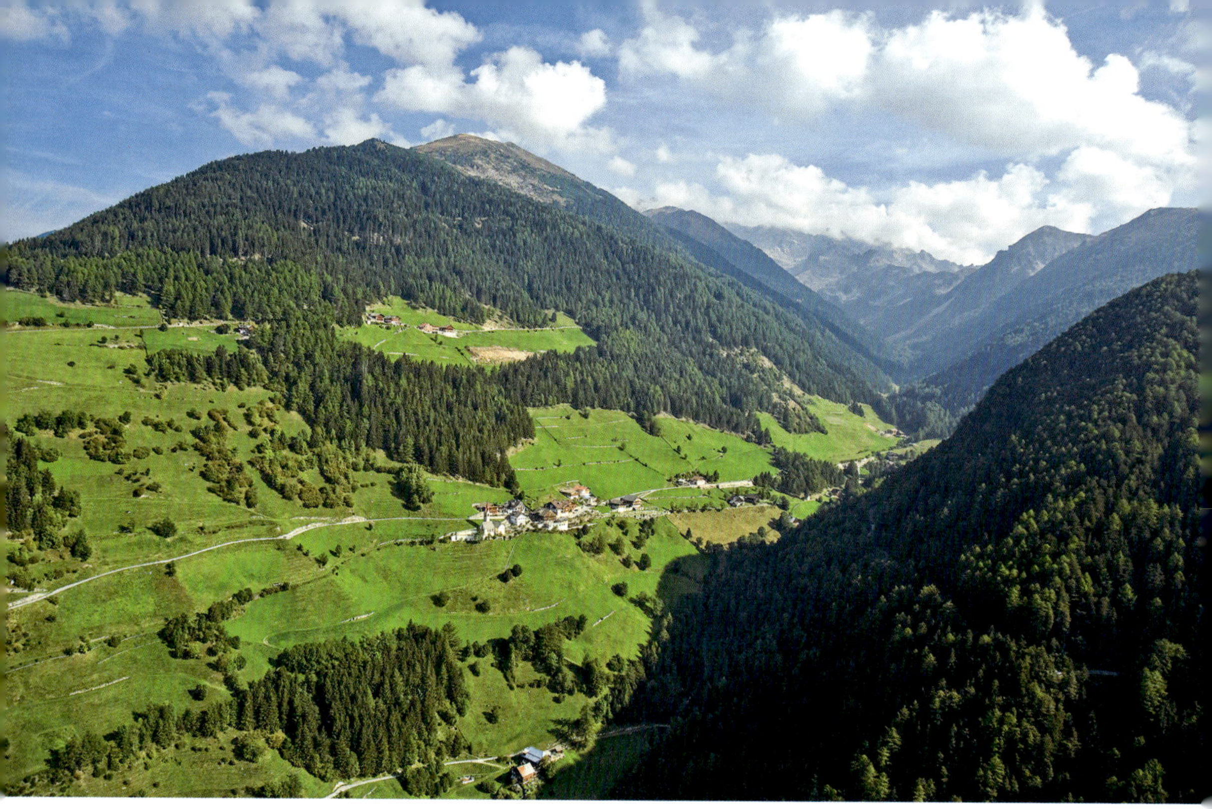

Das kleine Bergdörfchen Mühlbach

43

Gesamtgehzeit
ca. 2 Std. 45 Min.

Höhenunterschied
ca. 400 m

Beste Jahreszeit
Frühjahr bis Herbst

Kartenmaterial
Tabacco 033, Pustertal – Bruneck, 1:25.000

Anfahrt

Mühlbach oberhalb Gais erreicht man von Bruneck aus talaufwärts über Percha oder ins Ahrntal fahrend über Uttenheim

Ausgangspunkt

Kleiner Parkplatz am östlichen Siedlungsrand von Mühlbach oberhalb von Gais

DAS MÜHLBACHER BADL OBERHALB VON GAIS

Kleine Wanderung mit Heilwasser-Verkostung

WEGVERLAUF: Vom kleinen Parkplatz wandert man auf Markierung Nr. 4 hinein in das kleine Tal und trifft nach wenigen Minuten auf die Markierung Nr. 2, die in sanfter Steigung, vorbei an einem Wasserspeicher, mit schönem Blick auf die Gipfel der Rieserferner-Gruppe zum Mühlbacher Badl führt. Nach gut einer Stunde ist das Badl erreicht, es liegt in einer weiten Lichtung, daneben die hübsche Kapelle. Nach Einkehr und Verkostung des Heilwassers setzt man kurz taleinwärts fort, bis die Markierung Nr. 6 auf der Forststraße nach links hinauf führt. In der ersten Rechtskehre hält man sich ohne Markierung auf der Forststraße links und erreicht nach wenigen Minuten wieder die Markierung

Nr. 6, die durch schütteren Wald hinunter führt zum Ausgangspunkt. Im Winter wandert man nur bis zum Badl und auf demselben Weg zurück.

VARIANTE: Will man nur einen Spaziergang machen, dann fährt man von Mühlbach noch etwa 2,5 Kilometer taleinwärts bis zu einem Parkplatz (das Gebiet ums Badl ist verkehrsfrei). Dann sind es nur noch gut 20 Minuten bis zum Ziel. Rückweg wie Hinweg.

(TIPP!) Die Quelle des Mühlbacher Badls entspringt direkt daneben aus Gneis und Granit und ist leicht mineralhaltig, unmittelbar am Austritt der Quelle wird eine geringe Radioaktivität gemessen. Das Besondere am Wasser ist sicherlich seine außergewöhnliche Reinheit und die besonders leichte, stimmige und ideale Zusammensetzung an Mineralstoffen.

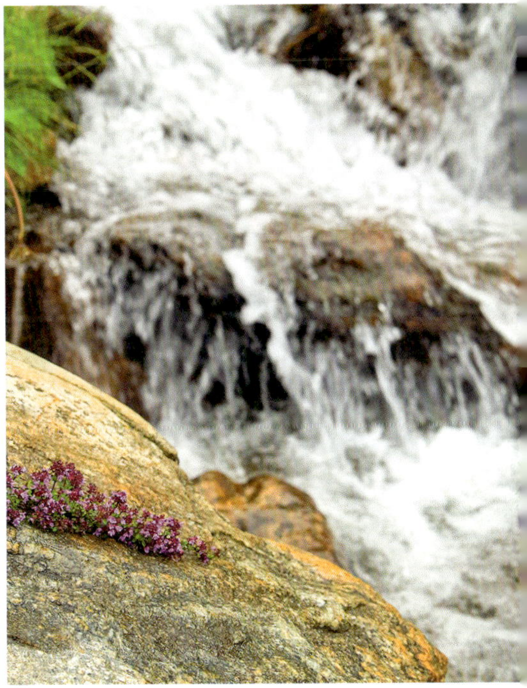

Heilendes Wasser

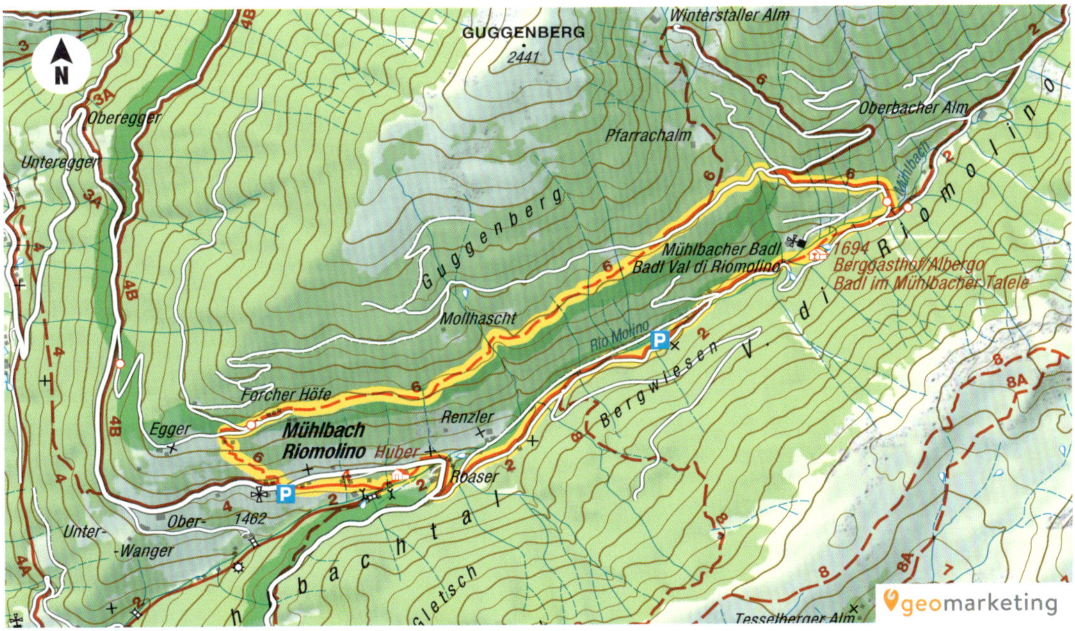

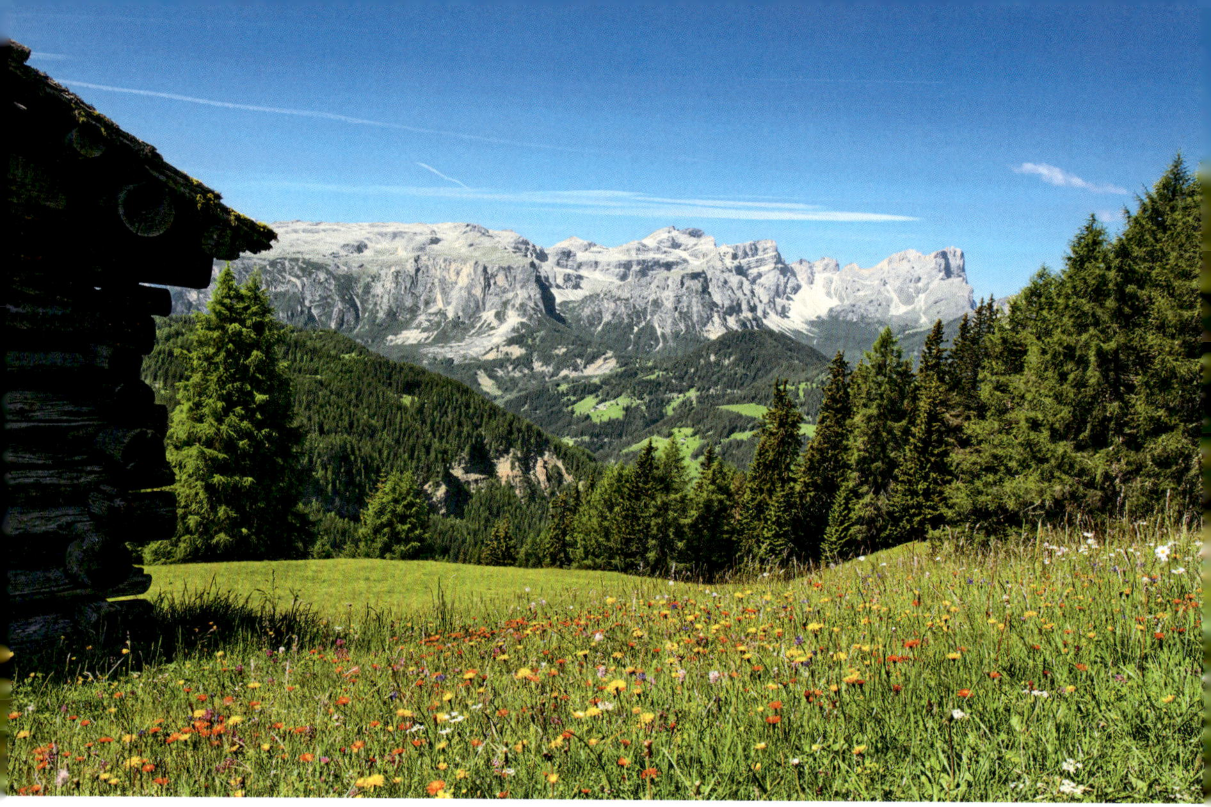

Blumenpracht und Dolomitenerlebnis

44

ZWEI SCHÖNE RUNDWANDERUNGEN IN WENGEN

Gesamtgehzeit
Tour 1: ca. 3 Std. 30 Min.
Tour 2: ca. 4 Std.

Höhenunterschied
Tour 1: ca. 500 m
Tour 2: ca. 650 m

Beste Jahreszeit
Frühsommer bis Herbst

Kartenmaterial
Tabacco 031, Pragser Dolomiten – Enneberg, 1:25.000

Anfahrt
Über das Pustertal bis nach St. Lorenzen; hier abzweigen in das Gadertal, weiter bis nach Pederoa und dort links abbiegen nach Wengen/La Val

Blumenwiesen und Dolomitenwände

Über Jahrhunderte wurde hier im heutigen Weltnaturerbe Dolomiten unter den Wänden des Heiligkreuzkofels Wald gerodet, um Wiesen- und Weideflächen zu erhalten. Einzigartige Landschaften sind so entstanden, von den Fettwiesen im Tal bis zu den Magerwiesen in der Höhe, so etwa die berühmten Armentara-Wiesen unterhalb Heiligkreuz im Naturpark Fanes-Sennes-Prags. Salopp ausgedrückt: Je höher man steigt, desto größer wird die Artenvielfalt. Zahlreiche Orchideenarten, Anemonen, Enzian, Lärchenwiesen, Zirbenwälder … Der reinste botanische Garten. Ornithologen haben hier über 60 Vogelarten gezählt. Und Feuchtlebensräume sind im Frühjahr Laichstätte für Frösche und Kröten und im Sommer Lebensraum für Bergmolche und Insekten. Und über allem ragen die Wände der Kreuzkofelgruppe auf.

TOUR 1: Von Wengen Richtung Tolpëi, nun rechts abbiegen und bis zum Parkplatz von Ciurnadù. Dort wandert man auf dem Weg mit der Markierung Nr. 15 aufwärts bis man auf Markierung Nr. 6 trifft. Dieser folgt man nach rechts, zuerst durch weite Wiesen, später durch Wald bis zum idyllischen Weiher Lêch de Rit. Dort biegt der Weg scharf nach rechts ab und führt hinauf auf den Kamm bis zur Abzweigung zum Crusc da Rit/Kreuzspitz. Der kurze Abstecher zu diesem wunderbaren Aussichtspunkt lohnt sich allemal. Man setzt fort auf dem Steig (nunmehr Mark. Nr. 13), bis an der Jägerhütte die Markierung Nr. 16 nach rechts hinunter führt. Bei der nächsten Verzweigung hält man sich auf Markierung Nr. 15 rechts und gelangt auf dieser zum Ausgangspunkt in Ciurnadù zurück.

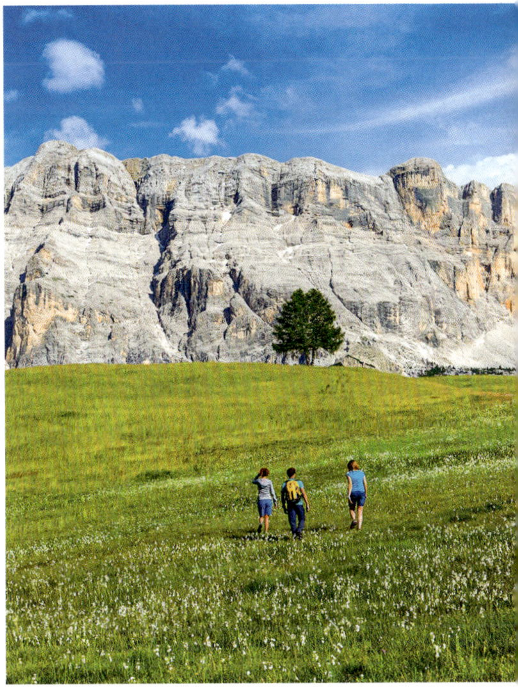

Armentara-Wiesen und Heiligkreuzkofel

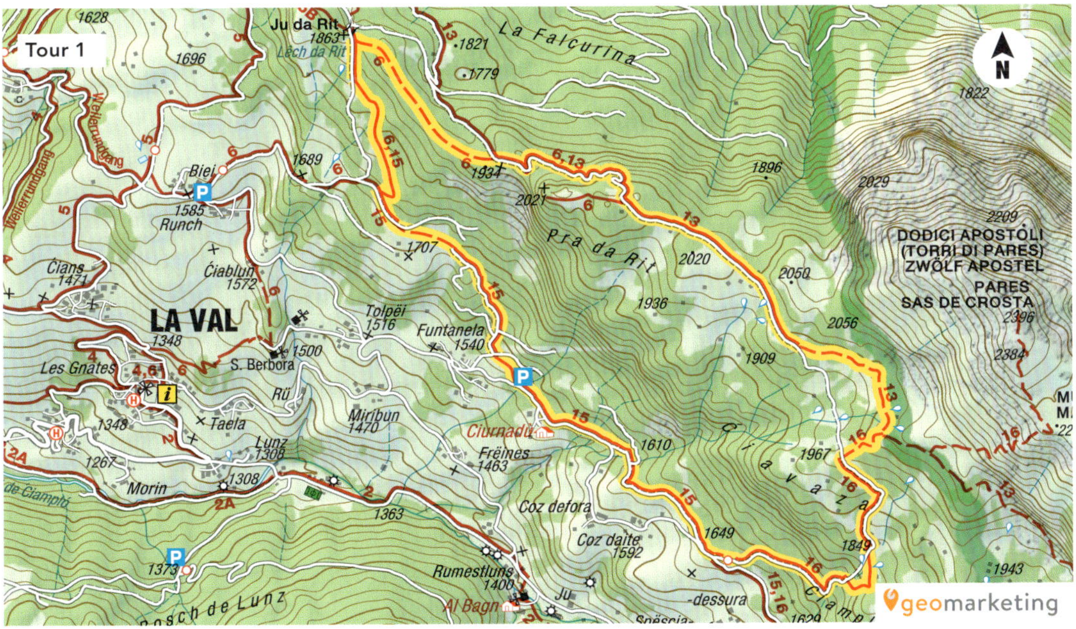

TOUR 2: Von Wengen bis Lunz, dann Richtung Sportplatz abbiegen und weiter nach Rumestluns bis nach Spëscia (mehrere Parkplätze). Von einem der Parkplätze wandert man kurz nach Nordosten, bis die Markierung Nr. 15 scharf nach rechts abzweigt. Dieser folgt man nun in leichter Steigung durch Wiesen bis zu einer Schranke, wo die Markierung Nr. 13 A nach links abzweigt. Bei der nächsten Abzweigung hält man sich rechts auf dem Weg mit der Markierung Nr. 15 B und folgt dieser bis zum Hospiz und der Wallfahrtskirche Heiligkreuz. Von dort geht's abwärts auf Markierung Nr. 15 und 15 A (schöner als 15, weil man durch offeneres Gelände wandert). Bei der nächsten Abzweigung hält man sich rechts auf Markierung Nr. 18 und kurz darauf links, womit man wieder auf die Markierung Nr. 15 (Via Crucis La Val) gelangt. Auf dieser geht's zurück zum Ausgangspunkt.

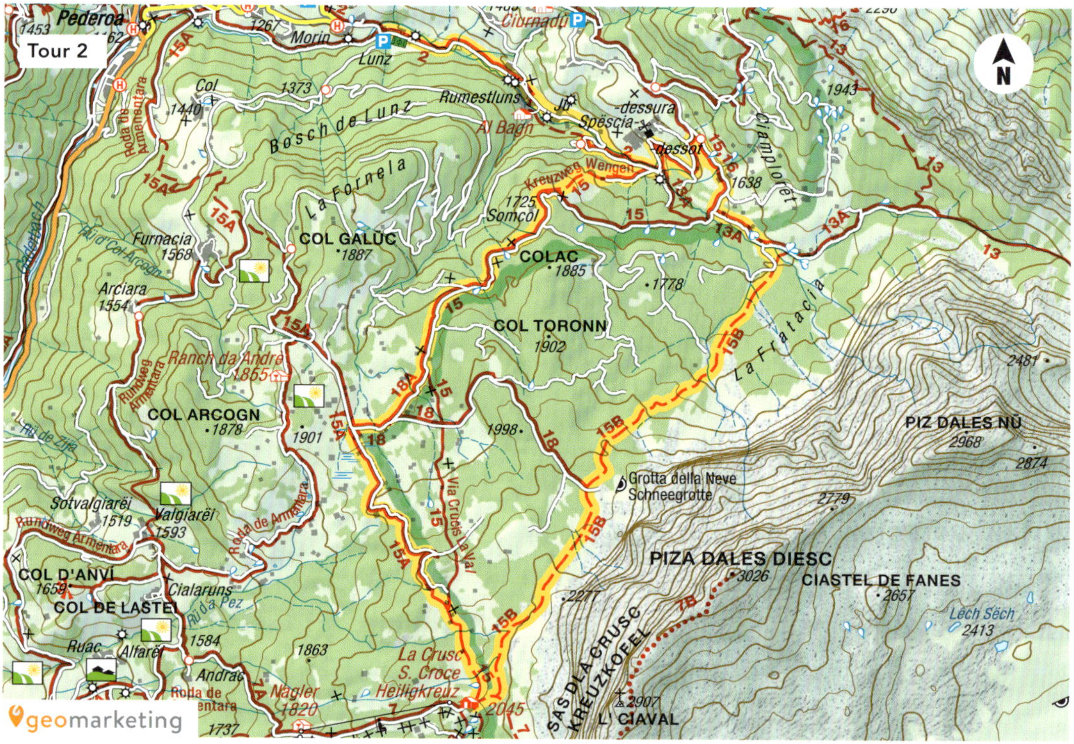

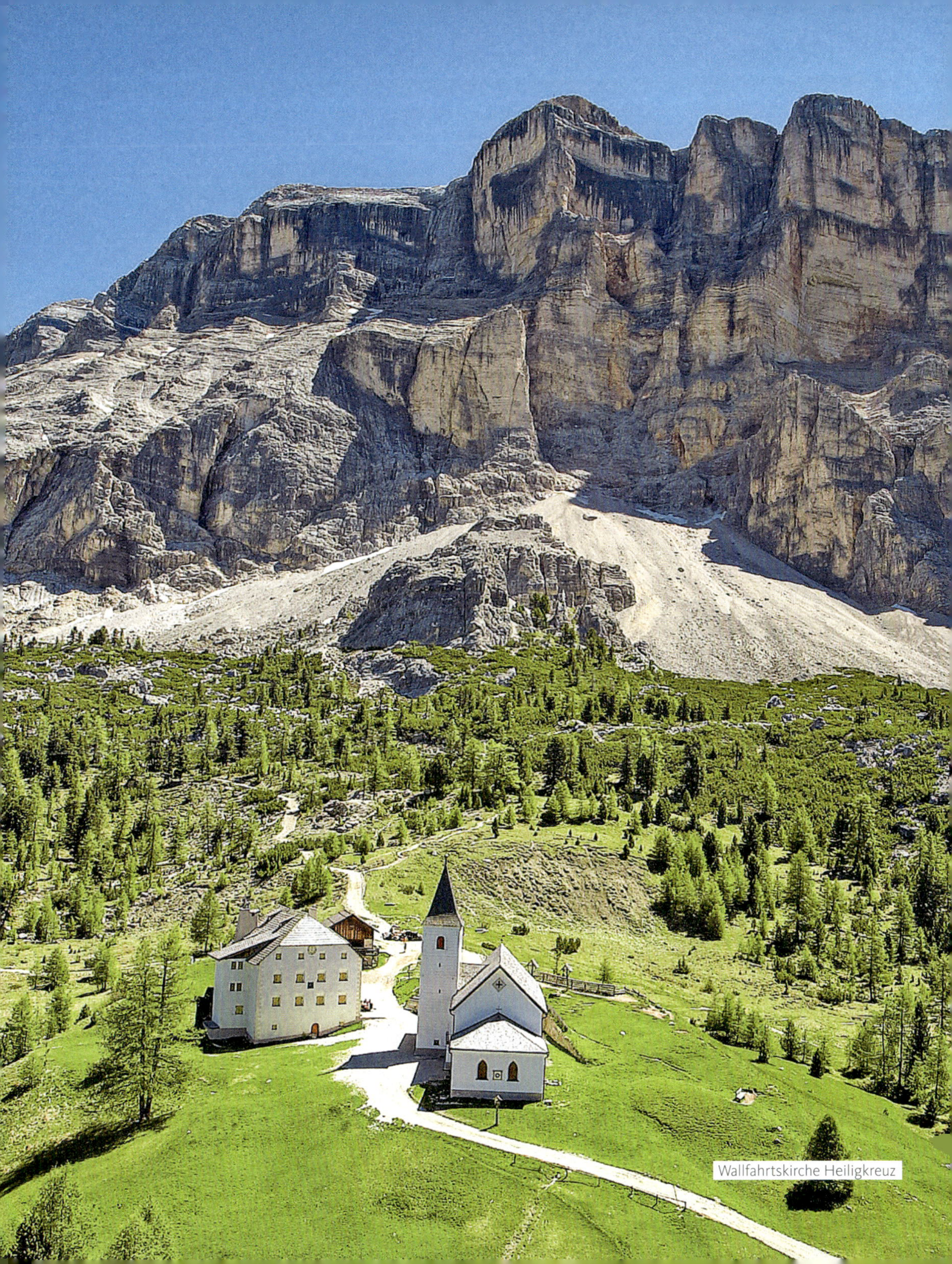

Wallfahrtskirche Heiligkreuz

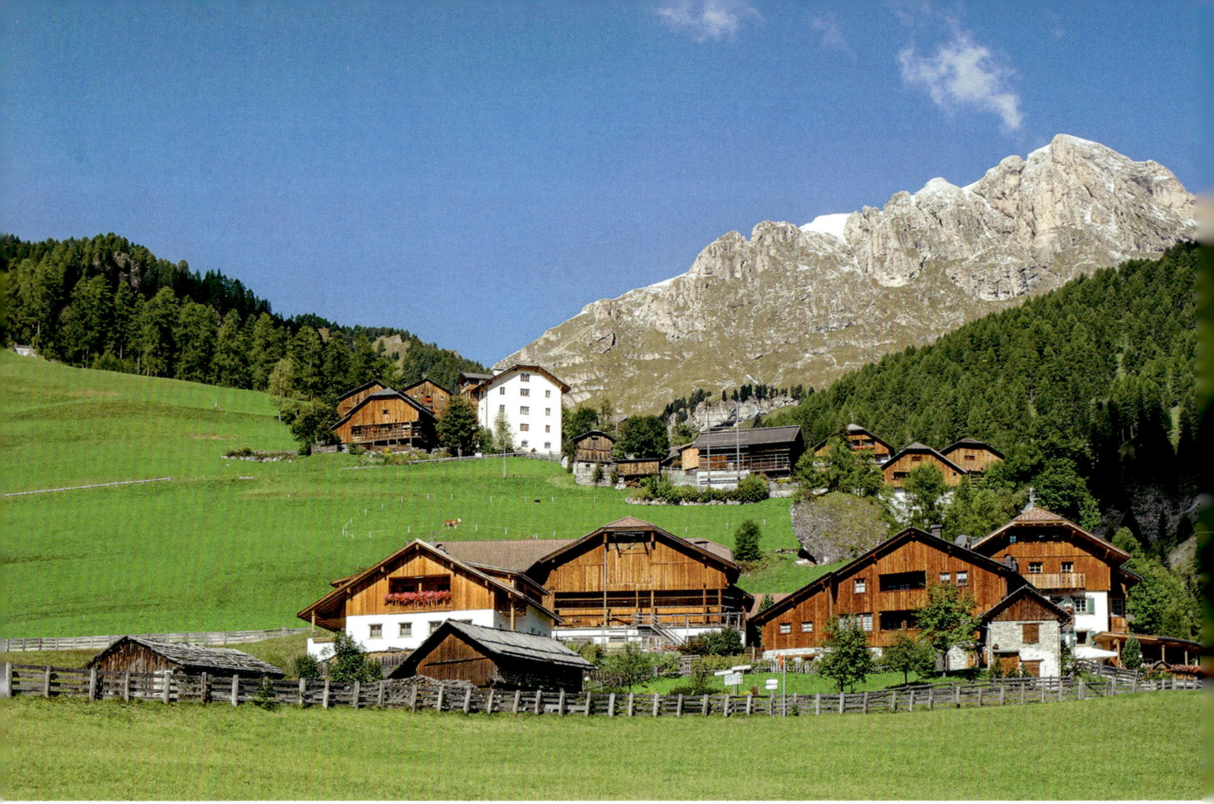

Die Viles prägen die Landschaft

45

Gesamtgehzeit
ca. 1 Std. 45 Min.

Höhenunterschied
ca. 270 m

Beste Jahreszeit
Sommer bis Herbst

Kartenmaterial
Tabacco 031, Pragser Dolomiten – Enneberg, 1:25.000

Anfahrt
Über das Pustertal bis nach St. Lorenzen; hier abzweigen in das Gadertal, bis St. Martin in Thurn und dort nach links weiter bis Lungiarü

Ausgangspunkt
Parkplatz/Bushaltestelle in Lungiarü/Campill

DIE WEILER SERES, MISCÌ UND DAS MÜHLENTAL

Les Viles – typische ladinische Wohnsiedlungen

Insbesondere auf der Sonnenseite des Gadertales finden sich heute noch die charakteristischen Weiler, die im Ladinischen „Les Viles“ genannt werden: Gruppen von Holzhäusern, Steinhäusern und Holzstadeln, die sich eng aneinander schmiegen. „Ciasa“ (Wohnhaus mit Werkstatt, Speise- und Vorratskammer und Keller im Erdgeschoss sowie dem eigentlichen Wohnbereich im ersten Stock) und der daneben liegende „majun“, der Stall, und darüber der Heuschober, der „tablé“, mit einem balkonartigen Trockenraum, bilden den Kern einer Vila. Gerade der Weiler Seres ist ein typisches Beispiel dafür. Unser Wanderweg führt zum zentralen Platz, einem der schönsten dieser Art im Gadertal.

WEGVERLAUF: Von Lungiarü/Campill folgt man der Markierung Nr. 4 nach Frëina und weiter bis zum Hof Vanc, wo man rechts abbiegt und hinauf wandert zum Weiler Seres. Hier ist man auch am Beginn des Mühlentales, der Val di Morins: Eine Reihe von Mühlen am Seres-Bach wurde fachgerecht restauriert, sie sind im Hochsommer jeden Donnerstag wieder in Betrieb. Man wandert ein Stück das Tal hinein, überquert über eine Brücke den Bach und gelangt talauswärts zum Weiler Miscì und zur Speckstube Tlisöra, wo man bei gemütlicher Rast einen herrlichen Blick auf den gegenüberliegenden Weiler Seres genießt. Auf der Markierung Nr. 5 B setzt man nun fort und biegt bei Pares nach links auf die Markierung Nr. 5 ein. An der nächsten Weggabelung hält man sich wieder links auf Markierung Nr. 4 A und kurz darauf wieder rechts, womit man zurück nach Frëina und zum Ausgangspunkt gelangt.

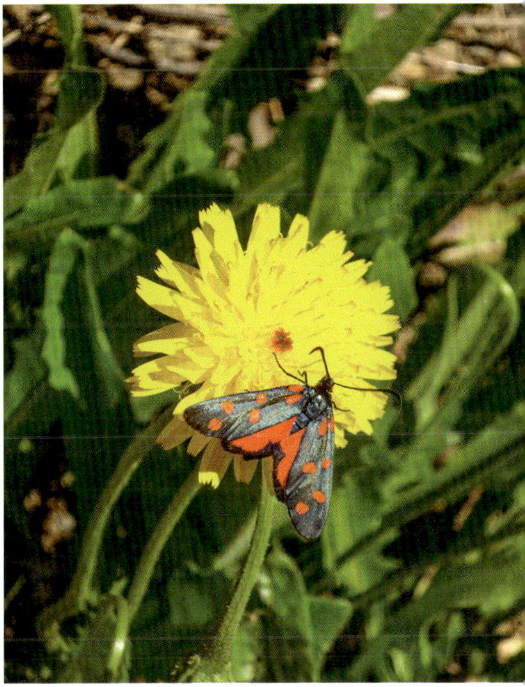

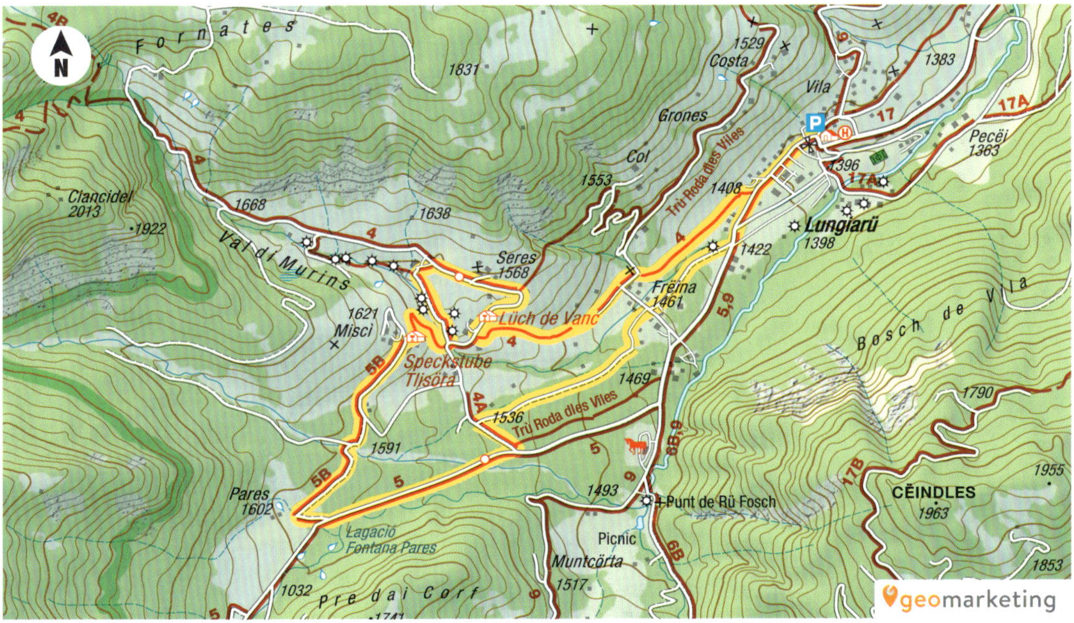

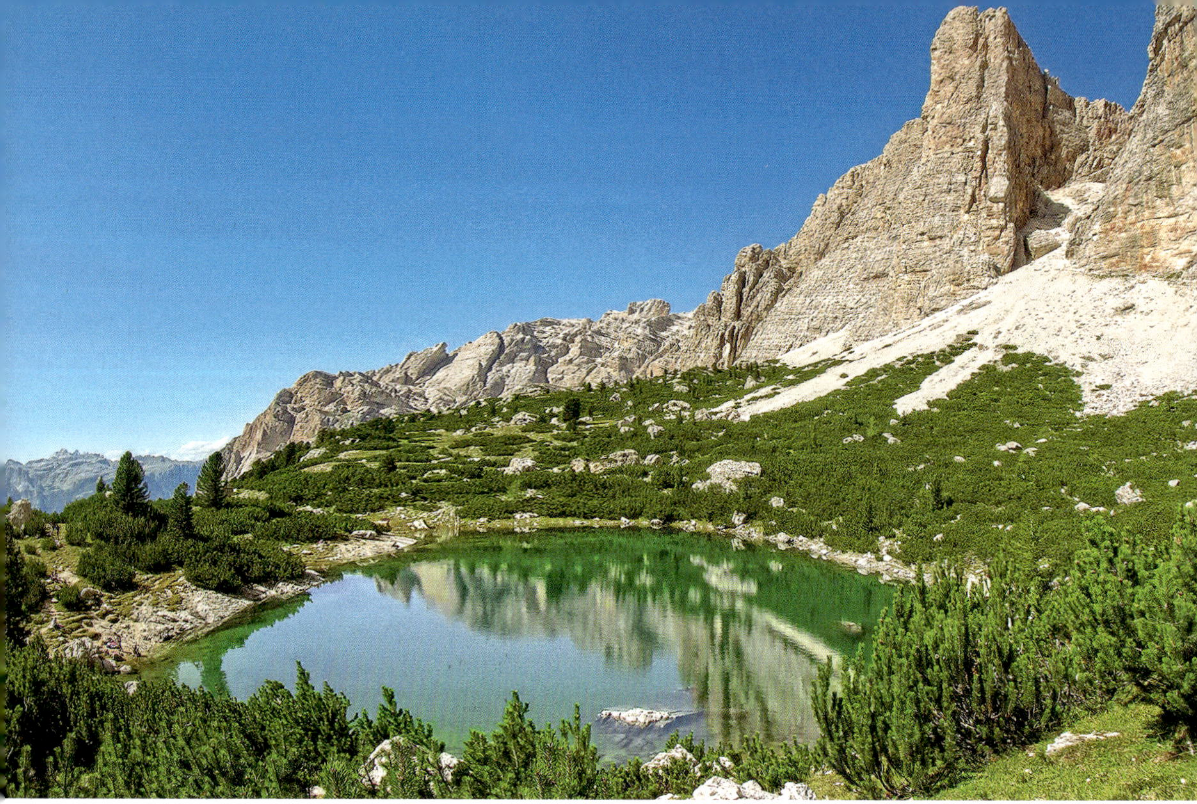

Der idyllisch gelegene Lagazuoisee

46

Gesamtgehzeit
ca. 2 Std. 45 Min.

Höhenunterschied
ca. 495 m

Beste Jahreszeit
Sommer bis Frühherbst

Kartenmaterial
Tabacco 07, Alta Badia – Arabba – Marmolada, 1:25.000

Anfahrt

Durch das Gadertal bis Stern, dann nach links Richtung St. Kassian, möglich auch über das Grödner Joch und über Corvara nach Stern. Von St. Kassian nach Armentarola und bald darauf links abzweigend zum Parkplatz Capanna Alpina

Ausgangspunkt

Capanna Alpina bei St. Kassian

HISTORISCHE DOLOMITEN-WANDERUNG

Zum Rifugio Scotoni und zum Lagazuoisee

WEGVERLAUF: Vom Parkplatz bei der Capanna Alpina wandert man wenige Meter taleinwärts, dann zweigt die Markierung Nr. 20 nach rechts ab. Zuerst noch recht flach, dann steiler in Serpentinen über Schuttfächer und durch Latschenfelder hinauf zur Schutzhütte. „Fußkranke" bleiben bei der Hütte mit gemütlicher Stube und großer Sonnenterrasse, andere ziehen nach kurzer Rast weiter, zunächst wieder eher flach, dann steiler in Serpentinen durch Schotter- und Felsgelände in etwa 45 Minuten hinauf zum sehr schön gelegenen Lagazuoi-See. Nun steigt man wieder ab zur Hütte und genießt dort ausgiebig das Dolomiten-Panorama. Vielleicht kann man auch ein paar „wilde Gesellen"

beobachten, die sich in der hochaufragenden Scotoni-Wand tummeln. Rückweg ins Tal wie Aufstieg.
Bitte beachten, dass es eine Tour im Hochgebirge ist (Hütte 2040 m, See 2178 m), entsprechend auf Ausrüstung und Wetter achten!

Vom Schrecken des Krieges

Das Schutzhaus Scotoni liegt in einer Wiesensenke unterhalb der bei Kletterern berühmt-berüchtigten Scotoni-Südwestwand. Knapp neben dem Schutzhaus steht eine kleine hölzerne Kapelle, die im Gedenken an die Toten beider Seiten im Ersten Weltkrieg errichtet worden ist. Und im Süden ragt der Lagazuoi auf, einer von vielen Gipfeln, die in eben diesem Krieg traurige Berühmtheit erlangt haben. Der Lagazuoi ist einer jener Gipfel, an dem die wohl bizarrste Form der Kriegsführung praktiziert worden ist, die jemals ein (un)menschliches Hirn ersonnen hat: der Minenkrieg.

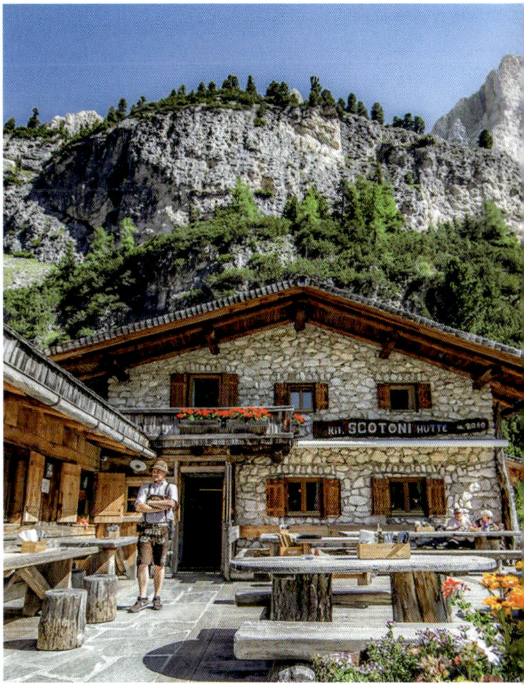

Die Schutzhütte Scotoni

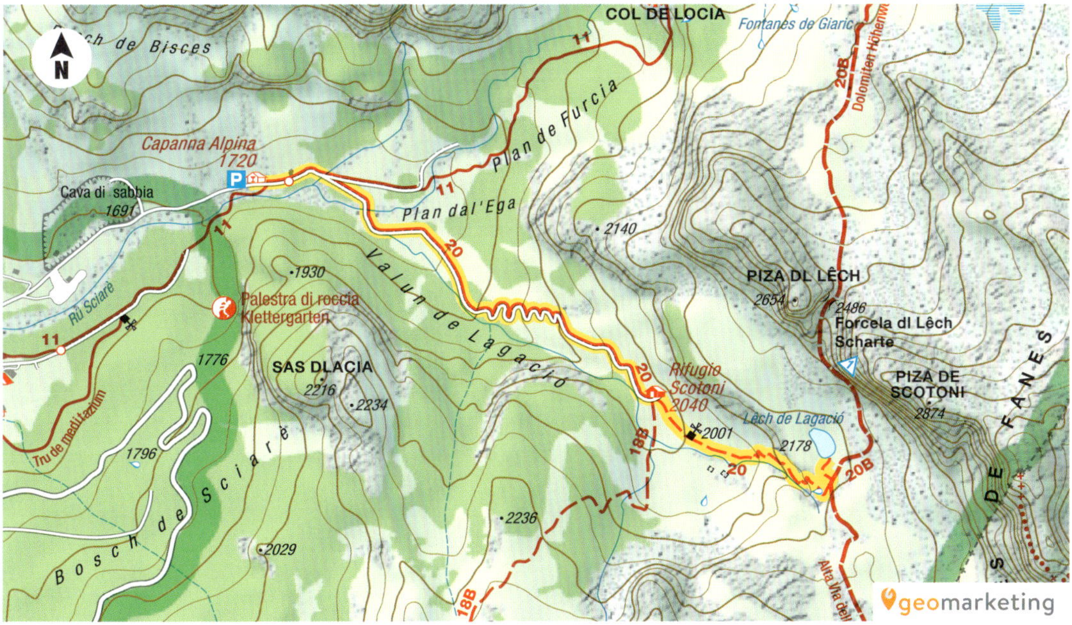

„Wer die Gipfel beherrscht, kontrolliert auch die Täler", hieß die Militärdoktrin; eine Artilleriebatterie und ein paar Maschinengewehrstellungen konnten von dort oben jede Bewegung des Gegners im Tal kontrollieren und waren gleichzeitig praktisch unangreifbar.
Auf dem Lagazuoi „saßen" die Österreicher, die Italiener kontrollierten das Felsband „Cengia Martini" auf der Südseite und gruben von dort einen 1100 Meter langen Tunnel (mit zusätzlichen Abzweigungen) nach oben; die Österreicher ihrerseits gruben Stollen nach unten, um durch eigene Sprengungen den Vortrieb oder gar die Cengia Martini zu zerstören. Die zwei gewaltigsten Sprengungen waren jene vom 22. Mai 1917 (Österreich, 30.400 kg Sprengstoff, an die 200.000 m^3 Schutt am Wandfuß, militärisches Ergebnis eher kläglich) und jene vom 20. Juni 1917 (Italien, 33.000 kg Sprengstoff, rechter Schuttkegel am Wandfuß, militärisches Ergebnis unbedeutend, da die Österreicher den Vorgipfel geräumt hatten). Weitere berüchtigte Sprengungen erfolgten am Col di Lana (Blutberg der Italiener), am Castelletto, einem Vorgipfel der Tofana di Rozes, oder die gewaltigste von den insgesamt 34, jene der Österreicher am 13. März 1918 am Monte Pasubio – fast eine Ironie des Schicksals, die Sprengung erfolgte 3½ Stunden bevor die Italiener ihre eigene Mine hochjagen wollten.

Aber genug der trüben Gedanken. Die Bergwelt rund um die Hütte liegt so friedlich da und lädt aus ganz anderen Gründen zum Schauen und auch zum Staunen ein.

Gefallenenkapelle am Weg zum Lagazuoisee

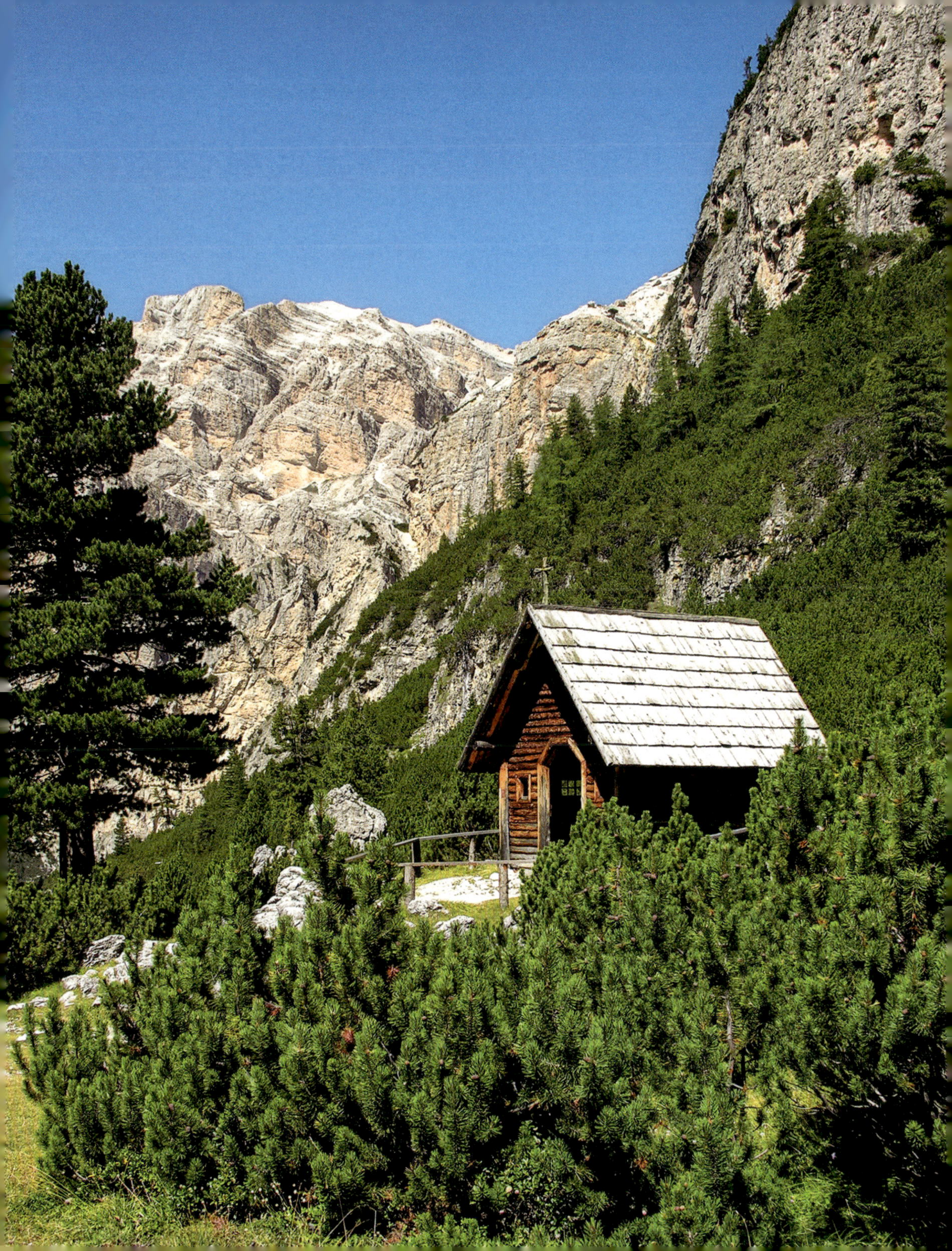

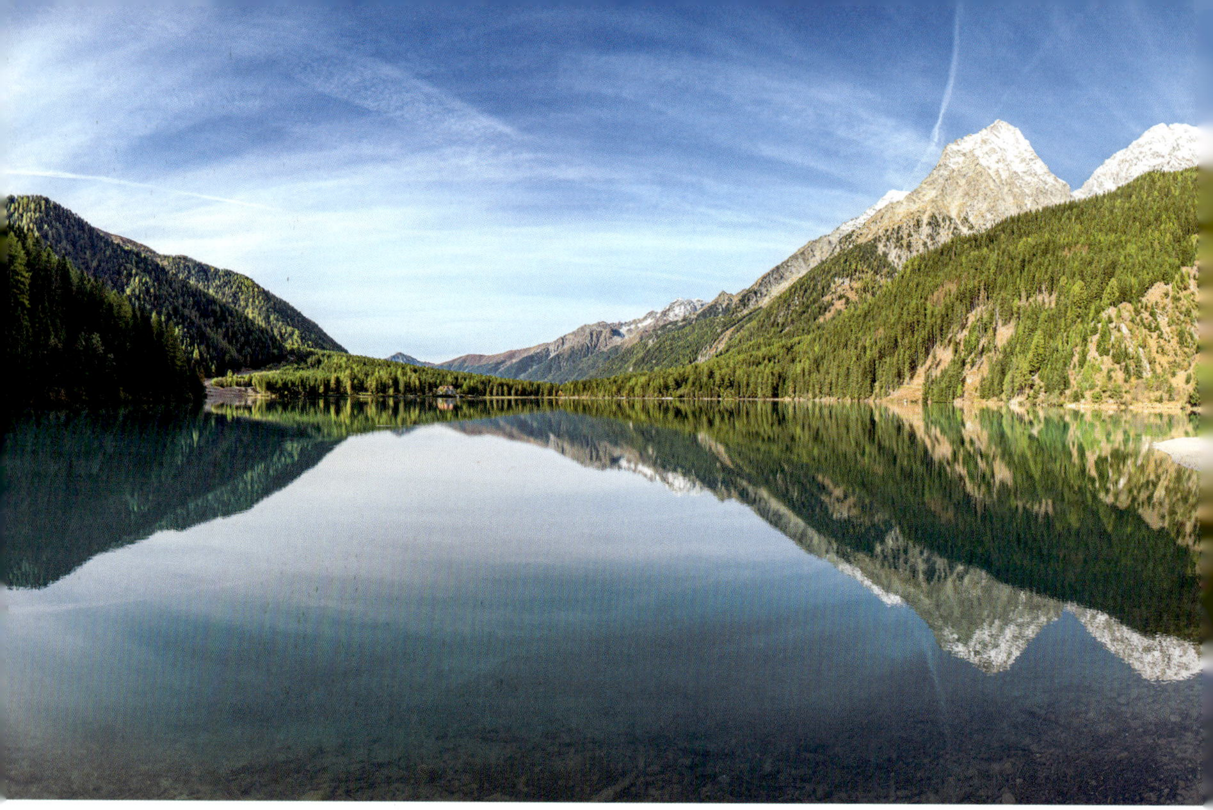

Der Antholzer See

47

Gesamtgehzeit
ca. 2 Std.

Höhenunterschied
ca. 120 m

Beste Jahreszeit
Frühsommer bis Herbst

Kartenmaterial
Tabacco 032, Antholzer Tal – Gsieser Tal, 1:25.000

Anfahrt
Von Bruneck Richtung Toblach; hinter Olang links weiter ins Antholzer Tal bis zum Antholzer See

Ausgangspunkt
Parkplatz/Bushaltestelle am Südufer des Antholzer Sees

AN DER SONNENSEITE DES ANTHOLZER TALES

Der Franzosensteig in Antholz

Zahlreiche Dreitausender säumen das eher dünn besiedelte Bergtal und richtig viel „los" ist hier eigentlich nie. Außer man kommt zu den alljährlichen Biathlon-Veranstaltungen, dann geht hier im Biathlon-Stadion nahe am Antholzer See und entlang der Laufstrecken die Post ab. Tausende begeisterte Besucher säumen die Strecken, feuern die Läufer und Läuferinnen an und bejubeln jeden Treffer am Schießstand. Der schön gelegene See ist in Wald eingebettet, darüber ragen die Bergriesen der Rieserfernergruppe auf wie etwa Wildgall und Hochgall. Mit 980 Metern Länge und 710 Metern Breite ist der 37 Meter tiefe See der drittgrößte Südtirols – nach Kalterer und Haider See.

WEGVERLAUF: Vom Parkplatz/Bushaltestelle am See wandert man zunächst auf dem Seerundweg nach links und trifft bei einer Wegschranke auf die Markierung Nr. 11; dem sogenannten Franzosensteig folgt man nun, vorbei am Biathlonstadion, in sanfter Steigung talauswärts. Bei Antholz-Obertal überquert man einen breiten Schuttfächer und hält sich bei der folgenden Weggabelung rechts, also nicht zum Dorf absteigen. Nun durch weitgehend offenes Gelände weiter bis zu den Eggerhöfen. Hier kann man bestens einkehren und bei sehr schöner Aussicht verdiente Rast halten. In etwa 20 Minuten steigt man danach ab zur Bushaltestelle.

Der Franzosensteig erhielt seinen Namen zur Zeit der Tiroler Freiheitskriege 1809. Besonders Frauen und Mädchen benützten diesen Steig an der Sonnenseite des Tales, um ein Zusammentreffen mit französischen oder bayerischen Soldaten zu vermeiden, die immer wieder durch das Tal streiften.

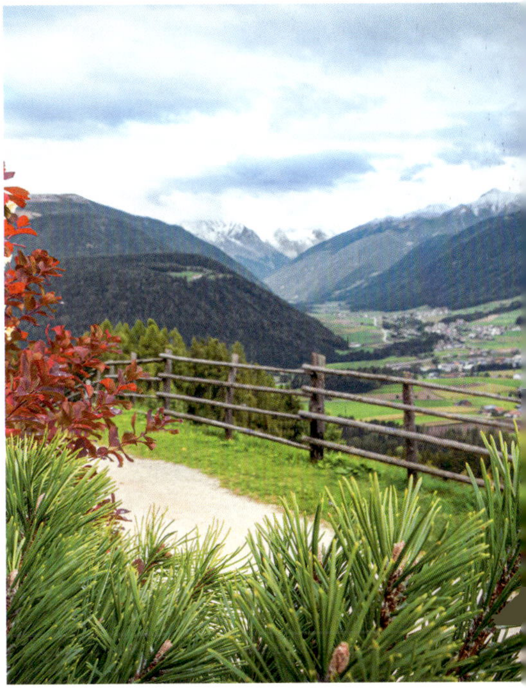

Das Antholzer Tal

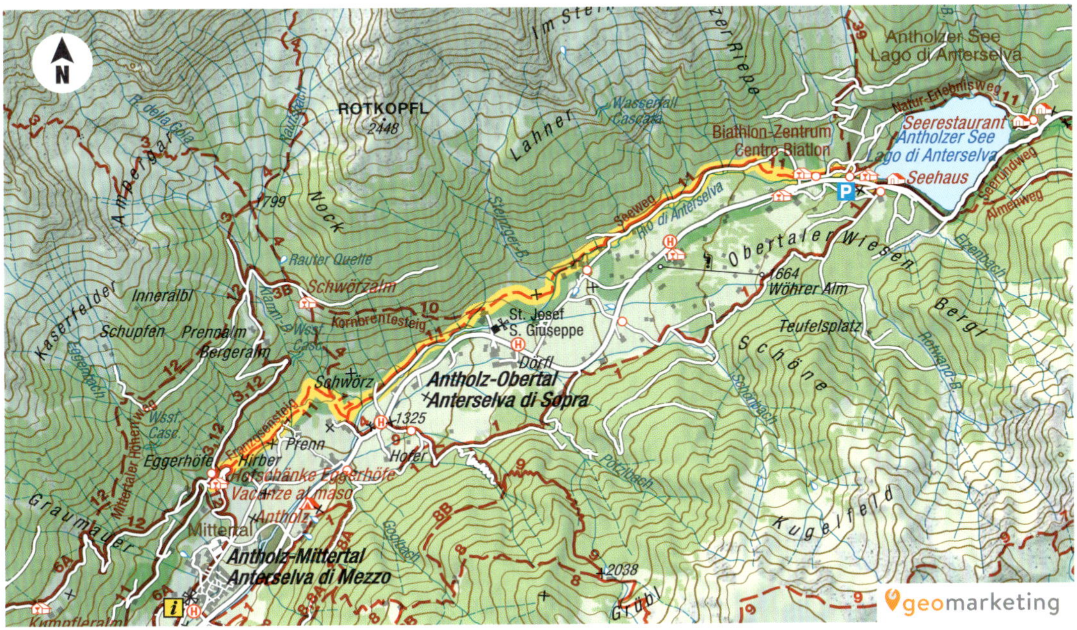

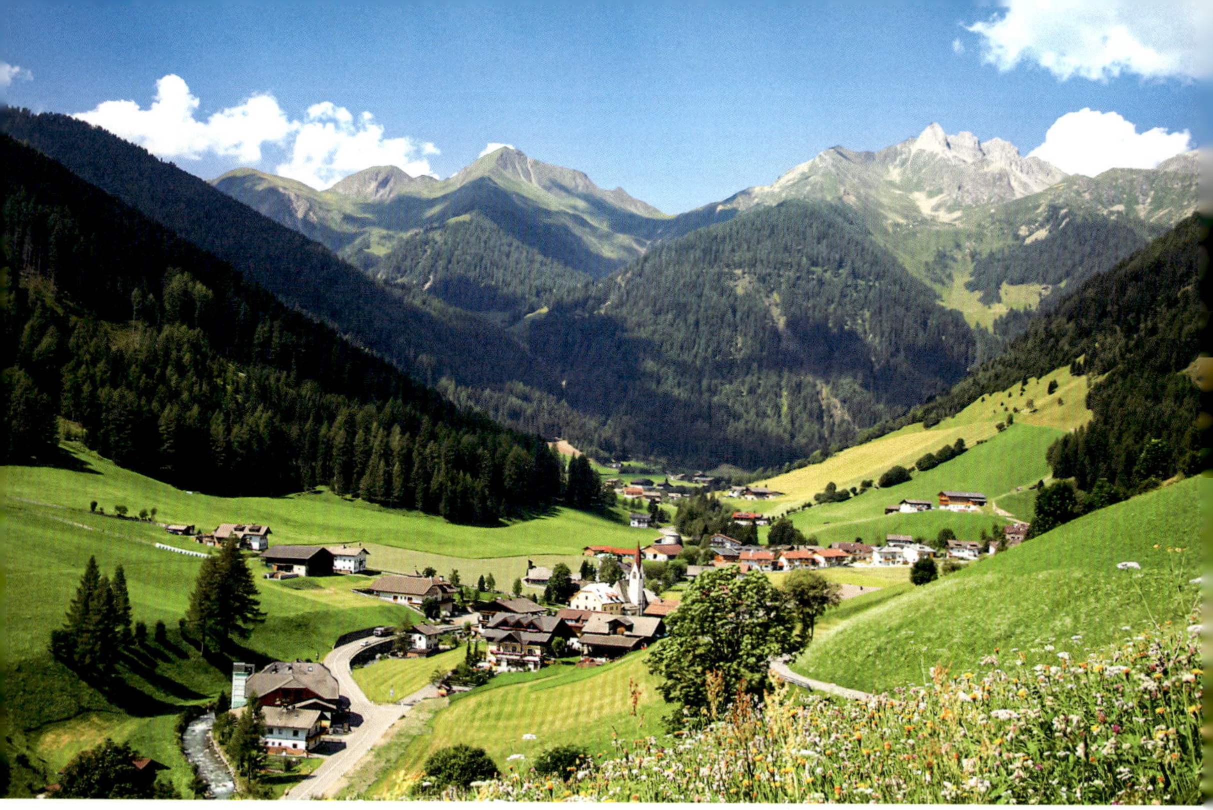

Blick auf die Ortschaft Weißenbach

48

Gesamtgehzeit
ca. 3 Std.

Höhenunterschied
ca. 320 m

Beste Jahreszeit
Sommer bis Herbst

Kartenmaterial
Tabacco 036, Sand in Taufers, 1:25.000

Anfahrt

Mit dem Pkw von Bruneck über Sand in Taufers bis Luttach, dort links ab der Beschilderung Weißenbach folgen; mit dem Bus von Bruneck über Sand in Taufers

Ausgangspunkt

Parkplatz/Bushaltestelle in Weißenbach im Ahrntal

BEWEGUNGS- UND KNEIPPWEG IN WEISSENBACH

Einfache Rundwanderung im hinteren Ahrntal

Weißenbach ist ein Hochtal im hinteren Ahrntal, das sich seit jeher dem sanften Tourismus verschrieben hat. Die gleichnamige Ortschaft ist ein schmuckes Bergdorf, in dem „die Uhren etwas langsamer gehen". Man möge diesen Satz nicht falsch verstehen, er bedeutet vielmehr kein Stress, keine Hektik – und kein Durchgangsverkehr. Da hat es sich geradezu angeboten, hier die sogenannten Gesundheitswege zu verwirklichen.
Die Natur kann hier dazu beitragen, Körper und Seele in Einklang zu bringen, mit den Kräften der Kräuter, der Bewegung und des Wassers.

WEGVERLAUF: In der Mitte der ersten Häusergruppe am Parkplatz oder nach der Bushaltestelle wendet man sich auf dem „Kräuterweg" (Mark. Nr. 5 A) nach rechts und biegt bei der ersten Weggabelung links ab auf Markierung Nr. 16 A. Dieser folgt man in sanfter Steigung hinein in das Tälchen des Mitterbaches und überquert ihn. Bei der folgenden Weggabelung hält man sich rechts und folgt nun dem „Bewegungsweg" vorwiegend eben durch Wald taleinwärts, bis man einen Güterweg erreicht, der nach links hinunter zum Bach führt. Diesem folgt man etwa einen Kilometer den Bach entlang. An der Einmündung eines Baches (Tristenbach, auch Wurmtalbach) biegt man rechts ab und folgt nun dem „Kneippweg", der fast eben durch Wald talauswärts führt. Kurz vor Weißenbach erreicht man wieder die Talsohle und folgt der Hauptstraße nach rechts zum Ausgangspunkt.

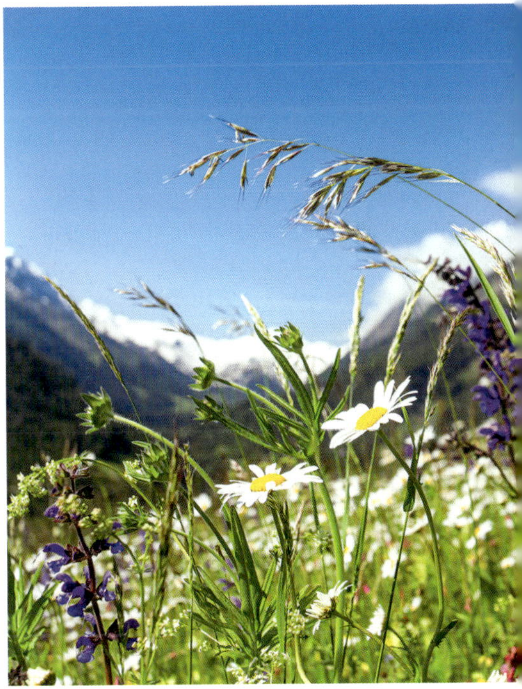

Blühende Blumenwiese

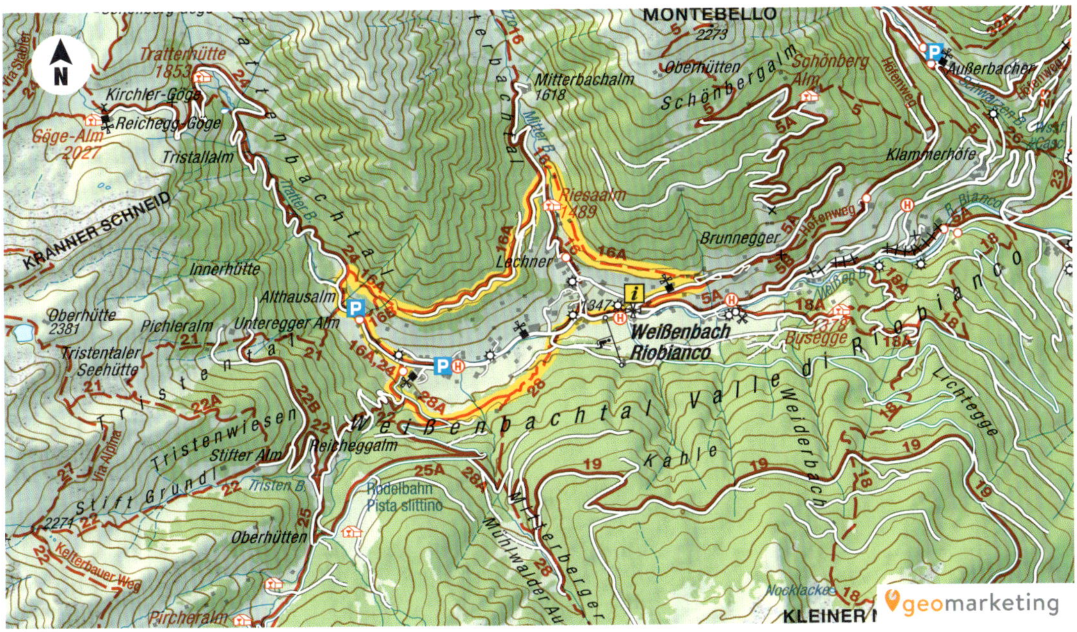

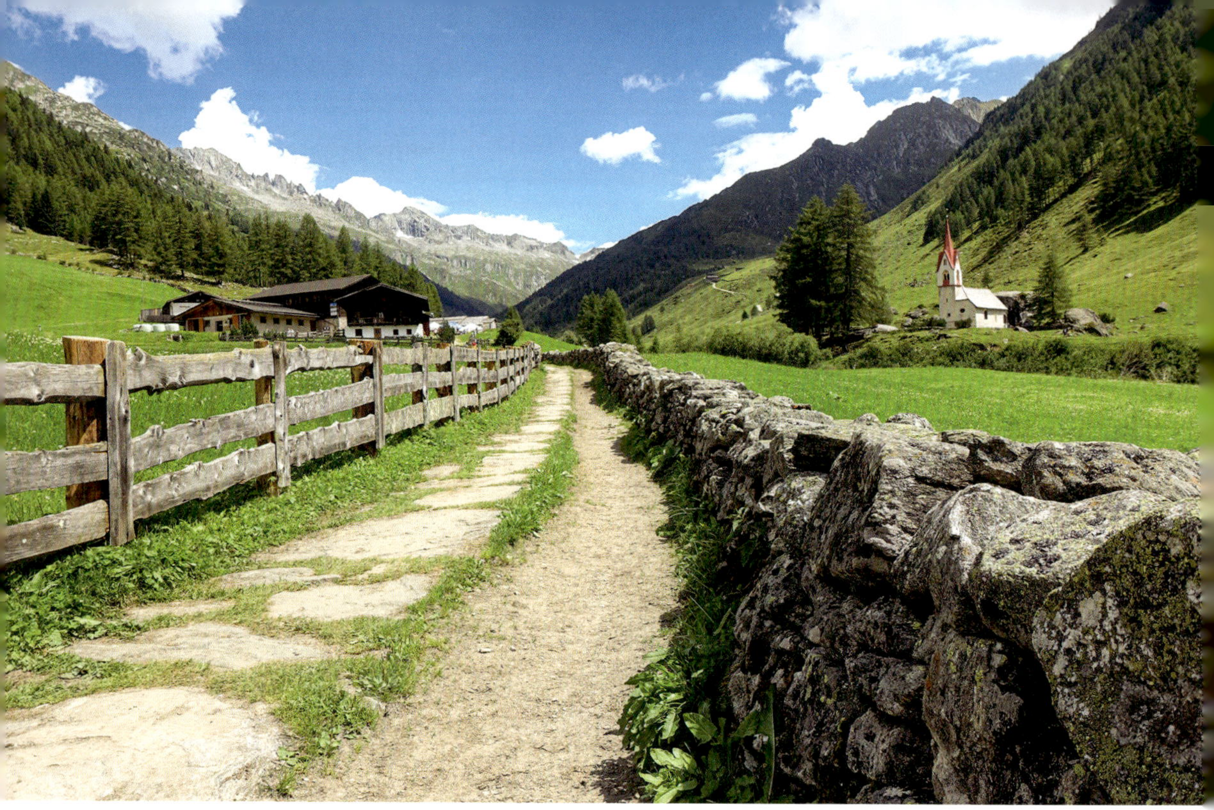

Wanderung zum Wallfahrtskirchlein Heilig Geist

49

DER GESUNDHEITSWEG IN PRETTAU

Durchatmen im Landesbergbaumuseum Prettau

Gesamtgehzeit
ca. 1 Std. 30 Min.

Höhenunterschied
ca. 170 m

Beste Jahreszeit
Sommer bis Herbst

Kartenmaterial
Tabacco 035, Ahrntal – Rieserfernergruppe, 1:25.000

Anfahrt
Über das Pustertal bis Bruneck; abbiegen in das Ahrntal und nach Prettau bis zum Bergwerk

Ausgangspunkt
Parkplatz/Bushaltestelle am Bergwerk Prettau

WEGVERLAUF: Start der Wanderung ist der Standort des Südtiroler Bergbaumuseums in Prettau, dem ersten Gesundheitsdorf Südtirols. Vom Parkplatz wandert man hinüber zum Bergwerksgelände und folgt dort dem „Lehrpfad Bergwerk“ am Waldrand aufwärts. Bei der ersten Weggabelung hält man sich links, ebenso bei der folgenden und spaziert fast eben taleinwärts. (An der ersten Weggabelung biegt der Lehrpfad „Knappensteig“ nach rechts ab, der hinaufführt zum vermutlich ersten Abbau am Rötkreuz und in wenigen Minuten zur bewirtschafteten Rötalm. Der Lehrpfad ist mit zehn Schautafeln ausgestattet, die die Geschichte der einzelnen Stollen und die Erschließung dieser Bergwerksgegend erläutern, und führt zu den Mundlöchern mehrerer Stollen. Landschaftlich sehr lohnende Tour (Gehzeit 3½ Std., Höhenunterschied 600 m).

Der Gesundheitsweg führt vorbei an einer ehemaligen Knappensiedlung, am Pochwerk (Anlage zur Erzzerkleinerung) und am Rebeccastollen des Kupferbergwerkes. Wer Lust hat, biegt kurz danach rechts ab und steigt in wenigen Minuten auf zum schönen Wasserfall des Rötbaches. Schließlich gelangt man zum idyllischen Wallfahrtskirchlein Heilig Geist und zur Almsiedlung „Prastmann". Verlief der Hinweg vorwiegend durch Wald, führt der Rückweg nun rechts der Ahr in freiem Gelände auf dem Wallfahrtsweg talauswärts nach Kasern. Dort hält man sich links, überquert die Ahr und steigt auf der Markierung Nr. 10 A kurz auf in den Wald und erreicht bald den Hinweg. Bei allen folgenden Weggabelungen hält man sich rechts und gelangt zurück zum Ausgangspunkt.

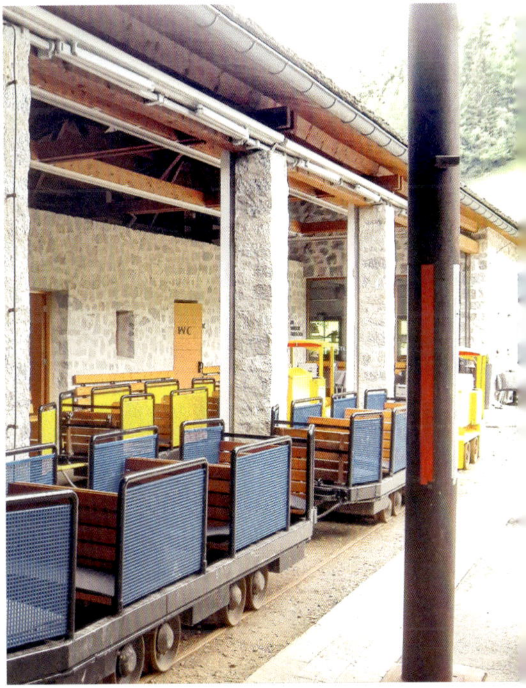

Die Grubenbahn fährt in das „Prettauer Bergwerk"

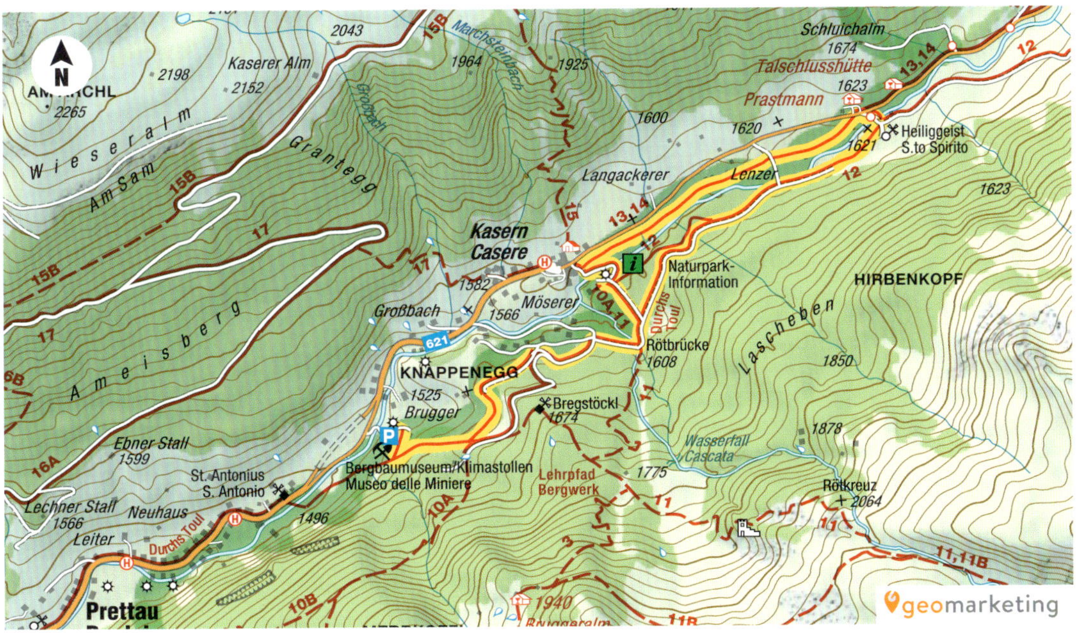

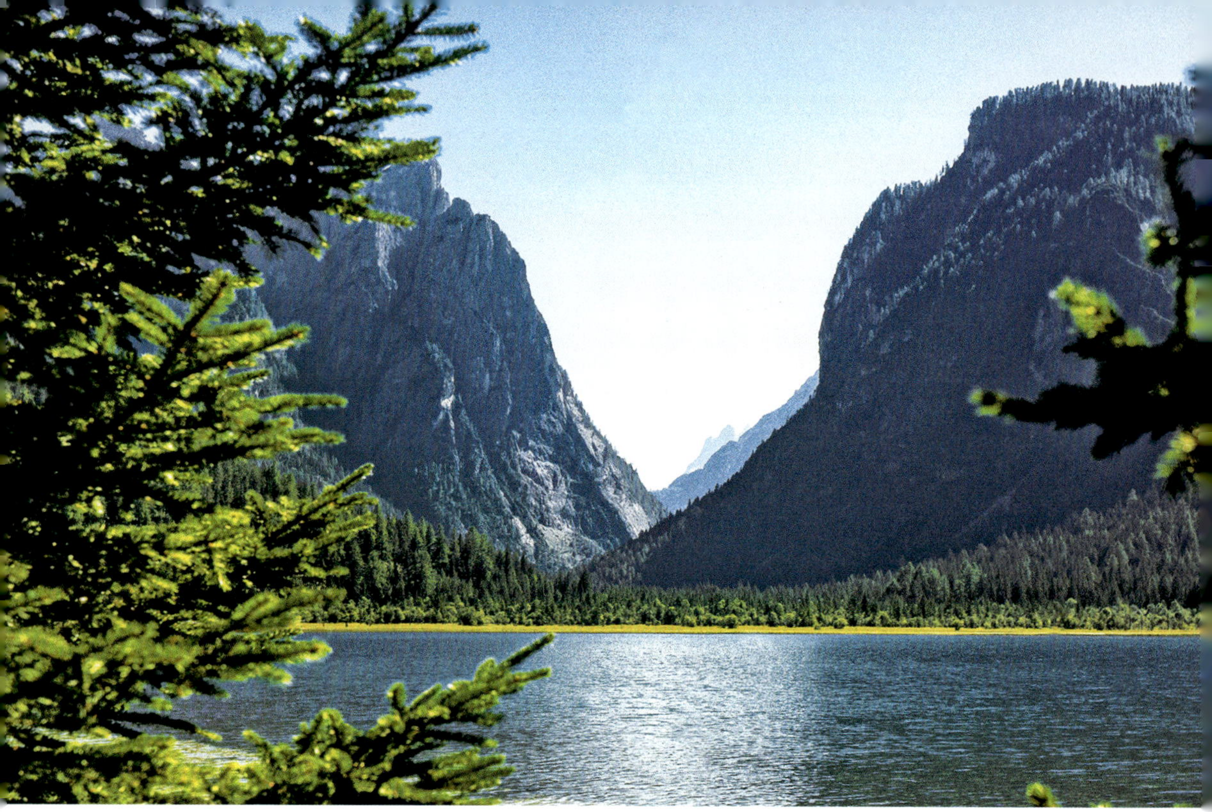

Der Toblacher See

50

DER NATURLEHRPFAD IN TOBLACH

In einer gemütlichen Wanderung rund um den Toblacher See am Eingang des Höhlensteintales

Gesamtgehzeit
ca. 1 Std.

Höhenunterschied
unbedeutend

Beste Jahreszeit
Frühsommer bis Herbst

Kartenmaterial
Tabacco 010, Sextener Dolomiten, 1:25.000

Anfahrt
Von Toblach Richtung Cortina bis zum Toblacher See

Ausgangspunkt
Großer Parkplatz neben dem Hotel Baur am See

Der Toblacher See ist einer der beiden Seen, die sich im Höhlensteintal befinden, das Toblach mit Cortina verbindet. Der andere ist der Dürrensee, weiter südlich gelegen. Hier am Toblacher See dominiert noch der Wald die Naturlandschaft, überragt wird er von der unverwechselbaren, steil abstürzenden Felsnase der Naßwand, die man beim Gang nach Süden dauernd vor sich hat. Entstanden ist der See durch einen mächtigen Felssturz, der die noch junge Rienz, die am Fuße der Drei Zinnen entspringt, hier gestaut hat. Am südlichen Ende hat sich in dem etwa 6 Meter tiefen See ein breiter Schilfgürtel gebildet.

Der Seerundweg ist als Naturlehrpfad gestaltet worden. Spielerisch und zum Teil auch interaktiv werden auf elf Schautafeln Informationen zu Flora, Fauna und Geomorphologie vermittelt. Aber auch ganz Praktisches kann erprobt werden, so etwa, ob man weiter springen kann als ein Hase oder eine Gämse – im Vergleich natürlich (Infotafel Nr. 9). Zu bedenken ist, dass die angegebene Gehzeit wirklich reine Gehzeit ist, wenn man nicht „durchrennt", wird man wohl an die 2 Stunden für die Umrundung benötigen.

Wegverlauf: Vom Parkplatz folgt man der Markierung Nr. 29 „Naturlehrpfad" in Richtung Süden. Größtenteils durch Wald erreicht man das Südende des Sees, quert auf die andere Talseite und wandert wieder zurück zum Ausgangspunkt.

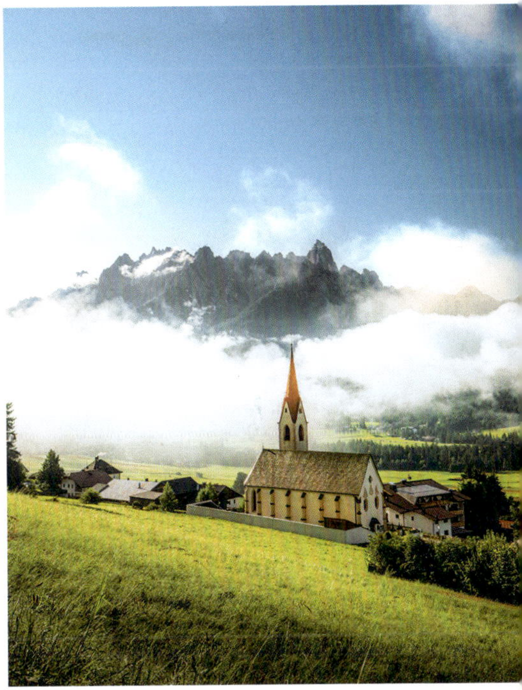

Die Kirche von Aufhofen

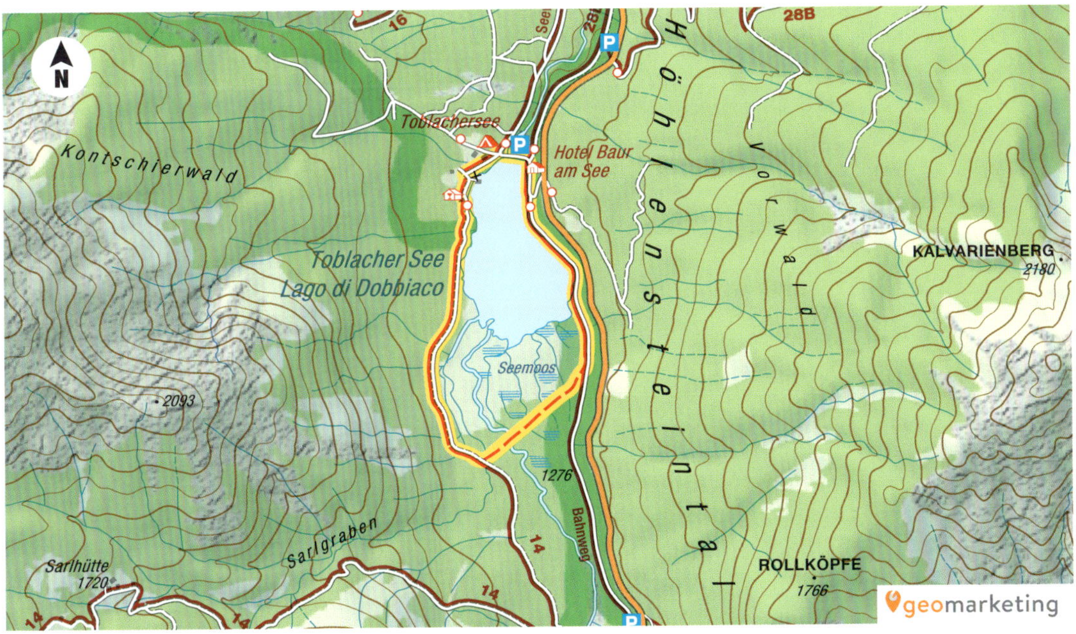

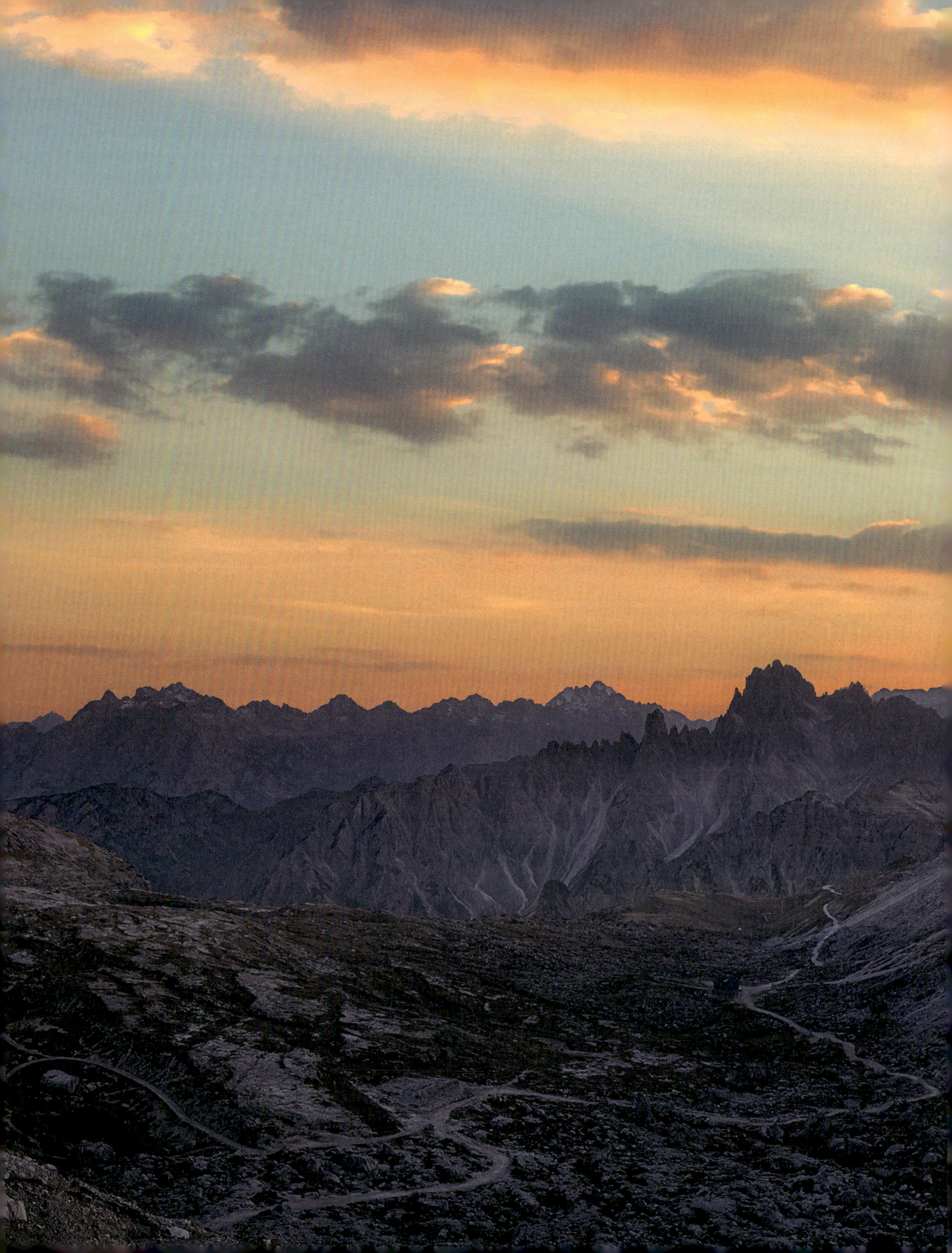

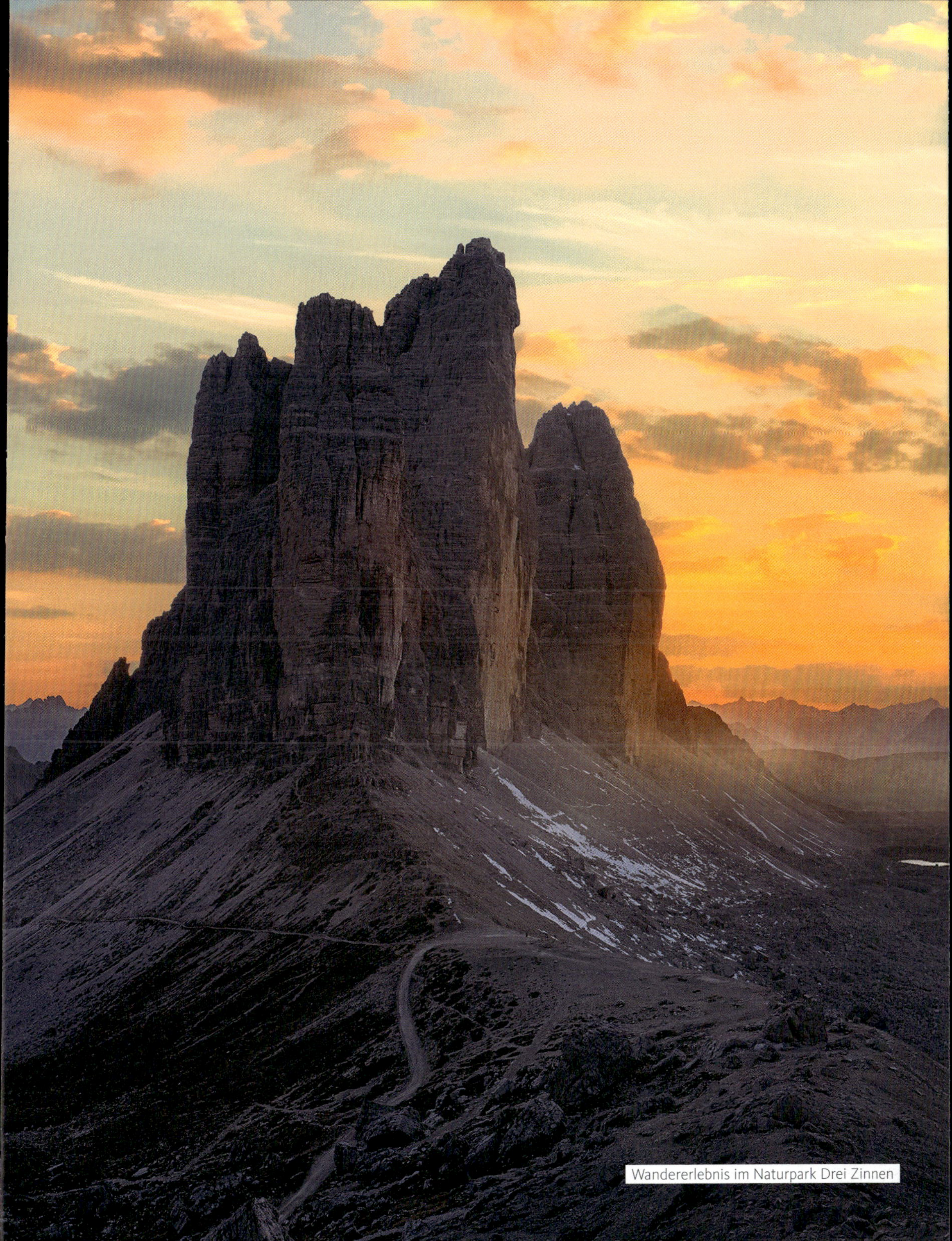

Wandererlebnis im Naturpark Drei Zinnen

BILDNACHWEIS
Alpin Arena Schnals 22; **Athesia-Tappeiner Verlag** 14, 15, 17, 18, 19, 20, 34, 36, 38, 39, 43, 44, 49, 51, 60, 62, 65, 73, 98, 103, 106, 116, 117, 118, 124, 125, 127, 128, 136, 140; **Bergwerk Ridnaun** 107; **Jacopo Bernard** 104, 105; **Konrad Faltner** 92, 96; **Wolfgang Gafriller** 82, 83, 85; **Annalena Götsch** 23; **Rene Gruber** 87; **Robert Gruber** 95; **Dietrich Holtz** 32/33; **IDM Südtirol** (Frieder Blickle) 10/11, 45, (Marion Lafogler) 12, (Benjamin Pfitscher) 70; **JFL Photography** 102; **Christjan Ladurner** 13, 16, 21, 74, 78, 100/101, 119, 122; **Manuel Kottersteger** 108, 109, 110/111, 112, 113, 114/115; **Hanspaul Menara** 130, 133; **Achim Meurer** 59; **Messner Mountain Museum Corones** 121; **Helmut Moling** 94; **Gudrun Muschalla** 24/25; **Museum Prettau** 139; **Rosmarie Rabanser** 68, 80/81; **Helmuth Rier** 89, 99; **Santifaller Photography** 86; **Michael Schwarzer** 129; **Patrick Schwienbacher** 47; **Rifugio Scotoni** 131; **Stock.adobe.com** (balakate) 2, (travelpeter) 6, (Britta und Ralph Hoppe) 9, (twoandonebuilding) 35, (bill 17) 37, (Thomas) 40/41, (Andrea Geiss) 46, (Grebner-Fotografie) 48, (Robert Jank) 52, 56, 77, (stevanzz) 54, 63, (Bärbel) 53, (Stefan Kretzschmar) 57, (nemo1963) 64, 79, (pawelgegotek1) 66/67, (Ulrich Wagner) 69, (Klaus Eppele) 71, (frangipani.s) 72, (Sigena) 75, (Joachim Schreiber) 76, (Patryk Kosmider) 91, (Driendl) 93, 97, (Sandro Fileni) 120, (Roberto La Rosa) 134, (A. Emson) 135, (Mathias Rehm) 137; (cmfotoworks) 138, (Maximilian) 141, (Cara-Foto) 142/143; **Angela und Lutz Stoess** 123; **Tourismusverein Marling** 42; **Tourismusverein Ritten** (Franziska Unterholzner) 58, (Sophie Pichler) 61; **Werner Waldboth** 88; **Harald Wisthaler** 26, 27, 29; **www.suedtirolerland.it** 50 und aus dem **Privatbesitz der Inserenten**.

1. Auflage 2024

Umschlaggestaltung: Nele Schütz Design, München
Satz & Korrektorat: Cilli Staffler
Kartografie & 3D: geomarketing, www.geo-marketing.eu
Bildbearbeitung: Typoplus, Frangart
Druck: Athesia Druck, Bozen
Papier: Innenteil Gardamatt Ultra

MIX
Papier | Fördert gute Waldnutzung
FSC® C010042

Gesamtkatalog unter
www.athesia-tappeiner.com

Fragen und Hinweise bitte an
buchverlag@athesia.it

Dieses Buch wurde der Umwelt zuliebe nicht mit einer Schutzfolie eingeschweißt.

ISBN 979-12-80864-10-9

Titelseite: Herrlicher Blick über die Hochfläche der Seiser Alm auf Lang- und Plattkofel, © stock.adobe.com (stevanzz, ledmark31)

designed + produced IN SÜDTIROL